Yes we camp!

SECRET CAMPSITES

KLEINE, CHARMANTE CAMPINGPLÄTZE IM GRÜNEN

Gerd Blank, Marion Hahnfeldt und Elisa Model

powered by ADAC

INHALT

DEUTSCHLANDS NORDEN

DURCHATMEN IN DEN DÜNEN → S. 15

DIE MOSELSCHLEIFE IM BLICK → S. 78

DEUTSCHLANDS MITTE

DEUTSCHLANDS SÜDEN

UNTERWEGS IM ALLGÄU → S. 146

FREIHEIT GENIESSEN IM RHONTAL → S. 191

SCHWEIZ UND ÖSTERREICH

MIT DEM BULLI AB DURCH DEN WALD

VORWORT

Draußen sein. Freiheiten genießen. Nachts am Himmel die Sterne zählen. Den Tag mit einem Lachen im Gesicht willkommen heißen. Der Mensch ist gemacht fürs Leben jenseits einengender Mauern. Er sehnt sich nach weitem Blick, nach Luft und Licht, nach der Farbe des Himmels, dem Rauschen der Wellen. Und deshalb auch packt er immer häufiger seine Sachen und zieht hinaus ins Abenteuer. Mit dem Zelt, mit dem Wohnwagen, mit dem Wohnmobil. Für ein Wochenende oder auch länger. Manchmal nur kurz bis hinter die Haustür. Öfter aber weiter.

Camping erinnert an die Ursprünge, an ein Leben, das auskommt mit einem reduzierten Dasein. Keine Verpflichtungen. Stattdessen Unabhängigkeiten. Wandern. Klettern. Mit dem Rad am Fluss entlang. Mit dem Kajak auf dem See. Durch historische Städte und verschlafene Dörfer. Wie losgelöst von Zeit und Raum. Und die Nacht dabei auf Plätzen verbringen, die das Herz erwärmen.

Dieses Buch verbindet beides. Es bringt einen zu den schönsten Touren. Und zu den charmantesten und entlegensten Campingplätzen Deutschlands, Österreich und der Schweiz. Zum Bauern auf die Wiese, zum Minicampingplatz an den Deich, in die Dünen von Amrum, auf die Gipfel der Alpen, von der Ems bis zur Elde, vom Norden bis weit in den Süden. 53 ausgewählte Campingplätze, die Camping noch als Camping verstehen. Klein, aber fein. Wild und romantisch. Still, aber nicht verschlafen. Klassisch, doch nicht unmodern.

Pssst. Secret Campsites. Camping macht glücklich.

Marion Hahnfeldt

Gerd Blank

Elisa Model

DIE 3 PLÄTZE, AUF DENEN FRÜHAUFSTEHER WIRKLICH WAS ERLEBEN KÖNNEN

Langsam erhebt sich die Sonne in den Tag, Nebel steigt auf, Morgentau glänzt wie Millionen Diamanten auf dem Rasen. Auf dem **Campingplatz Vulkaneifel** (→ Seite 79) gehört der Zauber des Morgens den Frühaufstehern. Aber auch **Camping Altenburschla** (→ Seite 89) liegt mitten in einem Naturschutzgebiet, gefrühstückt wird zusammen mit äsenden Rehen und Waschbären. Auf dem **Ferienhof Brinkort** (→ Seite 43) hoppeln in den ersten Stunden des Tages die Hasen durchs Bild – nichts stört die Idylle, nur ein paar Vögel rufen. Urlaub wie aus dem Bilderbuch.

Dem Morgen beim Aufstehen zusehen und dabei tief durchatmen

Dem Knistern des Feuers lauschen und sich die Seele wärmen

DIE 3 PLÄTZE MIT DER SCHÖNSTEN LAGERFEUERROMANTIK

Gemeinsam ums Feuer sitzen: Das gehört zu den schönsten Urlaubserlebnissen, die man sammeln kann. Flammen knistern, Schatten tanzen in der Nacht, jemand holt eine Gitarre raus und spielt ein leises Lied – im **Amazonas Camp** (→ Seite 30) fühlt man sich fast wie im Wilden Westen. In der **Strotzbücher Mühle** (→ Seite 82) kommt die Wärme von den Bäumen des umgebenden Waldes, denn das Holz fürs Lagerfeuer oder den Außenofen hackt man selbst. Selbstgemachtes gibt es im **Schwarzwaldcamp** (→ Seite 138): Hier sitzt man abends zusammen, erzählt sich Geschichten und hält sein frisches Stockbrot über die Flammen.

DIE 3 PLÄTZE MIT DEM SCHÖNSTEN UFERBLICK

Weit geht der Blick über das Wasser, der Himmel spiegelt sich in der Oberfläche, dahinter ragen die Berge ins Bild, was für eine Aussicht! Beim Achensee **Camping Schwarzenau** (→ Seite 209) schläft man mitten im Postkartenmotiv. Logenplatz am Fluss auch beim **OUTTOUR Campingplatz** an der Unstrut (→ Seite 98), hier steht man direkt am leise plätschernden Wasser. Wer will, lässt sein eigenes Boot in den Fluss und geht auf Erkundungstour. Beim **Camping Au an der Donau** (→ Seite 220) stehen die Holzhäuser und Schlaffässer direkt am Naturteich, und auf der anderen Seite des Platzes wartet die Donau auf Schwimmer und Strandbesucher.

Dem Wasser ganz nah sein und die Freizeit in vollen Zügen auskosten

Die zauberhafte Abendstimmung an der Oder in vollen Zügen genießen

DIE 3 PLÄTZE MIT DEM SCHÖNSTEN SONNENUNTERGANG

Der Himmel purpurfarben, laue Luft, dramatisch verabschiedet sich die Sonne am Horizont in die Nacht, Romantik wie aus dem Liebesroman. Einer der garantiert eindrucksvollsten Sonnenuntergänge lässt sich am **Strandbad & Camping Oderbruch am Baggersee Gusow** (→ Seite 71) beobachten. Aber auch bei **Nandalee Camping** am Schmollensee (→ Seite 27) gleicht der Himmel am Abend einem Tuschkasten. **Bauernhof Kleingarn** (→ Seite 24) garantiert dramatische Sonnenauf- und Untergänge zugleich – das Grundstück verfügt über zwei kleine Campingplätze, der eine ist nach Osten ausgerichtet, der andere nach Westen.

ENDLOSE WEITE, BLAUER HIMMEL, GELBER RAPS: CAMPING IN NORDDEUTSCHLAND, DAS BEDEUTET URLAUB AN AUSGEWÄHLT SCHÖNEN PLÄTZEN.

DEUTSCHLANDS NORDEN

CAMPINGPLÄTZE IM NORDEN

WEITERE TOLLE PLÄTZE AUF PINCAMP.DE!

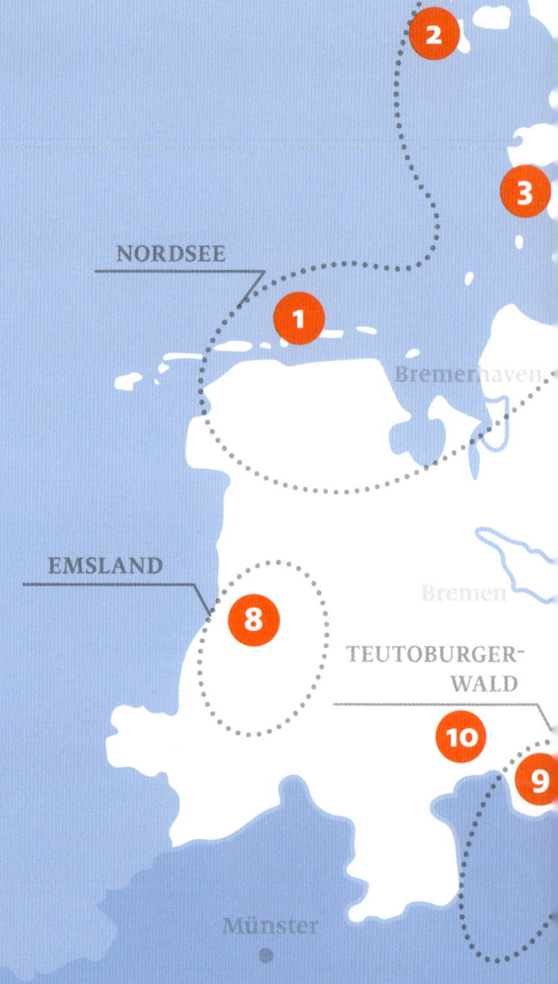

NORDSEE

Ausgedehnte Küstenspaziergänge

① **Zeltplatz Spiekeroog** → S. 13

② **FKK-Zeltplatz Amrum** → S. 17

③ **Ferienhof Folger** → S. 20

OSTSEE BIS PEENETAL

Dramatische Sonnenauf- und Sonnenuntergänge

④ **Bauernhof Kleingarn** → S. 24

⑤ **Nandalee Camping** → S. 27

⑥ **Amazonas Camp** → S. 30

UCKERMARK

Unberührte Natur

⑦ **Campingplatz Wilde Heimat** → S. 34

EMSLAND BIS TEUTOBURGER WALD

Historische Schätze und zauberhafte Wanderwege

⑧ **Wallys Minicamping** → S. 39

⑨ **Ferienhof Brinkort** → S. 43

⑩ **Ehrlingshof, Rehden** → S. 47

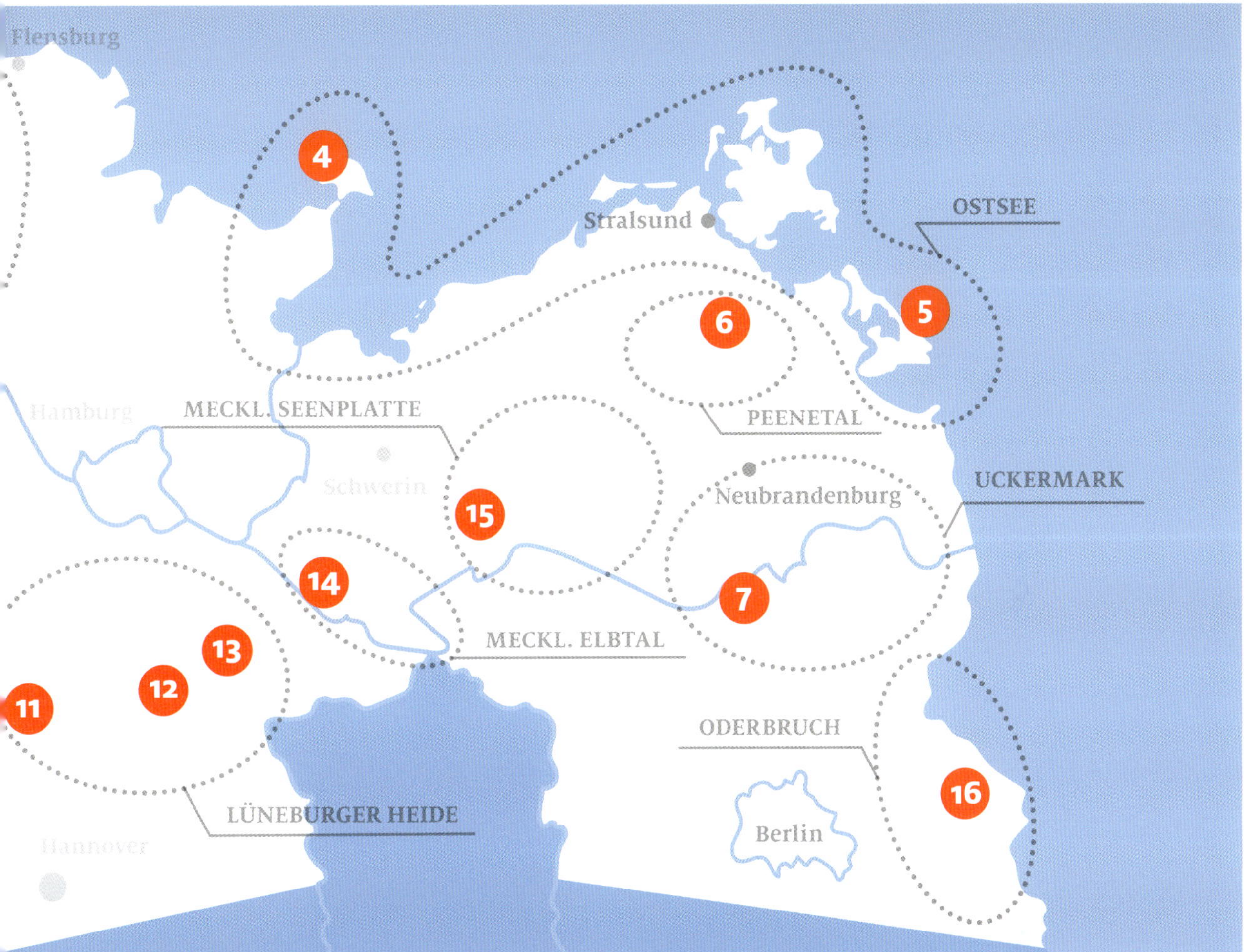

Flensburg
Stralsund
OSTSEE
Hamburg
MECKL. SEENPLATTE
PEENETAL
Schwerin
Neubrandenburg
UCKERMARK
MECKL. ELBTAL
ODERBRUCH
LÜNEBURGER HEIDE
Berlin
Hannover

4 5 6 7 11 12 13 14 15 16

LÜNEBURGER HEIDE

Eindrucksvolles Farbenspektakel

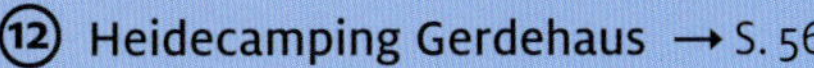

ELBTAL BIS ODERBRUCH

Reizvolle Radwege und genussvolles Abschalten

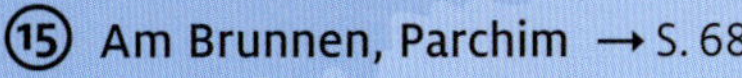

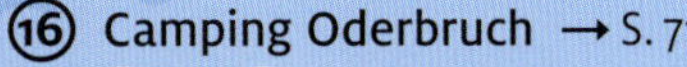

NORDSEE

Durchs Watt wandern. Sich den Wind um die Nase wehen lassen. Ebbe und Flut bestimmen den Takt. Wer an der Nordsee Urlaub macht, findet sich wieder in einem Land, das sich über die Weite definiert. Weiter Horizont. Weiter Himmel. Weiter Blick. Dazu ein Wetter, das mal rau und dann wieder so friedlich wie die Schafe auf dem Deich sein kann. Und mittendrin ein großes kleines Campingglück. Direkt am Strand. Oder kurz davor.

BIS ZUM HORIZONT ODER SOWEIT DIE FÜSSE TRAGEN

Bilderbuchidyll auf Spiekeroog – und das Zelt auf dem autofreien Platz in Strandnähe

1 ZELTPLATZ SPIEKEROOG

Geeignet für Zelte, bis zu 700 Standplätze, Mai–Sept.
▶ Palisadendiek, 26474 Spiekeroog

GPS 53.758767, 7.671434
www.spiekeroog.de/zeltplatz/

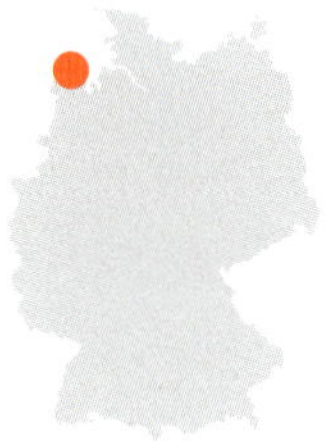

Natürlich gut: Ein weiter, nicht endender Himmel spannt sich über den Platz,ein paar Schäfchenwolken begleiten den Blick, und das einzige, was man hört, ist der Ruf der Austernfischer, ein paar Möwen kreischen. Wer die Menschen auf Spiekeroog fragt, was den Zeltplatz so besonders macht, dann nennt jeder zuallererst die beeindruckende Natur. Und in der Tat, hier mit dem Zelt in den Dünen zu stehen, kein Auto weit und breit, um einen herum nur der Strand, der Himmel und das Meer, das ist dann tatsächlich ein großes Geschenk und ein großes Privileg. Vor allem, wenn man in der Vor- und Nachsaison anreist, und vor allem, wenn der Platz so reglementiert wird wie in diesen sonderbaren Zeiten, in denen das Thema Abstand allbeherrschend ist. Dann fühlt es sich an, als lege sich einem hier eine Welt zu Füßen, die bisher sonst kaum jemand entdeckt hat.

Spieker bedeutet Sanddorn, Oog steht für Insel, und so wie die eigentlich in Nepal beheimatete Pflanze für Bescheidenheit und zugleich großen Reichtum an Gaben steht, ist der Platz in seiner Ursprünglichkeit ein besonderes Kleinod. Nicht ohne Grund gilt er als einer der schönsten Naturzeltplätze Europas. Es gibt kein WLAN, es gibt

AUSFLÜGE IN DER NÄHE auf einen Blick

Fernglas	13 km	Mittel	3 Std., Rundtour ab Nationalpark-Haus Wittbülten
Wanderschuh	4 km	Leicht	2 Std. 30 Min., Start: Nationalpark-Haus Wittbülten; Ende: Haus Fresena

keinen Stromanschluss, keinen Fahrradverleih – und an sonnenstarken Tagen gibt es keinen Schatten, es sei denn, man hat vorgesorgt. Zugleich aber gibt es alles, was der naturverbundene Camper für seinen Aufenthalt benötigt.

Warme Duschen, Toiletten, und dann ist da noch Lars mit seinem gut ausgestatteten Kiosk, bei dem man nicht nur morgens seine Frühstücksbrötchen bekommen kann, sondern auch viele vegane Spezialitäten und Bio-Produkte.

Was der Zelter hier am wenigsten braucht und sucht? Party. Was er unbedingt einpacken sollte? Ein windsicheres Zelt, lange Heringe, einen dicken Pullover und lange Hosen für einen womöglich kühlen Abend.

Ansonsten aber geht hier alles, und jeder ist gerne gesehen. Und mit etwas Glück sitzt man dann auf ein Glas Tee oder ein Bier zusammen, isst dazu ein Stück Sanddorntorte und vergräbt die Zehen im Sand. Kleiner Hinweis: Buchungen sind ausschließlich über das Buchungsformular bei der Nordseebad Spiekeroog GmbH möglich.

Einfaches Camperleben und dennoch gut versorgt mit warmen Duschen und einem Kiosk als Treffpunkt

BEI EIDERENTEN UND AUSTERNFISCHERN

Leegde und Ostplate gehören zu den wichtigsten Vogelbrutgebieten der Ostfriesischen Inseln. Grund genug also, dem wilden Norden Spiekeroogs einen Besuch abzustatten. Zwischen August und März ist das Wandern durch die Salzwiesen erlaubt, in den übrigen Monaten ist das Gebiet den Möwen, Gänsen und Watvögeln als Brutgebiet vorbehalten.

Als Ausgangspunkt für die Rundtour durch Leegde und Ostplate eignet sich das Nationalpark-Haus Wittbülten an der Hermann-Lietz-Schule, eine gute Gelegenheit, sich mit einem Blick auf die Dauerausstellung zum Thema Lebensraum im Wattenmeer auf die Tour einzustellen. Unterhalb des Pavillons weist dann auch ein Schild zum Wanderweg. Da das Ganze ein Rundweg ist, kann man sich auch nicht verlieren; einfach immer der Nase nach, Augen und Ohren offenhalten. In den Dünen und Salzwiesen leben unter anderem Lach- und Sturmmöwen, Austernfischer, Eiderenten. Fernglas nicht vergessen! Wer statt allein lieber mit einem Profi unterwegs ist: In unregelmäßigen Abständen bietet das Nationalpark-Haus Wittbülten Exkursionen über die Ostplate an.

UNTERWEGS MIT STRANDKRABBE MAURITIUS

Bei dieser Tour lernen Neulinge die Insel auf einem Blick kennen, und sie eignet sich für die ganze Familie. Begleitet wird man dabei von Strandkrabbe Mauritius; auf kleinen Schildchen weist die Figur die Richtung. Gestartet wird am Friederikenweg an der Kreuzung Ostend oder am Nationalpark-Haus Wittbülten. Erkundet werden die Dünengärten und die Inselwäldchen – und man erfährt unter anderem, warum die Inselbewohner die Tuuns anlegten, also die Gärten, und was es mit den Wällen drumherum auf sich hatte. Nach der Bienenbelegstation geht es zur sogenannten Oosteranplantung; einem Wald, in dem überwiegend Schwarzkiefern wachsen. Weitere Stationen auf dem Rundgang sind unter anderem: die Aussichtsdüne Kohhukkdüne, die Braundünen, die offene Fläche

»Ansonsten aber geht hier alles, jeder ist gerne gesehen. Und mit etwas Glück sitzt man dann auf ein Bier zusammen und vergräbt die Zehen im Sand.«

Entspannung pur: Weiter Blick aufs Meer – und den Wellen abends beim Einschlafen zuhören

der Leegde und das Sonnentauwäldchen. Einfach immer nur der Krabbe folgen, sie kennt den Weg. Der kleine Ausflug endet am 1928 erbauten Haus Fresena, dem einzigen reetgedeckten Haus Spiekeroogs. Damals war es noch frei stehend, heute wird es umgeben von Bäumen.

Wandern inmitten der Natur – und dabei immer das Meer im Blick und den Wind um die Nase

Zelten mit Blick auf den Leuchtturm und inmitten der Dünen – Amrum macht es möglich.

2 FKK-ZELTPLATZ AMRUM

Geeignet für Zelte,
170 Standplätze, Mai–Sept.
▶ Inselstraße 127, 25946 Wittdün

Tel. 046 82/968 15 55
GPS 54.628896, 8.353698

www.fkk-zeltplatz-amrum.de

Urlaub wie aus dem Bilderbuch: Wenn es einen Ort gibt, der einen mit seiner Schönheit auf den ersten Blick gefangen nimmt, dann ist es wohl dieser. Nichts als hohe Dünen, dahinter ruht das Meer – und ein Himmel, der sich weit bis zum Horizont streckt. Und mittendrin der Campingplatz, Möwen kreischen, Wind spielt in den Haaren, die Sonne steht so hoch, als kenne sie keinen Abend.

Zugegeben, FKK gefällt nicht jedem, und dass der Platz nur für Zelter bestimmt ist, macht ihn zusätzlich speziell. Doch man muss sich hier nicht zwingend ausziehen, man kann – und irgendwie führt es einen auf diese Art in eine Zeit zurück, als man noch Kind war und sich nicht um die Gedanken der anderen scherte. Der Zeltplatz nun liegt unterhalb des Leuchtturms, er grenzt unmittelbar an den Kniepsand, Europas größten Sandstrand. Er streckt sich über 80 000 Quadratmeter. Was zunächst einschüchternd groß klingt, verliert beim Besuch seinen Schrecken, ein bisschen ist es wie mit der ungewohnten Nacktheit. Streusel auf einem Kuchen gleich liegen die Zelte in den Dünen, überall finden sich kleine Nischen. Von Weitem sieht es aus, als habe jemand Farbakzente in den Sand gesetzt. Überhaupt wirkt das Ganze, als sei ein Bild auf einer Staffelei entstanden: die malerischen Dünen, die Luft flirrt, feiner Sand rieselt durch die Zehen. Betrieben wird das Areal mit seinen 170 Plätzen vom Amrumer Sport- und Naturistenverein; es ist ein Campingplatz für die ganze Familie und mit viel Stammpublikum.

AUSFLÜGE IN DER NÄHE auf einen Blick

Rad	14 km	Leicht	1 Std., Rundtour ab Fähranleger in Wittdün
Wandern	30 km	Schwer	Tagestour, Rundtour ab Norddorf

Familiär und sehr vertraut wirkt das alles dann auch. Wenn sich die Zelter untereinander etwa mit Vornamen begrüßen und erzählen, wie das hier früher war, damals noch ohne befestigten Weg durch die Dünen und ohne Sanitäranlagen. Seit über 60 Jahren existiert nun der Platz, einst vom Deutschen Verband für Freikörperkultur ins Leben gerufen. Und so reduziert wie die Kleidung ist auch das gesamte Drumherum. Null Strom. Kein WLAN. Der Platz ist autofrei, und bis auf die Brötchen, die man sich morgens zum Frühstück ins Zelt holen kann, war es das mit dem Luxus. Im Gegenzug aber ist man der Natur so nah wie selten. Und so liegt man dann nachts in seinem Zelt, das Meer wirft sich mit lautem Kawumm an den Strand, der Leuchtturm schickt sein Licht, Urlaub wie aus dem Bilderbuch.

Immer am Wasser entlang und dabei stets die herrliche Aussicht genießen

INSEL HAUTNAH

Es gibt viele schöne Strecken auf Amrum; für einen ersten Überblick eignet sich die 14 Kilometer lange Rundtour. Sie ist auch für Ungeübte gut zu bewältigen. Wem die Strecke zu kurz ist, der verlängert sie bis Norddorf. Gestartet wird am Fähranleger in Wittdün. Von dort geht es auf der Inselstraße immer geradeaus durch Wittdün; später wechselt man auf Rad- und Fußweg, bis man den Leuchtturm erreicht hat. Dort überquert man die Straße, folgt dem Weg durch den Wald, fährt vorbei am Strandübergang in Süddorf, bis man auf die nächste größere Straße nach links abbiegt und sie bis zum Ende fährt. Weiter geht es Richtung Ortskern Nebel. Dort biegt man in den Waasterstigh nach links ein, folgt der Straße wieder einen Moment, bis man hinter der Bäckerei nach rechts abbiegt. Am Ende der Straße hält man sich wieder rechts; wirft einen Blick auf die Kirche und den historischen Ortskern – und fährt am Ortsende von Nebel links auf die Schotterstraße bis an den Strand. Am Ende des Weges ist dann der Fähranleger in Wittdün wieder erreicht.

EINMAL RUNDUM

Amrum ist eine nicht eben große Insel – und doch bietet sie viele Möglichkeiten, sich das Eiland wandernd zu erschließen. Diesmal geht es um die ganze Insel herum. Start- und Zielpunkt ist das südliche Ende des Teerdeichs in Norddorf. Von dort aus legt man seinen Weg um die Odde bis zum Norddorfer Badestrand zurück und passiert den Nebler- und Süddorfer Strand in Wittdün. Augen und Ohren dabei immer offen halten; die Stimmung um diese Zeit ist besonders schön. Nichts stört; kein Auto weit und breit, die meisten schlafen noch, es ist, als habe man die Landschaft für sich allein. Einatmen, ausatmen – und mit forschem Schritt geht es dann weiter bis zum Fähranleger, den man von seiner Ankunft bereits kennt. Als nächstes wird Steenodde auf der Wattseite erreicht, vorbei am Örtchen Nebel – bis zum Südende des Norddorfer Teerdeichs. Herzlichen Glückwunsch, die Tour ist hier schon beendet – was für ein wunderbarer Start in den Tag. Das Frühstück wartet, es ist verdient. Schöner kann es kaum werden.

»Und so reduziert wie die Kleidung ist auch das gesamte Drumherum. Null Strom. Kein WLAN.«

Der Sonne beim Auf- und Untergehen zusehen. Urlaub von der schönsten Seite, losgelöst von allem

Klein, aber fein: mit Strandnähe, Brötchenservice und Frühstückseiern direkt vom Bauern

BAUERNHOFCAMPING FERIENHOF FOLGER 3

Geeignet für Wohnmobile, Caravans und Zelte, je 5 Standplätze, April–Sept.
▸ Westerkoog, 25761 Westerkoog

Tel. 048 34 / 92 70
GPS 54.179503, 8.81593

▪ pincamp.de/pin_236788

Zwischen Priel und Siel: Hier findet sich nicht ein Campingplatz, hier liegen gleich vier nebeneinander; und dabei einer so lauschig wie der andere, aufgereiht wie kleine Boote im Hafen. Westerkoog in der Gemeinde Hedwigenkoog in Schleswig-Holstein ist etwas Besonderes. Mit Deich und Nordsee vor der Haustür und mit einer beeindruckenden Auswahl an Plätzen, sodass man nach Lust und Laune auch Campingplatzhopping machen könnte, wenn man wollte. Da ist etwa das Campingplätzchen Westerkoog, ein beschauliches Fleckchen auf grüner Wiese und ausgestattet mit allem, was man als Camper so braucht. Mit fünf Stellplätzen, Strom- und Wasseranschluss; mit Brötchenservice und Eiern direkt vom Bauern. Ein paar Meter weiter der Campingplatz Alter Seedeich, ähnliches Konzept. Oder der Deichtraum-Hedwigenkoog, von dem die Gäste im Internet schreiben, dass man hier am Service und der Ausstattung nichts verbessern kann. Und dann ist da der Platz von Carmen Folger; das Gelände über 100 Quadratmeter groß. Morgens beim Aufwachen und aus dem Zelt guckend sieht man zuerst die Schafe; eine Miniherde aus acht Heidschnucken und einem Walliser Schwarznasenschaf. Nur etwa 200 Meter von hier befindet sich die Nordsee.

AUSFLÜGE IN DER NÄHE auf einen Blick

(Wandern)	Variabel	Leicht	2 Std., Rundtour ab Hedwigenkoog, Westerkoog 9 B
(Rad)	15 km	Leicht	2 Std. 30 Min., Rundtour ab Wesselburenerkoog

Das Rauschen des Meeres ist zwar nicht zu hören; man kann die See aber riechen, kann sie fühlen, und über allem liegt das Kreischen der Möwen. Früher war der Hof von Carmen Folger ein klassischer Bauernhof mit Gemüseanbau und Kühen. Nach dem Tod ihres Mannes aber hat sie sich umbesonnen und die Ländereien verpachtet. Den Kuhstall bewirtschaftet jetzt ein Biobauer, sie selbst konzentriert sich nun auf die Schafe, den Campingplatz, die Ferienwohnungen und den imposanten Streichelzoo mit Lamas, Hühnern, Enten und Minischweinen.

Ein Koog ist ein vom Meer gewonnenes Gebiet, lernt der Besucher, und er erfährt, dass das Land, auf dem man hier steht, dem Wattenmeer in den 1930er-Jahren abgerungen worden war. 1955 dann wurde dieser Ortsteil von Hedwigenkoog besiedelt, und so wie sich deswegen die Geschichten der Höfe in der Nachbarschaft ähneln, ähnelt sich auch das Angebot für die Urlauber. Mit Ferienwohnungen im Vorderhaus – und einem Minicampingplatz auf dem Hof.

IM WATT BEI DEN KRABBEN

Man kann seinen Urlaub natürlich mit einem Buch in der Hand am Strand der Nordsee verbringen. Wer aber mehr über die Flora und Fauna dieses einzigartigen Ökosystems wissen will, wandert das Watt entlang – am besten mit einem Profi an der Seite. Bei der Wattführung mit Krabbenfischen etwa steht das Leben der Tiere im und am Priel im Vordergrund. So steht man dann mit nackten Füßen im Schlick und erfährt, welche Muschelarten es gibt, woran man einen Wattwurm erkennt – und was die knochenharte Arbeit der Krabbenfischer für die Region bedeutet. Und man staunt, welche kleinen Geheimnisse die Nordsee noch alles so in sich birgt. Ebbe, Flut, Artenreichtum, Sturmflut, Küstenschutz und Deiche – schon die ersten Meter werden zu einer Reise in die Gezeiten. Am Ende wissen auch Binnenland-Bewohner zwischen Priel und Siel, zwischen Koog und Hallig zu unterscheiden. Noch ein Tipp: Wer mit Kindern unterwegs ist, sollte für die Tour Eimerchen und Kescher nicht vergessen – hier lässt sich vieles entdecken.

Bei einer Wattwanderung lässt sich viel lernen über das Leben der Meeresbewohner.

»*Man kann die See riechen, kann sie fühlen, und über allem liegt das Kreischen der Möwen.*«

EINZIGARTIGES REFUGIUM

Diese wunderbare Fahrradtour startet im Wesselburenerkoog. Von dort geht es über die Eider rüber zum Watt. Das Vogelschutzgebiet Katinger Watt wurde in den 1960er und 1970er-Jahren aus Hochwasserschutzgründen eingedeicht; unter Obhut des Naturschutzbundes hat es sich zu einem einzigartigen Refugium für Pflanzen und Tiere entwickelt. Über etwa 15 km geht die Tour und ist somit auch für Kinder gut machbar. Zumeist geht es über Teerdeich, Fahrrad- und Wirtschaftswege. Die Wege werden begleitet von Aussichtspunkten und Wetterunterständen.

Und was gibt es zu sehen? Natur. Natur. Natur. Deswegen auch dringend das Fernglas nicht vergessen! Mit etwas Glück lässt sich sogar ein Seeadler beobachten. In welcher Richtung man das Watt befährt, ist am Ende egal; am besten mit dem Wind. Wer gemütlicher ans Ziel kommen möchte, kann auf den Fahrradweg entlang der Eiderdammstraße am Deichfuß ausweichen. Und immer die angrenzenden Aussichtstürme nutzen: Sie bieten tatsächlich die schönsten Panoramablicke in die Eidermündung.

Der Himmel spiegelt sich im Wasser, Farbenspiel zum Sonnenuntergang.

OSTSEE BIS PEENETAL

Auf Wellen surfen. Am Strand die Muscheln zählen. Mit dem Kanu den Amazonas des Nordens bereisen. Urlaub zwischen Ostsee und Peenetal – das bedeutet, in Deutschlands einerseits beliebtester und andererseits in einer der noch unbekanntesten Urlaubsregionen zu reisen. Zu entdecken gibt es dazwischen viel: Wanderungen entlang der Küste, Fahrradtouren in historische Dörfer – und kleine, feine Campingplätze mit Hang zum großen Wurf.

UNTERWEGS IM PEENETAL AUF DEM WASSER

Hoch im Norden – und das Meer im Blick. Fehmarn lädt zum Verweilen ein.

BAUERNHOF KLEINGARN 

Geeignet für Wohnmobile, Caravans und Zelte, 10 Standplätze, April–Okt.
▶ Dörpdiek 10, 23769 Fehmarn
Tel. 04372/707
GPS 54.458252, 11.042079
■ pincamp.de/pin_236782

Sonniges Plätzchen: Dieser Hof hätte auch Platz an der Sonne heißen können oder Zum Sonnenaufgang/Zum Sonnenuntergang. Das Anwesen verfügt über zwei Mini-Campingplätze; die eine Seite ist nach Osten ausgerichtet, die andere nach Westen. Man kann also morgens mit einer Tasse Kaffee in der Hand dem Tag Hallo sagen – und ihn abends mit einem Glas Wein auf der anderen Seite wieder verabschieden. Und wenn man dann noch weiß, dass die Ostsee nur einen Kilometer entfernt liegt, ist man überzeugt, es mit dem Hof Kleingarn als Camper gut getroffen zu haben. So ganz secret ist der Platz allerdings nicht mehr; betrieben wird der Hof in der 15. Generation. Auch den Campingplatz gibt es schon seit 35 Jahren. Aber etwas Vergleichbares muss man erst einmal finden, zumal so nah am Meer. Und während sich üblicherweise die Plätze dort an Größe und Ausstattung immer weiter überbieten, bleibt Bauer Niko Kleingarn bei seinen Leisten. Das heißt: zehn Stellplätze, in ganz turbulenten Zeiten vielleicht auch mal ein paar mehr, und wer zuerst kommt, mahlt zuerst. »Hier sind Spontanurlauber willkommen«, sagt er – ankommen und bleiben, das sei das Motto. Und mit lange bleiben ist tatsächlich »open end« gemeint. Zwar gibt es auf dem Grundstück keine beheizten Waschhäuser, am Ende aber entscheidet nur der Frost über das

AUSFLÜGE IN DER NÄHE auf einen Blick

Fahrrad	40,5 km	Mittel	2 Std. 30 Min., Rundtour ab Bauernhof Kleingarn
Wasser	Variabel	Schwer	Nach Lust und Laune

Ende der Saison. Und fällt der Winter wieder einmal aus, profitiert davon auch der Camper.

Der Inselname Fehmarn nun geht auf das slawische Fe Morn zurück, was so viel bedeutet wie »Im Meer gelegen«. Schleswig-Holsteins einzige Insel in der Ostsee ist denn auch ein Eldorado für Kiter und Surfer – und einmal im Jahr wird sie beim jährlichen Bullitreffen von Hunderten Anhängern der Kultcamper in Besitz genommen. Auch bei Bauer Kleingarn sieht es dann aus wie in einem VW-Ausstellungskatalog. Nach einem Wochenende aber ist der Spuk wieder vorbei – und dann macht man das, was man in einem Urlaub am Meer eben so macht: Morgens mit einem Kaffee in der Hand die Sonne begrüßen, tagsüber die Wellen zählen – und am Abend mit einem Glas Wein die Sonne wieder verab-schieden; es gibt Schlechteres.

VON HAFEN ZU HAFEN

Die »Hafen zu Hafen«-Tour gilt als eine der schönsten auf Fehmarn. Zuerst geht es vom Campingplatz Richtung Staberdorf und von dort entlang der Steilküste in Richtung Katharinenhof. Das blaugraue Meer verschmilzt am Horizont mit dem Himmel, Möwen spielen mit den Wellen, ein Traum vom ewigen Urlaub. Am Waldpavillon lockt den Urlauber verheißungsvoll die Speisekarte, also kehrt man kurz ein. Danach aber geht es gleich weiter über Marienleuchte. Man verlässt den Küstenweg und fährt links nach Puttgarden. Im Hafen lässt sich dann gut den Sehnsüchten nach Ferne hingeben. Fähren kommen, Fähren gehen: Am liebsten würde man jetzt selbst auf eines der Schiffe steigen und aufbrechen ins Unbekannte; vielleicht ein anderes Mal. Ein letzter Gruß also, Schiff ahoi, zurück aufs Rad mit dem Ziel: Burg auf Fehmarn. 6000 Einwohner zählt Fehmarns größte Stadt. Der Wind pfeift um die Nase, und nachdem man sich das Meereszentrum angeschaut hat, macht man einen Schlenker in den Hafen von Burgstaaken. Nach einer weiteren Rast hält man sich wieder östlich und ist dann beinahe schon wieder am Ausgangsort zurück – und noch immer scheint auf der Sonneninsel die Sonne.

Schiffe kommen, Schiffe gehen – und immer schwingt dabei eine kleine, große Sehnsucht mit.

RAUF AUFS WASSER

Windsurfen und Kiten sind inzwischen selbst Laien ein Begriff, aber Wingsurfen? Bei dieser Sportart nun werden Elemente aus Kite- und Windsurfen miteinander kombiniert; der Surfer steht auf einem Surfboard und hält mit den Händen einen Flügel in den Wind, den sogenannten Wing – und lässt sich so übers Wasser tragen. Der große Vorteil: Anders als Kiten und Surfen ist Wingsurfen auch bei geringeren Windstärken möglich. Etliche Surfschulen auf Fehmarn bieten inzwischen Wingsurfen an. Zunächst wird dabei das Gleichgewicht auf einem SUP-Board geübt. Später steigt man auf ein Foilboard. Das Besondere daran: Bei langsamer Geschwindigkeit liegt es auf der Wasseroberfläche auf – und der Rumpf, der Hydrofoil, ist komplett unter Wasser. Wird die Geschwindigkeit aber erhöht, wenn etwa ein Boot das Board hinterherzieht, hebt es ab und man gleitet quasi durch die Luft. Kombiniert mit den Wings ist es tatsächlich ein schwereloses Gleiten über das Wasser. Nur Fliegen ist schöner.

»Die Hafen zu Hafen-Tour gilt als eine der schönsten auf Fehmarn.«

Radelnd durch die Region – und dabei auch Burg auf Fehmarn einen Besuch abstatten

Campen mit Seeblick: friedliches Grundstück am Schmollensee

5 NANDALEE CAMPING

Geeignet für Wohnmobile, Caravans und Zelte, 70 Standplätze, Ostern–Okt.
▶ Sellin 17 A, 17429 Seebad Bansin / OT Sellin
Tel. 01 52 / 33 88 32 26
GPS 53.957902, 14.091041
■ pincamp.de/pin_231107

Ein magischer Ort: Nandalee – das ist die kleine, feine Art zu campen. Aufwachen, vom Zelt oder vom Camper aus den Seeblick genießen, sich fühlen, als habe man die ganze Welt für sich allein. Es soll Leute gegeben haben, die irritiert nach dem Stellplatz fragten, obwohl sie schon mitten darauf standen – und sie konnten dann ihr Glück kaum fassen. Wiese. Weite. Stille.

Betrieben wird das zauberhafte Grundstück von Corina Ludwig und ihrem Partner, und alles dort hat seine Bedeutung. Den Namen Nandalee etwa haben die beiden dem Roman »Drachenelfen« von Bernhard Hennen entliehen; er steht für die tiefe Verwurzelung mit der Natur.

Nandalee ist dabei der kleinste Campingplatz auf Usedom, und er liegt, das ist wichtig zu wissen, am Schmollensee und nicht an der Ostsee. Der Schmollensee ist der zweitgrößte See auf der Insel, er ist eingebettet in die Usedomer Schweiz, mit zwei Seeadlerpärchen als Nachbarn. Es gibt dort Fischotter; abends schwirren auf der Suche nach Insekten Fledermäuse durch die Luft, morgens singen die Vögel im Duett.

Dass Corina Ludwig den Platz betreibt, ist kein Zufall. Sie stammt aus Berlin, schon als junges Mädchen kam sie als Camperin in die Gegend, und als sie das erste Mal hier auf dem Gelände unter

AUSFLÜGE IN DER NÄHE auf einen Blick

	Strecke	Schwierigkeit	Dauer
Rad	25 km	Leicht	3 Std., inkl. Fahrt zum Startpunkt Morgenitz
Kanu	Variabel	Leicht	Nach Lust und Laune, Start ab Nandalee Camping

der Naturdusche stand, verliebte sie sich in den Ort. Bis sie den Platz 2012 dann übernahm, vergingen allerdings noch beinahe zehn Jahre. In der Zwischenzeit wurde der alte Besitzer krank, er konnte den Platz nicht mehr betreiben, das Grundstück verfiel zusehends. Irgendwann in dieser Zeit dann entschloss sich Corina Ludwig zur Übernahme, sie sagt: »Wissen Sie, Nandalee müsste gar kein Campingplatz sein. Es ist ein Ort, der einfach für sich selbst so viel zu sagen hat. Sogar, als er noch verfallen war und hier 40 alte vergammelte Wohnwagen standen, war er schön; er hatte schon immer eine Magie.«

Einer der schönsten Momente auf dem Platz: wenn der Wind sich legt und die Sonne sich hinten auf der anderen Seeseite verabschiedet. Zurück bleibt ein kleiner großer Frieden.

Unterwegssein auf historischen Pfaden und dabei Land und Leute kennenlernen

UNTERWEGS IM LIEPER WINKEL

Die Tour startet im zwölf Kilometer entfernten Morgenitz. Von dort geht es weiter über Krienke zum Seglerhafen Rankwitz. Von hier bietet sich ein traumhafter Blick auf den Peenestrom an. Übrigens: Fischverkauf ist täglich von 8 bis 18 Uhr. Entweder, man gönnt sich gleich ein Fischbrötchen – oder aber, man plant den Besuch beim Fischer für den Rückweg ein – und versorgt sich dort mit Abendbrot. Von Rankwitz führt der Weg zunächst aber weiter bis nach Quilitz; ein alter Fischerort, der heute vom Tourismus lebt. Weiter geht es an der Küste entlang bis zum Aussichtspunkt Lieper Winkel. Der Blick von hier ist einmalig. Unberührte Natur, Stille, keine Autos, und auf der anderen Seite liegen links die Orte Lassan und gegenüber Lütow. Wer mag, packt hier seine Pausenbrote aus – und genießt den Platz an der Sonne. In Warthe wirft man einen Blick auf die alten Fischerhäuser, und dann geht es in Küstennähe immer weiter bis nach Grüssow – und schon bald ist man wieder in Rankwitz und Morgenitz zurück.

KANUFAHRT AUF DEM SCHMOLLENSEE

Eine Seefahrt, die ist lustig – und was für ein Glück, dass man das Wasser direkt zu seinen Füßen hat. Also rauf auf eines der vom Campingplatz geliehenen Boote, und auf geht es ins Vergnügen.

Die Cleveren packen Proviant, Kamera und ein Fernglas ein. Der Schmollensee ist ein schilfgesäumtes Refugium und damit idealer Brutplatz für Enten und andere Wasservögel. Übrigens: Es gibt auch geführte Kajaktouren auf dem Schmollensee; die Touren dauern etwa drei Stunden – danach sind keine Fragen zu Flora und Fauna mehr offen. Der Schmollensee ist nach dem Gothensee der zweitgrößte Binnensee auf der Insel Usedom. Er erstreckt sich vom Dorf Benz im Südwesten bis zur Bäderstraße B 111 und zur Eisenbahnlinie im Nordosten; er hat eine ungefähre Länge von vier Kilometern und ist etwa zwei Kilometer breit. Wer sich in seinem Boot aufmerksam übers Wasser bewegt, bekommt mit etwas Glück einen der Seeadler zu sehen, alternativ bieten sich als Fotomodelle aber auch die Kormorane an. Früher soll es hier die dicksten Aale der DDR gegeben haben. Inzwischen aber, so heißt es, hätten die Vögel den See beinahe leergefischt.

» Einer der schönsten Momente: wenn der Wind sich legt und die Sonne sich dabei hinten auf der anderen Seeseite verabschiedet. «

Abschalten, den Blick übers Wasser schweifen lassen, Stille genießen, Urlaub

Wild. Urwüchsig. Besonders. Unterwegs auf dem »Amazonas des Nordens«

AMAZONAS CAMP 

Geeignet für Wohnmobile, Caravans und Zelte, 15 Standplätze, ganzjährig
▸ Mühlentorvorstadt 12, 17121 Loitz

Tel. 03 99 98 / 41 90 01
GPS 53.970887, 13.136517

▪ pincamp.de/pin_234158

Alles ist im Fluss: Der Amazonas liegt im östlichen Zentrum Mecklenburg-Vorpommerns, und er ist in etwa so, wie man es sich immer vorgestellt hat. Wild. Urwüchsig. Besonders. Nicht ohne Grund hat Christa Labouvie ihren Campingplatz nach der Gegend hier benannt; auch wenn das Ganze natürlich nur ein Wortspiel, eine Anlehnung ist, und auch wenn sie selbst am echten Amazonas in Brasilien noch niemals unterwegs war.

Braucht sie auch nicht; der Osten ist an dieser Stelle tatsächlich ähnlich wild, wild wie der weite Wilde Westen. Hier mäandert die Peene durch ein atemberaubend schönes Naturschutzgebiet, und der Fluss nun hat dem jüngsten Naturpark Mecklenburg-Vorpommerns seinen Namen geliehen – Naturpark Flusslandschaft Peenetal oder eben auch: »Amazonas des Nordens«. Mittendrin liegt der Campingplatz von Christa Labouvie, ein Areal, das früher mal Kleingärten vorbehalten war. Nachts ruft hier das Käuzchen, am Tag singt der Kuckuck, und mehr als Vogelgezwitscher ist beinahe nicht zu hören.

Im Internet loben die Camper das Amazonas Camp für die Gemütlichkeit, ein »kleines Glück an idyllischer Lage«. Klein, weil der Platz mit seinen allenfalls 15 Stellplätzen nicht eben groß ist, und das ist gut so.

AUSFLÜGE IN DER NÄHE auf einen Blick

Wandern	13 km	Mittel	4 Std. 30 Min., Rundtour ab Parkplatz an der Ostpeene
Rad	46 Km	Schwer	Tagestour, Start: Gut Owstin, Ende: Amazonas Camp

Wer hier aufwacht, ist nicht von Betriebsamkeit umgeben; alles wirkt still, still wie der Fluss in seinem Bett.

Seit 2015 betreibt Christa Labouvie zusammen mit einem Partner das Areal; und anders als andere Plätze ist er das ganze Jahr geöffnet. »Wir sind kein Feiercamp, wir sind ein Naturparkcamp«, sagt sie, »die Leute, die herkommen, die wollen ihre Ruhe, die wollen kein Remmidemmi.« Stattdessen sitze man lieber zusammen am Lagerfeuer, der eine trinkt Bier, der andere holt eine Gitarre raus, eben doch wie im Wilden Westen.

Es gab ein Leben, da leitete Christa Labouvie ein Sportstudio in Düsseldorf. Dann zog es sie weiter nach Usedom, und als sie schließlich auch dort mehr Zeit mit ihrem Auto in Staus verbrachte, als es ihr lieb war, fand sie hier in Loitz ein neues Zuhause. Gerade erwacht die Gegend aus einer Art Dornröschenschlaf. Touristen, die es eben noch ins Ausland verschlug, finden nun am »Amazonas des Nordens« ihr Glück.

RENDEZVOUS MIT DEM EISVOGEL

Die Peene streckt sich über 85 Kilometer vom Kummerower See bis zur Insel Usedom, 20 000 Hektar geschützte Flusslandschaft. Kein Wunder also, dass es dort jede Menge Wandermöglichkeiten gibt. Eine schöne Tour durch leicht hügelige Landschaft führt an der Ostpeene entlang. Guter Ausgangspunkt dafür ist der Parkplatz am dortigen Ufer. Nun der Ausschilderung »Querweg zum Wanderrundweg« folgen und über die Brücke Richtung Duckow gehen. An der nächsten Kreuzung rechts abbiegen und dem Hinweis »Wanderrundweg Ostpeene« folgen. Von hier geht es immer weiter durch das Durchbruchstal der Ostpeene bis nach Pinnow, von dort nach Demzin. Hinter Demzin schließlich der Landstraße etwa 600 Meter folgen – und nun geht es auch schon am Westufer der Ostpeene entlang zurück zum Parkplatz. Wer von Ende Mai bis Mitte Juni unterwegs ist, wird Tausende blühende Orchideen sehen können. Also die Kamera oder das Handy nicht vergessen; und wer weiß, vielleicht kreuzt ja auch ein Eisvogel den Weg. Auch Fischotter sind hier übrigens beheimatet.

Naturschauspiel: Mit Glück kreuzt ein Eisvogel den Weg – und präsentiert stolz seinen Fang.

AUF DEN SPUREN DER WIKINGER

Als Ausgangspunkt eignet sich gut Owstin. Die Tour führt entlang der Vorpommerschen Dorfstraße. Von dort geht es über Gribow nach Ranzin, Schmatzin, Schlatkow, Klein Bünzow, Bömitz, Rubkow, Daugzin, Ziethen nach Menzlin und via Lüssow zurück nach Owstin. Was hier nach einer willkürlichen Abfolge von Orten klingt, ist in Wirklichkeit eine wunderbare Route auf den Spuren der Wikinger. In Menzlin etwa befindet sich an der Peene das Alte Lager, ein Platz, an dem die Wikinger einst mit den Slawen Handel betrieben. Im besten Fall plant man hier eine Rast ein und genießt von dort den Blick auf Anklam. In Lüssow ist der Park um das Schloss herum im Frühjahr am schönsten, dann, wenn die Buschwindröschen in Blüte stehen. In Ziethen bauten Benediktinermönche das Kloster Stolpe, dessen Bau reicht zurück ins 13. Jahrhundert. Und in Owstin befindet sich eine Straußenfarm; auf dem Gelände kann man sich nach dem Ausflug gut die Beine vertreten – bis es schließlich zurück zum Campingplatz geht.

»Nachts ruft hier das Käuzchen, am Tag singt der Kuckuck.«

Ob im Zelt oder Glamping im Pod, ob im Sommer oder Winter Campen geht am »Amazonas des Nordens« das ganze Jahr.

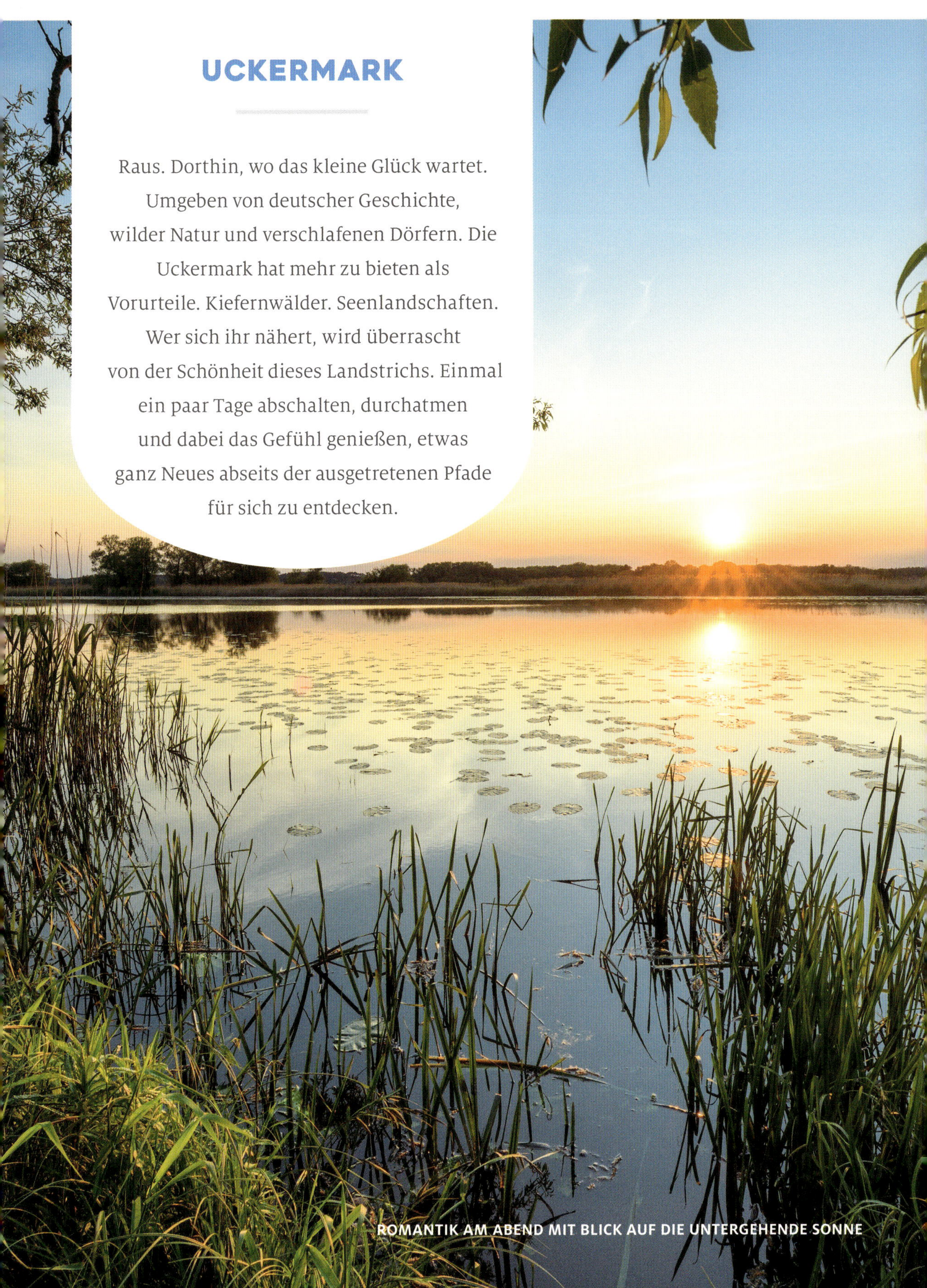

UCKERMARK

Raus. Dorthin, wo das kleine Glück wartet. Umgeben von deutscher Geschichte, wilder Natur und verschlafenen Dörfern. Die Uckermark hat mehr zu bieten als Vorurteile. Kiefernwälder. Seenlandschaften. Wer sich ihr nähert, wird überrascht von der Schönheit dieses Landstrichs. Einmal ein paar Tage abschalten, durchatmen und dabei das Gefühl genießen, etwas ganz Neues abseits der ausgetretenen Pfade für sich zu entdecken.

ROMANTIK AM ABEND MIT BLICK AUF DIE UNTERGEHENDE SONNE

Das Wasser und die Stille genießen – Urlaubsstimmung mit allem Drum und Dran

CAMPINGPLATZ WILDE HEIMAT

Geeignet für Wohnmobile, Caravans und Zelte, 200 Standplätze, Mai–Okt.
▶ Zehdenicker Straße 34 d, 16798 Fürstenberg/Havel
Tel. 01 73/432 09 17
GPS 53.179982, 13.161194
■ pincamp.de/pin_235181

Natur pur: Fragt man Martin Richter-Sinnig, wie man das Konzept des Platzes in einem Satz umschreiben könnte, dann denkt er nicht lange nach, dann sagt er: »Wie wild campen, aber legal.«

Und in der Tat, wer sich umsieht, wer hier am Ufer der Brandenburger Havel morgens erwacht, glaubt, sich mitten auf einer Wiese in einem Wald wiederzufinden. Eine beinahe meditative Stimmung liegt in den ersten Stunden des Tages über dem Areal. Alles wuselt noch etwas vom Schlaf benommen vor sich hin, die Ersten bereiten ihr Frühstück vor, Kinder lachen, Kraniche tröten, ein Fischadler ruft nach seinem Jungen.

Im Sommer 2018 haben Richter-Sinnig und seine Frau Kristin den Pachtvertrag für das Areal unterschrieben; erst zogen sich die Dinge, erst war die Idee, das Ganze sukzessive anzugehen, dann aber kam Corona, und das Telefon stand nicht mehr still, weil die Deutschen plötzlich ihre Heimat für sich entdeckten.

Am Ende blieben den beiden drei Wochen, aus einer Art Urwald einen Campingplatz zu gestalten. Mithilfe von Freunden aber »rockten« sie das Pro-

AUSFLÜGE IN DER NÄHE auf einen Blick

Strecke	Schwierigkeit	Dauer
5 km	Leicht	2 Std., Rundtour ab Weidendamm in Fürstenberg
40 km	Leicht	4 Std., Rundtour ab Touristinfo Fürstenberg
13 km	Leicht	4 Std., Rundtour ab Campingplatz Wilde Heimat

jekt, wie Martin Richter-Sinnig sagt. Und ein Jahr später schon wurde ihr Platz vom »Draussen Magazin« zum Sehnsuchtsort erklärt.

Auf vielen Campingplätzen ist das Bemühen einigermaßen groß, den Gästen den Aufenthalt so bequem wie möglich zu gestalten. Wilde Heimat geht einen anderen Weg. Klar, die Grundbedürfnisse werden bedient. Es gibt Duschen und Toiletten, es gibt eine Sommerküche, es gibt einen Naturkeller zum Kühlen der Lebensmittel, inzwischen gibt es auch ein paar handverlesene Plätze mit Stromanschluss. Das aber war's. Kein Schnickschnack, kein Tamtam. Einfach und sauber soll es sein, hübsch und praktikabel. »Du brauchst nicht viel im Leben; je weniger du hast, desto glücklicher bist du«, sagt Betreiber Martin Richter-Sinnig. Und er sagt auch: »Wir können nicht mit fünf Sternen vom ADAC dienen, dafür aber mit unendlich vielen Sternen am Nachthimmel, viel Natur und einem Feeling von Freiheit.« Eben wie wild campen, nur legal.

DURCH WALD UND WIESEN

Der Campingplatz ist umgeben von eindrucksvoller Natur; die Gegend ist gesegnet mit Wald, Wiesen und Wasser. Eine schöne Tour führt um den Hegensteinbach herum. Zugleich ist sie eine gute Möglichkeit, sich mit der Umgebung vertraut zu machen. Startpunkt ist das nur wenige Gehminuten entfernte Fürstenberg. Die Tour beginnt dort am Weidendamm, dem man bis zum denkmalgeschützten Gutshof folgt. Der Weg führt in einem leichten Bogen vorbei an Pferdekoppeln, es geht zunächst durch Wald und Wiesen bis zur ersten Brücke des Hegensteinbachs. Von dort führt der Weg weiter und nah am Bach entlang durch das Naturschutzgebiet Thymen. Man folgt der Strecke so lange, bis der Bach schließlich in den Schwedtsee mündet; überquert man dann wieder eine Brücke, ist die Wanderung fast beendet. Mit etwas Glück ist man auf dem Weg einem Eisvogel begegnet, aber auch Graureiher und Seeadler leben in den angrenzenden Moor- und Seenlandschaften. Die Tour bietet übrigens die wunderbare Gelegenheit, der Draisinenstation einen Besuch abzustatten.

Sehnsuchtsort Wilde Heimat in der Uckermark: wie wild campen und dennoch legal

STADT, LAND, LEUTE

Wer kein Fahrrad dabei hat, kann sich eines auf dem Campingplatz leihen – und von dort geht es zunächst zur Touristeninformation nach Fürstenberg. Wer mag, wirft noch einen kurzen Blick hinein und präpariert sich mit Informationsmaterial zu Land und Leuten. Dann geht es aber weiter entlang des Röblinsees nach Steinförde; genutzt wird dafür ein Teil des Berlin-Kopenhagen-Radweges. Vorbei am Mechowsee geht es dann kurz vor Großmenow links durch Buchenwälder Richtung Dagow/Neuglobsow. Am Großen Stechlinsee ist eine gute Gelegenheit für eine Abkühlung, bevor Menz das nächste Ziel ist. Nun verläuft der Radweg parallel zur Landstraße bis nach Zernikow. Vorbei an der Wassermühle folgt man dem Weg weiter bis nach Burow, einem Ort, der mitten im Fürstenberger Wald- und Seengebiet liegt. Altglobsow hinter sich lassend ist man dann auch schon wieder fast zurück in Fürstenberg und gönnt sich zur Belohnung auf dem Markt ein Eis. Die Tour lässt sich nahe Zernikow über Großwoltersdorf, Sonnenberg, Rauschendorf, Neulögow und Seilerhof problemlos mit einem Loop verlängern.

Mit dem Fahrrad die Umgebung entdecken, etwa die Stadtkirche von Fürstenberg/Havel

Einfach mal abhängen, die Füße im Sand – und sich dabei die Sonne auf den Bauch scheinen lassen

IMMER SCHÖN LANGSAM AUF DEM FLUSS ENTLANG

Wer mit dem Rad und zu Fuß bereits die Gegend ausführlich erkundet hat, erobert sich nun vielleicht auf dem Wasser die Region. Die Wilde Heimat ist umgeben von kleinen und größeren Seen; zugleich betreibt der Platz einen Kanu- und Floßverleih. Bequemer lässt sich eine Tour kaum starten. Entweder also, man beginnt direkt vor Ort mit einem Tagesausflug, oder man lässt sich mit dem Shuttle zu einer der angebotenen Routen bringen. Eine schöne Kennenlerntour ist die »Eisvogeltour«. Sie ist sowohl für Anfänger als auch für Fortgeschrittene geeignet, gestartet wird direkt am Campingplatz, Ziel ist die Eisdiele in Steinförde. Dafür geht es über die Siggelhavel zunächst bis Fürstenberg/Havel, von dort bis zur Steinhavel und schließlich wieder zurück. Wer nach diesem Tagesausflug noch nicht genug hat:

Die »Ziegentour« streckt sich über zwei Tage; Start und Ende ist wieder der Campingplatz. Übernachtet wird diesmal jedoch in einer Bio-Käserei – mit einer wunderbaren Tour über den schönen Stolpsee und wieder über die landschaftlich eindrucksvolle Havel.

EMSLAND BIS TEUTOBURGER WALD

Der Nordwesten Deutschlands trumpft auf mit Stille, Weite und ursprünglicher Natur. Moore und Wälder laden ein zum Wandern, die Ems will befahren werden, der Teutoburger Wald durchquert. Und wer dann immer noch nicht genug hat, entdeckt auf seinen Touren liebenswerte Städte und verträumte Dorf-Idyllen. Zum Übernachten schläft man auf grüner Wiese und unter Obstbäumen oder auf dem Bauernhof.

VOM CAMPINGPLATZ IST ES NICHT MEHR WEIT BIS ZUR EMS UND BIS NACH MEPPEN.

Wer mag, nutzt seinen Campingaufenthalt für einen Besuch in Papenburg.

8 WALLYS MINICAMPING

Geeignet für Wohnmobile,
Caravans und Zelte,
10 Standplätze, Mai–Okt.
▶ Kluserstraße 50, 26909 Neubörger

Tel. 049 66/91 25 42
GPS 52.949526, 7.437206

■ pincamp.de/pin_236780

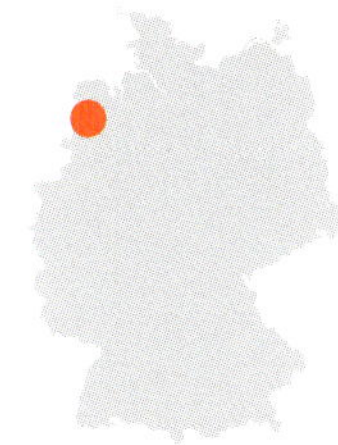

Oase der Ruhe: »Wenn du Kühe und Kartoffeln magst, bist du hier richtig.« Ein Satz wie in Stein gemeißelt und mit einer kleinen, großen Wahrheit. Er stammt von Michael Anderson – und viel mehr muss er zu seinem Reich auch fast nicht sagen. Kühe, Kartoffeln, Obstbäume. Vögel. Und ab und zu fährt ein Traktor vorbei – ansonsten: Stille. Das war's.

Anderson ist der Besitzer von Wallys Minicamping. Der Platz liegt mitten im nördlichen Emsland in der reizenden Gemeinde Neubörger, 60 Kilometer von der Nordsee entfernt. Die Orte in der Gegend heißen Heede, Dörpen, Lathen. Das klingt schon alles sehr nach Dorf und Abgeschiedenheit; aber auch Papenburg und die holländische Grenze sind nicht weit. Die Ems fließt dicht vorbei – und es gibt fantastische Radwege in der Region, auf denen sich gut die Zeit vertreiben lässt.

Wer im »Wallys« eincheckt, findet Camping noch so vor, wie es früher überall gewesen sein muss. Ohne großen Schnickschnack, ohne Tamtam. Dafür mit einer großen, grünen Wiese und vor allem viel Platz. Anderson selbst ist in den USA aufgewachsen, 40 Jahre hat er dort gelebt, und bis heute legt sich der amerikanische Akzent

AUSFLÜGE IN DER NÄHE auf einen Blick

Rad	41 km	Mittel	2 Std. 45 Min., Rundtour ab Wallys Minicamping
Wandern	3 km	Leicht	Nach Lust und Laune, Start: historischer Dorfplatz
Ort	21 km	Leicht	Nach Lust und Laune, Gemeinde Werlte

über seine Worte. 2018 hatte er nach einem Leben in der Army den Campingplatz übernommen und hat ihn, wie er erzählt, von Grund auf saniert. Er hat damit ein kleines Wunder vollbracht, mit 17 Obstbäumen, gerade mal zehn Stellplätzen und einem beeindruckenden botanischen Garten. Minicamping mit Hang zum großen Wurf.

Anderson selbst vergleicht das »Wallys« mit einer Farm, und in etwa stimmt das auch. Zäune aus Holz. Weite. Fehlt eigentlich nur noch Kevin Costner, der auf seinem Pferd hier vorbei reitet. Und so sehr die Ruhe hier das alles beherrschende Thema ist, so sehr kämpft der Campingplatzbesitzer auch darum, alles Störende außen vor zu lassen. Das bedeutet: No parties. No animals. No kids. Das kann man gut oder schlecht finden; es ist wie immer alles eine Frage der Perspektive und der persönlichen Umstände. Am Ende zählt das Ergebnis.

Campen auf der grünen Wiese und im Schutz der Bäume. Nichts stört die Ruhe des Moments.

LANDPARTIE DURCH ZAUBERHAFTE DÖRFER

Diese kleine Tour lässt sich wunderbar vom Campingplatz aus starten und führt durch die Dörfer in der Umgebung. Von Neubörger aus geht es steigungsfrei nach Norden und in Richtung Ems. Unterwegs wird das Naturschutzgebiet Hövel-tangesche Mörte passiert, das auf Höhe des Hochmoores gerade zur Zeit der Heideblüte im Spätsommer eine Augenweide ist. Der Route entlang folgt man dann dem Küstenkanal bis Dörpen, wo man sich wahlweise für eine Pause im Marinapark Emsland entscheidet, oder man plant noch einen Abstecher ins Papiermuseum. Weiter geht es über Ahlen Richtung Steinbild, einem hübschen Örtchen, dessen Kirche direkt am Ems-Ufer steht. Vorbei am herrschaftlichen Anwesen Gut Campe durch Kluse und Wippingen mit seiner imposanten Windmühle. Kurz hinter Kluse unterquert der Radweg die stillgelegte Transrapid-Versuchsstrecke. Östlich von Neubörger beginnen schließlich die waldreichen Geestrücken des Hümmling – und schon ist man wieder auf den Campingplatz zurück.

ZEITREISE DURCHS HISTORISCHE EMSLAND

Das Gute liegt so nah, und in dem Fall beginnt es direkt vor der Haustür. Neubörger nämlich hat mehr zu bieten als Sonntagnachmittagsstille und verschlafene Straßen. Im 18. Jahrhundert als Moorkolonie gegründet, hat sich Neubörger einen reizvollen historischen Kern erarbeitet. Die Zeitreise führt durchs frühe Emsland und beginnt dabei oberhalb des Campingplatzes in der Kirchstraße am historischen Dorfplatz. »Kum eben dein« heißt es zur Begrüßung auf einem Schild – und das macht man dann auch gerne. Auf einem kleinen, gepflasterten Weg geht es vorbei an einer alten Windmühle, dem Lehrerhaus, dem Kindergarten, der Grundschule, dem Backhaus – und wer noch nie vor dem Jümberger Schapstall gestanden hat, wird sich wundern. Das Schilf liegt schwer auf dem Dach, reicht bis zum Boden, es sieht aus, als würde das Häuschen einen dicken Mantel tragen. Ein Brand hatte den Schafstall erst vor wenigen Jahren nahezu vollständig vernichtet; Freiwillige aber hatten das Haus in mühsamer Kleinarbeit wieder aufgebaut.

WELLNESS IN DER GROTTE FÜR DEN GANZEN KÖRPER

Wer viel draußen unterwegs ist, braucht hin und wieder eine Pause. Ein Weg, Körper, Geist und Seele zu erholen, ist der Besuch in einer der vielen Salzgrotten im Emsland; eine findet sich immer in der Nähe. Die Höhlen sind dabei zumeist mit Wasserläufen, kleinen Gradierwerken oder Soleverneblern künstlich angelegt. Sie werden aus vielen Tonnen Stein- oder Meersalz gebaut und sollen so mit einem Mikroklima aufwarten, das einer natürlichen Salzhöhle gleicht. Die Emsland Tourismus GmbH selbst wirbt für die »erholsamen Momente mit Wohlfühlfaktor« und listet auf der Webseite eine Vielzahl von Möglichkeiten auf. So befindet sich vom Campingplatz in Neubörger nur einen Steinwurf entfernt die Gemeinde Werlte, wo sich im angrenzenden Naturpark Hümmling nicht nur hervorragend wandern lässt. Mit einem Besuch in der Salzgrotte dort kann man wunderbar einen Tag beenden. Einfach mal 45 Minuten den Gedanken nachhängen und nichts tun – und auf diesem Weg noch seine Gesundheit pflegen. Herrlich.

Kontrastreiches Programm: Dörfer und Schiffe gucken – oder das Nichtstun genießen

Romantische Stimmung am Morgen. Die Wolken spiegeln sich im Wasser.

Ein Platz zum Innehalten und Träumen: der Brinkort am Ende von Warmsen

9 FERIENHOF BRINKORT

Geeignet für Wohnmobile, Caravans und Zelte, 5 Standplätze, April–Okt.
▶ Brinkort 1, 131606 Warmsen

Tel. 01 71/549 10 32
GPS 52.459196, 8.858360

■ pincamp.de/pin_236776

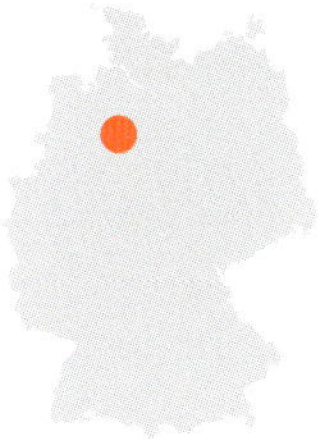

Großes Glück auf kleinem Platz: Am frühen Abend und am frühen Morgen kann man ihr Tröten schon von Weitem vernehmen. Erst leise, zart, dann immer kräftiger, und hebt man dann den Blick, sieht man, wie sie mit ihren riesigen Flügen am Himmel kreisen; ihr Ruf klingt nach Fernweh.

Wenn die Kraniche jedes Frühjahr und jeden Herbst auf ihrem Flug in die Brut- und Überwinterungsgebiete nur einen Steinwurf entfernt vom Brinkort rasten, ist das ein Ereignis. Dabei ist der Platz selbst schon ein Juwel. Ein kleines Paradies, irgendwie mitten im Nichts – und zugleich doch mittendrin im Leben. Im Norden ruht das Große Moor, im Westen mäandert die Weser durch die Landschaft, doch auch die Städte Bremen und Hannover liegen nicht weit entfernt. Es ist, als habe hier alles zu einer großen Richtigkeit zusammengefunden.

Gerade mal fünf Camperplätze zählt der Brinkort; entstanden 1681 und zu einer Zeit, als von einer Freizeit wie heute noch nicht die Rede war. Früher hieß der Hof Schönbusch; er war einer der Größeren hier in der Gegend, und dass er sich bis heute kaum verändert hat, ist ein großes Glück.

2018 haben Monique und Ronald van Doorn den Hof übernommen. Die beiden sind Niederländer, sie stammen aus Vught nördlich von Eindhoven. Mit dem Brinkort erfüllten sie sich ihren Traum von einem neuen Heim.

Immer geradeaus: Gut befahrbare Sand- und Schotterwege führen im Großen Moor durch berauschende Landschaft.

wird, weil Laternen und Leuchten stören, offenbart sich hier ein Sternenhimmel, wie man ihn heute nur noch selten zu sehen bekommt.

Wer mag, kommt nur auf einen Kaffee vorbei, wer mag, verbringt hier seinen ganzen Urlaub. Radfahren, wandern, Kraniche zählen oder einfach nur Löcher in die Luft starren, man kann hier nichts oder man kann hier alles machen. Versorgt wird man vom Haus. Mit Croissants und Brötchen zum Frühstück, am Nachmittag gibt es Torte, und am Abend wird im Biergarten gegrillt. Dazu erklingt der Ruf der Kraniche – ein Platz zum Innehalten und Träumen.

»Der Blick von dort geht weit über die Felder, Hasen hoppeln, Rehe äsen – und abends offenbart sich hier ein Sternenhimmel, wie man ihn heute nur noch selten zu sehen bekommt.«

Der Hof selbst liegt am Ende des Dorfes. Der Blick von dort geht weit über die Felder, Hasen hoppeln, Rehe äsen – und während es in vielen Gegenden nicht einmal im Winter richtig dunkel

AUF ENTDECKUNGSTOUR RUND UMS GROSSE MOOR

Dieser wunderbare Rundweg startet direkt in Warmsen am Campingplatz und führt durch die Randbereiche des Großen Moores. Startpunkt ist die Hauskämperstraße Richtung Hauskämpen, von dort geht es weiter Richtung Essern. Vielleicht kehrt man hier schon auf einen ersten Kaffee ein, verlässt dann den Ort wieder Richtung Osterloh in nördlicher Richtung, fährt so lange, bis man die Kleine Wickriede überquert hat, biegt nach links – und dann hat man das Große Moor auch schon vor sich. Entlang des Langen Graben geht es auf gut befahrbaren Sand- und Schotterwegen durch berauschende Landschaft, die man zum Schutz der Tier- und Pflanzenwelt nicht betreten sollte. Man folgt dem Weg am Ende des Moores nach rechts; an der Schutzhütte Grüner Jäger ist ein weiterer Platz zum Rasten. Das Haus stammt aus dem 18. Jahrhundert, es war bis etwa 1920 Domizil der Holzfäller des Staatsforstes. Anschließend geht es dann weiter bis nach Uchte.

Am Findling Alter Schwede atmet man nochmals tief durch – bis man langsam nach Warmsen zum Campingplatz zurückkehrt.

DURCHS MOOR MIT DER MOORBAHN UND ZU FUSS

Auch Uchte nahe Warmsen im Kreis Nienburg hat seinen Ötzi; Moora, die etwa 2700 Jahre alte Moorleiche. Das Skelett ist im Jahr 2000 bei Torfstecharbeiten entdeckt worden. Wer will, folgt hier ihren Spuren und geht dabei Fragen nach wie etwa: Wer war die junge Frau? Wie haben das Moor und die Landschaft im Umfeld zu Lebzeiten von Moora ausgesehen? Und wie sah Moora überhaupt aus? Zur Einstimmung fährt man am besten mit der Moorbahn. Über zweieinhalb Stunden und zehn Kilometer geht es durch eine Landschaft, die noch immer Geheimnisse birgt und die einen an einem nebeligen Tag noch immer leicht erschaudern lässt. Die Strecke führt an einem Erlebnispfad entlang; auf 13 Stationen gibt es Hintergründiges zum Thema Moor, Torf, Fauna, Flora und Naturschutz. Seit 250 Jahren bauen Menschen Torf in größerem Stil ab, und das Große Moor bei Uchte ist flächenmäßig das größte im Landkreis Nienburg/Weser. Es erstreckt sich über 3263 Hektar und gehört zu den sogenannten Hochmooren, was bedeutet, dass es ausschließlich auf Niederschlagswasser angewiesen und daher sehr nährstoffarm ist.

Wenn die Sonne sich vom Tag verabschiedet: romantische Stimmung im Großen Moor bei Uchte

AUSFLÜGE IN DER NÄHE auf einen Blick

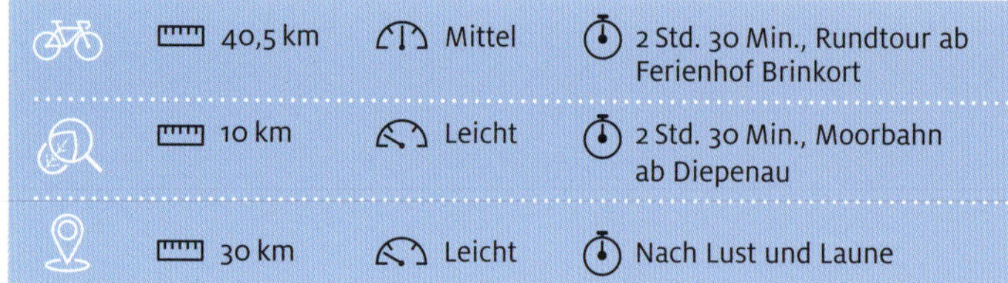

Länge	Schwierigkeit	Dauer
40,5 km	Mittel	2 Std. 30 Min., Rundtour ab Ferienhof Brinkort
10 km	Leicht	2 Std. 30 Min., Moorbahn ab Diepenau
30 km	Leicht	Nach Lust und Laune

HILFE, DIE DINOS SIND LOS

Vor Jahrmillionen war die Welt noch eine andere. Dinosaurier beherrschten den Planeten, in beeindruckender Größe zogen sie übers Land. Lange ausgestorben, kann man ihnen nun in Deutschlands größtem Dinosaurier-Freilichtmuseum Münchehagen in Rehburg-Loccum nahekommen. Vom Campingplatz aus sind es nur knapp 30 Kilometer bis in die Vergangenheit, ein Besuch bietet sich auch bei einem etwas weniger warmem Tag an. Ein etwa drei Kilometer langer Rundweg führt durch verschiedene Erdzeitalter und verdeutlicht anschaulich die Entwicklungsgeschichte der Riesenechsen. Doch nicht allein Dinos sind in der Anlage zu bestaunen. Wer mag, schaut den Forschern bei der Arbeit über die Schulter – oder lässt die Kleinsten selbst nach einem Skelett graben oder einen Saurier modellieren. Das Ganze ist dabei nicht nur Show. Eine Herde Saurier hatte vor etwa 140 Millionen Jahren tatsächlich das Gebiet am Rande der Rehburger Berge durchkämmt; ihre Spuren sind noch heute auf dem Gelände zu finden und zu bestaunen.

Zurück in die Vergangenheit: Wem der Sinn nach Abwechslung steht, besucht die Dinosaurier in Münchehagen.

Zusammen an der Tafel wie bei einer großen Familie: Am Ehrlingshof wird es persönlich.

10 EHRLINGSHOF

Familienhochburg: Einmal die Woche wird beim Hoffest gekocht. Dann helfen die Gäste beim Gemüseschnippeln, jeder bringt eine Kleinigkeit zu essen mit – und am Ende sitzen alle zusammen an einer Tafel wie eine große Familie. Man lacht, man trinkt und feiert den Moment und den Abend. Der Ehrlingshof im Landkreis Diepholz zwischen Bremen und Osnabrück ist so etwas wie eine Familienhochburg; man legt hier Wert auf Nähe. Willkommen ist jeder, vor allem aber sind es die Kinder. Der Hof liegt ziemlich am Rande des Dorfes, eine Birkenallee führt direkt darauf zu, und anders als andere Plätze ist dieser nicht parzelliert. Das ist gewollt so, sagt Campingplatzbetreiberin Anette Buschmeyer. Jede Familie oder jeder Camper könne sich seinen eigenen Platz aussuchen. »Dann hat man auch keine Scherereien. So sind alle zufrieden.«

Geeignet für Wohnmobile, Caravans und Zelte, 14 Standplätze, Ostern–Nov.
▶ Wähaus-Ehrling 41, 49453 Rehden

Tel. 054 46/610
GPS 52.604897, 8.462948

■ pincamp.de/pin_236784

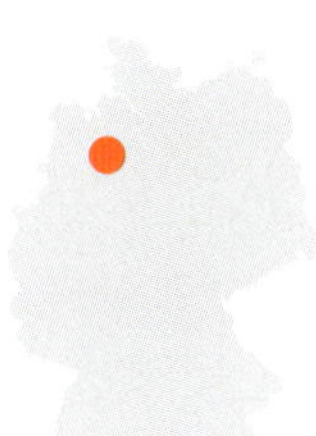

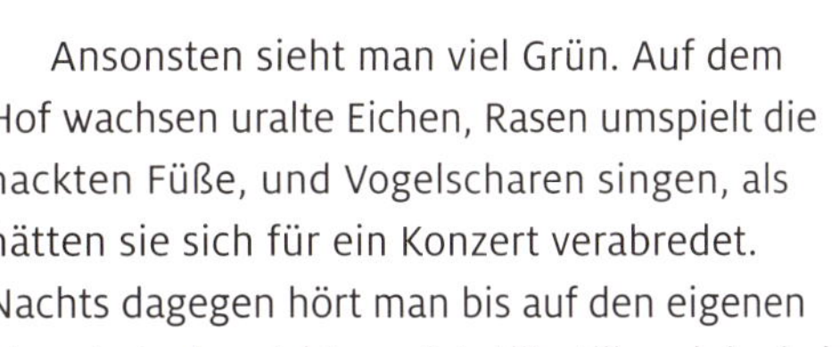

Ansonsten sieht man viel Grün. Auf dem Hof wachsen uralte Eichen, Rasen umspielt die nackten Füße, und Vogelscharen singen, als hätten sie sich für ein Konzert verabredet. Nachts dagegen hört man bis auf den eigenen Atem beinahe nichts, es ist still; still und dunkel.

Früher war der Ehrlingshof ein klassischer Bauernhof mit Vieh und Ländereien, von Generation zu Generation wurde er weitergegeben. In den 1970er-Jahren aber wurden die Zeiten

Dramatischer Auftritt: Der Himmel breitet am Abend seinen Malkasten aus.

nen und Schafen, Kaninchen hoppeln, Hühner scharren, und ein Zwergenwäldchen zum Spielen gibt es auch. Wer genug von der ganzen Unterhaltung hat, spaziert durch Wald und Feld zum fünf Kilometer entfernten Waldsee, picknickt dort auf der Veranda am Seehaus oder lässt auf der Schwimminsel die Beine baumeln. Der See, das ist das große Glück, gehört zum Campingplatz und ist daher auch nur den Gästen des Ehrlingshofes vorbehalten.

»Das ist hier quasi eine Rundumbetreuung«, sagt Anette Buschmeyer – und viel mehr gibt es nicht hinzuzufügen.

UNTERWEGS AUF DEM STEMWEDER BERG

181 Meter hoch ist der Stemweder Berg, er ist, wenn man so will, die letzte höhere Instanz in der norddeutschen Tiefebene. Danach wird es flach, sehr flach; flach wie ein Eierkuchen. Der Berg markiert – je nach Sichtweise – den Beginn oder das Ende einer ungestörten Weite. Die Tour startet am Wanderparkplatz Zum Grünen Walde an der Brockumer Straße zwischen Brockum und Oppenwehe. Nach einem kurzen Anstieg geht es zunächst stets geradeaus auf dem Kamm des Stemweder Berges bis zum Berggasthof Wilhelmshöhe. Dort ist eine gute Gelegenheit für eine Rast. Hier macht der Weg schließlich eine Rechtskurve; danach wird der Wirtschaftsweg Zum Rott überquert und man folgt der Strecke nun im Niedersächsischen Teil des Stemweder Berges bis zum Aussichtspunkt Quernheimer Berg, der eine wunderbare Aussicht weit ins Land bietet. Von hier wandert man wieder in den Wald hinein bis zum Wanderparkplatz Lemförder Berg.

»Der Ehrlingshof im Landkreis Diepholz zwischen Bremen und Osnabrück ist so etwas wie eine Familienhochburg; man legt hier Wert auf Nähe.«

schwieriger, und die Familie entschloss sich, den Bauernbetrieb aufzugeben. Für Kinder ist der Platz hier ein Paradies. In einer Voliere zwitschern Wellensittiche, es gibt ein Gehege mit Schwei-

Dort ist erneut eine gute Gelegenheit für eine Rast – und schon geht es entweder dieselbe Strecke zurück zum Auto. Oder man bemüht ein Taxi zum Wanderparkplatz Stemshorn und lässt sich zum Auto zurück fahren.

ZU BESUCH BEI DER MOORHEXE

Nur einen Katzensprung entfernt vom Campingplatz befindet sich das Rehdener Geestmoor. Und die gute Nachricht ist: Seit 2012 gibt es dort einen etwa einen Kilometer langen Rundweg – er ist also perfekt für einen Ausflug auch mit kleinen Kindern. Die beschilderte Route führt durch einen Moorbirkenwald, trockene Moorheiden und renaturierte Handtorfstiche. Direkt neben dem großen Aussichtsturm im Moor beginnt der Pfad. Am Wegesrand finden sich jeweils Informationstafeln zu Flora und Fauna, man lernt, welche Arten sich speziell an das Leben im Moor gewöhnt haben. Am besten, man besucht am frühen Morgen oder am fortgeschrittenen Abend das Moor. Dann liegt ein wunderbarer Zauber über dem Ganzen. Nebel steigt auf; es ist, als habe man sich in einen Märchenwald verirrt. Das Rehdener Geestmoor

Perfekt für die ganze Familie: Ein Ausflug ins Moor – und dabei Wissenswertes über Flora und Fauna erfahren

AUSFLÜGE IN DER NÄHE auf einen Blick

	Strecke	Schwierigkeit	Dauer
Wandern	20 km	Mittel	Tagestour, Rundtour ab Parkplatz Zum grünen Walde
Natur	1 km	Leicht	Nach Lust und Laune, ab Aussichtsturm
Beobachten	20 km	Leicht	Nach Lust und Laune

ist übrigens als Bestandteil des Europäischen Schutzgebietssystems Natura 2000 besonders geschützt – hier liegt einer der bedeutendsten Kranichrastplätze Deutschlands.

WO ERDHÖRNCHEN UND TAPIRE WARTEN

Wer noch nicht genug hat vom kleinen Zoo auf dem Ehrlingshof, plant einen Besuch im Tierpark Ströhen ein. Vom Campingplatz bis dort sind es nur knapp 20 Kilometer; man kann die Strecke mit dem Fahrrad oder auch mit dem Auto zurücklegen. Der Tierpark ist Ende der 1950er-Jahre entstanden, er beherbergt mehr als 600 einheimische und exotische Tiere: vom Erdhörnchen über Esel bis hin sogar zu Flamingos und Tapiren. Der Weg dorthin führt entweder am Rehdener Geestmoor vorbei über Wagenfeld nach Ströhen – oder über die B214 am Neutstädter Moorgenerationsgebiet. Im Zoo selbst gibt es auch einen Streichelzoo, der aller Erfahrung nach vor allem für die Jüngsten die größte Faszination bietet. Wer sich für Pferde interessiert: Der Tierpark beheimatet Europas größtes Vollblutaraber-Gestüt. Die Tiere werden hier nicht nur gezüchtet, sie werden hier auch ausgebildet – und dann in alle Welt verkauft. Die Anlage ist übrigens das ganze Jahr geöffnet; es gibt einen Spielplatz und ein Restaurant.

Kleine Farm: Pferde grasen, Kaninchen hoppeln, Hühner scharren, ein Paradies für Kinder.

LÜNEBURGER HEIDE

Zur Blüte ist sie spektakulär. Doch auch jenseits der Saison ist die Lüneburger Heide eine Reise wert. Im Herbst mit eindrucksvollem Farbenrausch zum Indian Summer. Im Winter, wenn sich Nebelschwaden über die Landschaft legen, im Frühjahr, wenn die Natur nach langem Schweigen mit großem Auftritt wieder aus dem Schlaf erwacht. Wie gut, dass man seinen Platz zum Übernachten in direkter Nachbarschaft hat.

LILA LAND: DIE LÜNEBURGER HEIDE ZUR BLÜTE

Eine Idylle wie in Astrid Lindgrens Bullerbü. Ringsum Felder und Wiesen. Hühner scharren.

SONNENHOF 

Geeignet für Wohnmobile, Caravans und Zelte, 10 Standplätze, ganzjährig
▶ Kirchboitzen 56, 29664 Walsrode

Tel. 051 61/78 92 04
GPS 52.829915, 9.491800

■ pincamp.de/pin_236778

Ein bisschen Bullerbü: Sonnenhof. Man muss den Namen nur hören, und man weiß Bescheid. Und tatsächlich: Der Hof ist an diesem Morgen eingebettet in warmes Licht, es ist, als habe die Sonne hier selbst einen Dauerplatz gebucht.

2018 haben Katja Bittner und Peter Theilmann das Gehöft übernommen – und seitdem bauen sie es peu à peu zu einer Oase aus. Mit fünf kleinen Ferienwohnungen, einer Wellnessanlage und einem miezekleinen Campingplatz, der das bietet, was man mit Draußensein im besten Sinn verbindet. Gras kitzelt unter den Füßen, ein Hahn kräht, Schafe blöken, in zehn Metern Entfernung klappert Familie Storch im Horst, die zwei Jungen starten zaghaft ihre ersten Flugversuche. Über zehn Stellplätze verfügt der Hof, keine Chance also, sich gegenseitig das Leben schwer zu machen. Die Campingwiese selbst wird von einer großen Hecke befriedet – und mit etwas Glück sieht man auf dem Acker nebenan, wie sich am Abend Fuchs und Hase gute Nacht sagen.

Der Sonnenhof ist kein Bauernhof im klassischen Sinn, auch wenn er früher einer war. Was aber geblieben ist aus alten Tagen, sind die alten Stallungen – und eine Idylle wie in Astrid Lindgrens Bullerbü. Ringsum Felder und Wiesen, einige Kilometer weiter ein Badesee, auf dem

Afrika in der Lüneburger Heide: Der Serengeti-Park Hodenhagen liegt um die Ecke.

Hof streunen Katzen, es gibt Esel, Meerschweinchen – und die 130 Legehennen liefern die Frühstückseier.

Willkommen ist hier jeder. Zelter. Camper. Paare. Singles. Junge Leute. Senioren. Und ganz besonders aber sind es Kinder. Denn das Schöne ist: Weil sich hier alles in greifbarer Nähe befindet, kann man sie getrost dem Spiel überlassen. Und so bleibt auch den Erwachsenen Zeit, mit einem Buch für einen Augenblick innezuhalten. Und sollte einem dann doch irgendwann vor lauter Müßiggang die Zeltplane auf den Kopf fallen; der Vogelpark Walsrode und der Serengeti-Park Hodenhagen sind nicht weit – oder aber man geht rüber zum Nachbarn und pflückt auf dessen Plantage Obst.

Katja Bittner und Peter Theilmann sind beide studierte Geophysiker. Der Sonnenhof ist nun ihre Art oder ihr Versuch, dem Leben eine neue Richtung zu geben. Es ist noch viel zu tun; Corona hat das Wirtschaften zuletzt nicht eben einfach gemacht. Aber die Sonne, da sind sich die beiden sicher, wird auf dem Sonnenhof nicht so schnell untergehen.

»Willkommen ist hier jeder. Zelter. Camper. Paare. Singles. Junge Leute. Senioren. Und ganz besonders aber sind es Kinder.«

ENTSPANNT UNTERWEGS AUF DER ALLER

Über 260 Kilometer mäandert die Aller durchs Land. Ihre Schönheit ist legendär; ihr Wasser gilt als sehr sauber. Geboren in Sachsen-Anhalt, findet sie nun bei bei Verden in die Weser. Wer mag, nutzt also seinen Aufenthalt für eine erholsame Paddeltour. Alle größeren Orte entlang der Aller bieten Aus- und Einstiegsmöglichkeiten; am Ende kommt es darauf an, wie viel Zeit man auf dem Fluss verbringen will. Für eine kleine Tour bietet sich ein Zustieg in Eilte an: Am Ufer weiden Kühe, Pferde grasen im sattgrünen Allergras, und Kraniche und Reiher stelzen nach einem Fischfang gemächlich durch die Wiesen. Wer es sportlicher mag, verlegt seinen Zustieg weiter nach hinten; offizielle Standorte befinden sich unter anderem in Buchholz (Aller), Essel und Hodenhagen. Wer ab Mitte Juli bis August unterwegs ist, sollte besonders aufmerksam sein. Zu dieser Zeit werden die Jungstörche flügge und erkunden neugierig die umliegenden Felder und Wiesen. Ausstieg ist in allen Fällen Rethem; von dort sind es zum Campingplatz nur noch zehn Minuten.

AUSFLÜGE IN DER NÄHE auf einen Blick

	Strecke	Schwierigkeit	Dauer
Kanu	15,4 km	Leicht	3 Std. 30 Min., Start: Eilte, Ende: Rethem
Fahrrad	47 km	Schwer	Tagestour, Rundtour ab Rethem
Wandern	10 km	Leicht	Nach Lust und Laune

DIE RÜCKKEHR DER WÖLFE

Die Rundtour startet in Rethem (Aller) und ist sehr gut ausgeschildert; mühelos zu erkennen am Wolfssymbol. Zuerst geht es Richtung Frankenfeld, von dort folgt man der Verbindungsstrecke nach Anderten, bis man schließlich nach Hämelhausen ausweicht. Von dort sind es nicht mehr viele Kilometer bis Dörverden, wo sich dann auch das Wolfcenter befindet. Die gesamte Wegstrecke wird begleitet von Hinweistafeln zum Thema Wolf, und es werden Fragen beantwortet wie etwa: Warum wurden Wölfe gejagt? Was tun bei einer Begegnung? Die Tour will für das in der Öffentlichkeit strittige Thema sensibilisieren – und in Dörverden erreicht sie mit dem Wolfcenter ihren Höhepunkt. Hier ist eine gute Gelegenheit für eine ausgiebige Pause. Von Dörverden geht

Stiller Moment am Fluss: Die Aller gehört zu den saubersten Gewässern in Deutschland.

Dem Wolf auf der Spur: Das Wolfcenter in Dörverden widmet sich ausführlich dem strittigen Thema.

es zurück Richtung Rethem, die Hälfte der Wegstrecke ist geschafft. Passiert wird Hülsen, links schlängelt sich wieder die Aller ins Bild, bis man hinter Wohlendorf seinen Ausgangspunkt erreicht. Mit etwas Glück leuchtet am Abend der Vollmond – und man mag sich irren, aber ruft da hinten nicht tatsächlich ein Wolf?

BEI PINGUINEN UND PELIKANEN

Wenn man mal da ist, bietet sich ein Abstecher in den Vogelpark Walsrode an. Er ist sicher kein Geheimtipp mehr, aber er ist der größte der Welt – und allein deswegen schon eine Reise wert. Am besten, man verbindet den Besuch mit einer Fahrradtour oder Wanderung, und bringt sich dafür ein Fernglas mit. Vom Sonnenhof bis Walsrode sind es nur zehn Kilometer; vielleicht schaut man sich zur Einstimmung schon mal unterwegs das Treiben der Vögel in freier Natur an. Im Park selbst gibt es dann über 4000 Vögel aus 650 Arten zu bestaunen, dazu zählen Pinguine und Pelikane. Wer den Tieren noch näher kommen möchte, schaut sich vielleicht eine der Vogelbabyfütterungen an. Dort lässt sich beobachten, wie Papageienkinder auf ihr Frühstück warten oder wie ein Babyfalke mit der Pipette aufgezogen wird. Der Ausflug ist nicht nur für Kinder ein Erlebnis. Übrigens: Sollte das Wetter doch einmal nicht mitspielen – Ein großer Bereich der Anlage ist überdacht.

Mitten in der Heide: Im Gerdehaus wird Enthaltsamkeit von der medialen Welt geübt.

HEIDECAMPING GERDEHAUS

Geeignet für Wohnmobile, Caravans und Zelte, 15 Standplätze, April–Okt.
▶ 29328 Faßberg

Tel. 050 55/59 02 86
GPS 52.875232, 10.194938

▪ pincamp.de/pin_232574

Der Heidecampingplatz Gerdehaus ist der perfekte Ort zum Abschalten. Ein kleines Stück Schweden im Norden Deutschlands, zur Heideblüte Anfang August einmal mehr ein Ereignis. Dann, wenn die Natur mit einigem Drama den lilafarbenen Teppich bis zum Horizont ausrollt und man glaubt, mitten in einen Honigtopf gefallen zu sein, so angenehm liegt der Duft der Blüten über allem.

Digitales Detox: Fragt man die Eigentümerin Christiane Hoffmann-Brunhöber, wie sie ihren Platz mit drei Worten umschreiben würde, dann sagt sie: »Wie in Schweden.« Und in der Tat, der Vergleich begleitet einen den ganzen Aufenthalt über. Weil der Platz einsam wirkt, obwohl man mitten drin ist. Weil sich die Natur hier so unverfälscht gibt, obwohl sie ohne das Zutun des Menschen so nicht existieren würde.

Seit 1960 existiert der Platz, lange war er verpachtet. Inzwischen aber betreiben Christiane Hoffmann-Brunhöber und ihr Mann Eckhard den Campingplatz, und sie erzählt, dass er vor allem Menschen anzieht, die die Ruhe suchen, die sich noch wohlfühlen ohne WLAN und Animation, die sich glücklich schätzen, geschützt vor fremden Blicken in kleinen Nischen oder auf großzügigen Plätzen zu übernachten.

AUSFLÜGE IN DER NÄHE auf einen Blick

Fahrrad	37 km	Leicht	2 Std., Rundtour ab Parkplatz Heidesee in Müden/Örtze
Wandern	12 km	Leicht	3 Std., Rundtour ab Gerdehaus
Wasser	6,5 km	Leicht	3 Std., Start: Anleger Müden/Örtze, Ende: Anleger Hermannsburg

Digital-Detox-Camping nennt sie den Aufenthalt hier, Auszeit von ständiger Erreichbarkeit; einfach loslassen und ohne Smartphone entspannen.

Während die Nordheide mit den Orten Wilsede und Undeloh touristisch gut erschlossen ist, trifft man mit der Südheide auf die verhaltene Schwester. Mit Wäldern, in denen man sich noch immer verlaufen kann, mit Wegen, auf denen man über Stunden niemandem begegnet. Die Heide selbst ist dabei die Attraktion. Wie ein großes, kuscheliges Fell schmiegt sie sich an die Erde; Wolken jagen ihre Schatten über sie hinweg. Ansonsten: Stille.

Es gibt Plätze, die mit ihrem Angebot an Pool- und Restaurantlandschaften punkten, hier punktet die Landschaft. Es gibt kein Schwimmbecken, keine Animation, keinen Kiosk – der Besucher wird belohnt mit wohltuender Ruhe und nachts mit einem eindrucksvollen Sternenhimmel. Wie in Schweden eben – nur ein bisschen anders.

ÜBER STOCK UND STEIN

Vom Parkplatz aus geht es durch Heide und Wald zunächst leicht steil nach oben zum Gaußstein am Hausselberg. Hier trifft man das erste Mal auf Johann Carl Friedrich Gauß; einer von drei Erinnerungssteinen ist dem großen Mathematiker hier gewidmet. Dann geht es auch schon weiter bis zum nächsten Gaußstein ins Waldgebiet Breitenhorn bei Neu Lutterloh. Durch den Wald führt der Weg vorbei am Jugendwaldheim Siedenholz und an der Tielemannschen Eiche bis nach Dalle und zu den sogenannten Anschauteichen. Wer mag, packt hier seine Pausenbrote aus, und genießt dabei den Blick über den Seerosenteich. Von hier führt der Weg weiter bis zum Wählberg, wo sich der dritte Vermessungspunkt von Carl Friedrich Gauß befindet. Man zählt diese Stelle zu den »magischen Orten« der Gegend um Eschede, man nennt sie auch »Aussichtskanzel Schöne Aussicht«. Weiter der Beschilderung folgen bis zur Heidefläche Angelbecksteich; nach der Querung der L 281 rechts ab Richtung Parkplatz Eicksberg/Tiefental gehen, den Parkplatz Misselhorner Heide passieren – und schließlich ist über Weetzen der Ausgangspunkt in Müden wieder erreicht.

Spazierend den Gedanken nachhängen – die Lüneburger Heide ist durchzogen von Wanderwegen.

DURCHATMEN IN WALD UND SCHÖNER HEIDE

Diese Rundtour ist ein schönes Stelldichein mit der Südheide. An ihrem Abschluss wird der Hausselberg erreicht, wo sich ein weiter Blick über die Heide präsentiert. Der Weg dorthin allein ist ein großes Erlebnis. Im Idealfall ist gerade Blütezeit, aber auch außerhalb der Hochsaison liegt ein wunderbarer Zauber über der Landschaft. Nach einer kurzen Rast durchstreift man den Taterbusch, danach wird wieder eine weitere Heidefläche erreicht. Ist das Heidedorf Weesen an der Südspitze der Wanderung passiert, sind etwa zwei Drittel des Weges geschafft. Zurück geht es schließlich Richtung Norden zum Ausgangspunkt: zunächst vorbei an einem Acker, dann wandert man weiter durch die Wälder am westlichen Fuße des Hausselberges. Keine Sorge: Der Weg kann nicht verpasst werden; er ist zusätzlich zum Piktogramm mit einem großen, heidefarbenen Kreis gekennzeichnet und symbolisiert die lange Tour. Das Ganze gibt es auch als kürzere Variante; sie ist mit einem kleinen grünen Kreis versehen.

»Im Idealfall ist gerade Blütezeit, aber auch außerhalb der Hochsaison liegt ein wunderbarer Zauber über der Landschaft.«

Stelldichein mit Störchen: Bei einer Paddeltour auf der Örtze kommt man der Natur ganz nah.

Nichts stört die Ruhe. Camping in der Lüneburger Heide, das bedeutet: abschalten, dem Alltag entfliehen.

IMMER DER ÖRTZE NACH

In der Heide lässt sich nicht nur gut wandern, man kann sich die Region auch gut vom Kanu aus erarbeiten. Die Bäche Örtze, Aschau und Lache gelten in Paddlerkreisen als beliebtes Ausflugsziel; warum es ihnen also nicht nachtun. Die Örtze zählt dabei zu den größten, naturbelassenen Flüssen der Lüneburger Heide. Fischotter und Schwarzstorch sind hier zu Hause, mit Glück lässt sich auch ein Eisvogel beobachten. Die Örtze entspringt nördlich der Stadt Munster, gemächlich mäandert sie von dort durch intakte Natur in Richtung Müden/Örtze, wo sie sich schließlich mit der Wietze vereint. Es gibt verschiedene Kanuverleiher in der Region, einfach eine passende Route raussuchen, für den Rücktransport wird üblicherweise gesorgt. Ein schöner Ausflug für den Auftakt führt von Müden/Örtze nach Hermannsburg – sie ist auch für ungeübte Paddler ideal; vom Campingplatz aus bis zum Anleger sind es nur wenige Kilometer. Kleiner Tipp: Manche Anbieter bieten auch eine Kanutour mit Frühstücksbuffet oder Picknick an.

Kleinod der besonderen Art: das Freibad im Uhlenköper-Camp in Uelzen

UHLENKÖPER-CAMP 13

★★★★½

Geeignet für Wohnmobile, Caravans und Zelte, 85 Standplätze, ganzjährig

▸ Festplatzweg 11, 29525 Uelzen-Westerweyhe

Tel. 05 81/730 44

GPS 52.999816, 10.515433

■ pincamp.de/ns5050

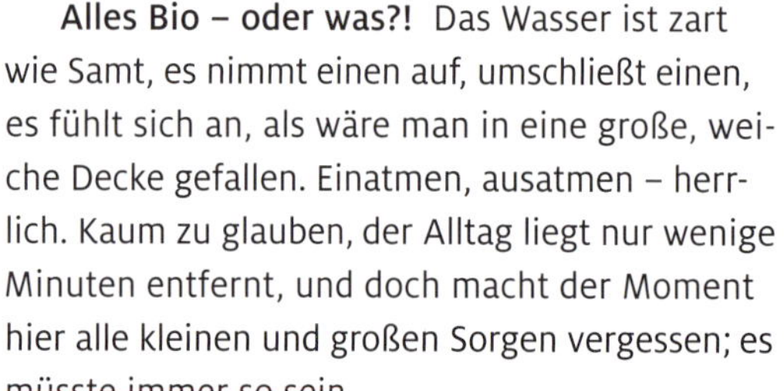

Alles Bio – oder was?! Das Wasser ist zart wie Samt, es nimmt einen auf, umschließt einen, es fühlt sich an, als wäre man in eine große, weiche Decke gefallen. Einatmen, ausatmen – herrlich. Kaum zu glauben, der Alltag liegt nur wenige Minuten entfernt, und doch macht der Moment hier alle kleinen und großen Sorgen vergessen; es müsste immer so sein.

Das Uhlenköper-Camp am Rand der Heidestadt Uelzen mit dem wunderbaren Naturfreibad ist ein Kleinod der besonderen Art, mehrfach zertifiziert, mehrfach ausgezeichnet. Entworfen hat das Areal ein Landschaftsarchitekt, und während sich auf vielen anderen Campingplätzen die Stellplätze rechts und links eines langen Weges gruppieren, formieren sie sich hier zu kleinen Inseln; benannt nach jeweils einer Eulenart. Das Konzept ist dabei immer das gleiche. Im Kreis angeordnet stehen die Camper, in der Mitte der Platz bleibt frei für Spiel oder Kommunikation. Und anders als auf anderen Plätzen bleibt die Zeltwiese ohne Autos, was einem einmal mehr das Gefühl vermittelt, mitten in der Natur zu sein, auch wenn das Gelände an ein Wohngebiet grenzt. Eichen, Buchen, Erlen, Linden, alles grünt und blüht, dazu der Gesang der Vögel und das Quaken der Frösche aus dem Naturfreibad.

Bereits in den 1960er-Jahren gab es an dieser Stelle einen Campingplatz, damals noch unter anderen Vorzeichen. Seit 2001 ist das Ganze nun in Familienhand, betrieben inzwischen in zweiter Generation von den Geschwistern Thomas und Michaela Körding. Und die beiden waren es auch, die das Thema Ökologie und Nachhaltigkeit vorangetrieben haben. Das ist der Grund, warum auf dem Gelände hier keine konventionellen, sondern ausschließlich Bio-Produkte vertrieben werden oder etwa das Naturfreibad mit einer Pflanzenkläranlage gereinigt und auf Chlor verzichtet wird. Etwa 85 Stellplätze zählt der Campingplatz, für die Zelte gilt freie Platzwahl – und mit etwas Glück scheint die Sonne noch etwas länger. Zurück ins Freibad, der Alltag muss warten.

EINE FLUSSFAHRT, DIE IST LUSTIG

Eine der schönsten Routen zum Kennenlernen der Region führt von Bohlsen nach Uelzen über Hansen, Holdenstedt und Veerßen. Unterwegs ist man dabei auf der Gerdau, einem nur 30 Kilometer langen und sensiblen Heideflüsschen, dem man besser nur leichte Einzelboote und kleine Gruppen zumutet. Wie ein Band zieht die Gerdau sich durch die Gemeinden, wer ihr folgt, wird mit unvergleichlicher Naturidylle auf und am Wasser belohnt.

Und so ist auch diese eher kurze Kennenlerntour ein echtes Abenteuer – und fast kann man den Eindruck haben, auf dem Amazonas unterwegs zu sein. Die Fahrt ist einsam; immer mal wieder neigen sich Büsche in den Fluss, man gleitet über umgestürzte Baumstämme, Schmetterlinge und Libellen begleiten den Weg. Das Schöne an der Tour: Es gibt keine Umtragestelle, außerdem organisiert der Campingplatz die An- und Abfahrt. In Bohlsen übrigens befindet sich auch die Bohlsener Mühle. Seit 1979 wird dort Bio-Getreide verarbeitet; jeder Biokunde kennt das Symbol mit der kleinen Sonne.

BERGAUF-BERGAB

Die etwa 35 km lange Rundtour führt durch die hügelige Endmoränenlandschaft nördlich von Uelzen. Man radelt durch Wald und Felder, es geht über Wiesen. Ausgangspunkt ist dabei das zwei Kilometer vom Campingplatz entfernte Kirchweyhe. Von dort geht es weiter Richtung Osten nach Emmendorf. Am Elbe-Seitenkanal führt der Weg rechts nach Jastorf mit dem Jastorfer See. Der See ist Heimat für Kormorane, Graureiher und Graugänse. Am Nordufer steht ein Beobachtungsturm, von wo man einen weiten Blick ins Land

Ausblick vom Aussichtsturm: Der Jastorfer See ist Heimat für Kormorane, Graureiher und Graugänse.

AUSFLÜGE IN DER NÄHE auf einen Blick

Wandern	13 km	Leicht	5 Std., Rundtour ab Campingplatz Uhlenköper-Camp
Rad	35 km	Leicht	5 Std., Rundtour ab Kirchweyhe

genießen kann – am besten mit einem Fernglas. Eine Infotafel erzählt mehr über die Vögel und den See, idealer Platz für ein Picknick. Frisch gestärkt geht es weiter nach Barum. In Barum baut Familie Ellenberg Bio-Kartoffeln in den schönsten Farben an; sie heißen Violetta, Sieglinde, Laura, sie sind lila, rot, gelb oder blau und sollen köstlich schmecken. In Barum lohnt auch ein Blick auf und in die St.-Georgs-Kirche aus dem 11./12. Jahrhundert. Der frei stehende Glockenturm stammt aus dem 17. Jahrhundert. Nach Barum folgt Ebstorf, und wer mag, gönnt sich hier noch einen Sprung ins Freibad, bevor es nach Kirchweyhe und von dort zurück zum Campingplatz geht.

»Alles grünt und blüht, dazu der Gesang der Vögel und das Quaken der Frösche aus dem Naturfreibad«

In Nachbarschaft mit der Natur. Im Hintergrund rauscht die Gerdau – eine wunderbare Melodie.

ELBTAL BIS ODERBRUCH

Berauschende Landschaft,
eindrucksvolle Natur, geschichtsträchtige Orte.
Wer zwischen Elbtal und dem Oderbruch
im Nordosten von Deutschland Urlaub macht,
findet sich wieder in einer Gegend,
die kaum vom Tourismus eingenommen ist.
Hier kann man sie noch finden,
die Ruhe, nach der sich alle sehnen,
die ungestörten Flecken, die inzwischen so
selten geworden sind.

DURCHATMEN, ENTSPANNEN: CAMPING HINTER DEM DEICH

Kein Auto stört die Ruhe: Der Bankerhof ist ausschließlich Zeltern vorbehalten.

BANKERHOF 

Geeignet für Zelte,
10 Standplätze, Mai–Sept.
▶ Elbstraße 2, 19273 Rassau
Tel. 03 88 45 / 44 98 25
GPS 53.192031, 11.001344
■ pincamp.de/pin_236786

Kleines Paradies: Der Bankerhof ist ein Ort mit Geschichte. Es gab ihn lange, bevor es die DDR gab. Er hat diese Zeit als landwirtschaftliche Produktionsgenossenschaft überlebt, und wer dort heute auf der Wiese sein Zelt aufschlägt, findet sich wieder unter Birnbäumen. Es gibt einen kleinen Wald aus Eichen und Buchen, und mit etwas Glück sieht man tatsächlich einen Pirol.

Betrieben wird das Grundstück von Nicolette Tuinman und ihrem Ehemann. Die beiden stammen aus Amsterdam; mehr oder weniger durch Zufall waren sie auf das damals marode Anwesen aufmerksam geworden – und die Lage, die Stille, die Natur, das alles ließ sie nicht mehr los. Also fassten sie den Plan, ihr altes Leben hinter sich zu lassen. 2015 eröffneten sie den kleinen Campingplatz.

Es gibt nur zehn Plätze dort, er ist ausschließlich Zeltern vorbehalten, und dass man vor allem Radfahrer trifft, ist kein Zufall. Wenige Meter entfernt ruht die Elbe in ihrem Bett, begleitet wird sie dabei vom Elberadweg. Der Elberadweg, das muss man dazu wissen, zählt zu den längsten Radwegen Europas. Er führt von Tschechien bis zur Mündung in die Nordsee. Wer auf dem Bankerhof übernachten will, kann so lange bleiben, wie er will. Es gibt einen schönen Aufenthaltsraum mit eingerichteter Küche, zum Einkaufen bietet sich die Radfahrerfähre an, von der anderen Uferseite der Elbe sind es 15 Minuten bis Hitzacker.

Und mittendrin ist man auch gleich in der gesamtdeutschen Geschichte. Früher war die Gegend hier Sperrgebiet, der Westen hinter der Elbe lag zum Greifen nah und für den DDR-Bürger zugleich jedoch unerreichbar weit weg, Endstation Sehnsucht. Erst der Mauerfall führte zusammen, was zusammen gehörte, als Geschenk ein Naturschutzgebiet, das den Namen UNESCO-Biosphärenreservat Elbtalaue trägt. Es gibt viel zu sehen hier und viel zu hören; und es soll Leute geben, erzählt Campingplatzbetreiberin Nicolette Tuinman, die sich schon beschwert hätten über das Gepiepse und Geflöte der Vögel, so laut und so beherrschend, als wäre man in eine Voliere gefallen.

GENÜSSLICH DURCH DIE BIOSPHÄRE

Einmal quer durch das Urstromtal der Elbe, gut geht das mit der sogenannten Biosphären-Querung-Tour. Üblicherweise führt sie vom Bahnhof Lemgrabe bei Dahlenburg bis hin zum Bahnhof Brahlstorf. Da sich Rassau mit dem Campingplatz quasi in der Mitte befindet, kann man sich entscheiden, entweder in den Norden oder in den Süden zu fahren. Wer die Variante von Lemgrabe bei Dahlenburg wählt, nimmt in Darschau die Autofähre und radelt ab Neu Darchau durch das Kateminer Mühlenbachtal mit seiner abwechslungsreichen Landschaft, die von Feuchtwiesen über Auwäldchen bis hin zu Trockenrasen reicht. Bei Ventschau wird ein Riesenfindling passiert, der aus der Saale-Eiszeit vor etwa 200 000 Jahren stammt. Von dort geht es zum Aussichtsturm in Kovahl, wo sich ein wunderbarer Rundblick über die Wald- und Flusslandschaft zwischen Elbe und Göhrde bis hin zum höchsten Berg – dem Hohen Mechtin (142 Meter) – bietet. Jetzt geht es für eine Rast über Nahrendorf nach Dahlenburg – dem Tor zur Göhrde. Von Dahlenberg geht es weiter bis zum Bahnhof nach Lemgrabe. Entweder, man steigt jetzt in den Zug und fährt bis zum Bahnhof Brahlstorf und nimmt sich den Rest der Strecke vor – oder man radelt zurück bis zur Fähre nach Neu Darchau, beendet die Tour und hebt sich die östliche Route für den folgenden Tag auf.

Immer an der Elbe entlang: Gecampt wird an einem der schönsten Radwege Deutschlands.

AUSFLÜGE IN DER NÄHE auf einen Blick

	Strecke	Schwierigkeit	Dauer
Fahrrad	60 km	Leicht	Ein- bis Zweitagestour, ab Bankerhof
Wandern	17 km	Leicht	Tagestour, Rundtour ab Lüchow
Ort	30 km	Leicht	Nach Lust und Laune, ab Bankerhof

VIELE ORTE MIT GROSSEM CHARME

Das Wendland ist bekannt für seine vielen Rundlinge; also Dörfer, deren Häuser in einer runden Anordnung stehen. Nur ein Weg führt hinein und auch wieder hinaus. Zugleich sind sie so einzigartig, dass sie sogar als mögliches Weltkulturerbe bei der UNESCO im Gespräch waren. Eine Auswahl der schönsten Dörfer fasst der Wanderweg Großer Rundlingsweg zusammen, der auf 17 Kilometern fünf historische Dörfer verbindet. Dabei hat jedes Dorf seinen eigenen Charme und seine eigene Geschichte. Einen guten Ausgangspunkt für die Tour bietet dabei die idyllische Fachwerkstadt Lüchow. Von der Spitze des Amtsturmes kann man gut den Blick über die Dächer Lüchows bis hin in die Altmark schweifen lassen. Lübeln ist das wohl bekannteste Rundlingsdorf. Vorbei an der Lübelner Kirche führt der Weg über verschiedene Rundlinge bis nach Jabel. Hier steht der gesamte Ort unter Denkmalschutz. Satemin ist das größte Rundlingsdorf des Wendlands, wo sich das Wendland-Café für eine Pause anbietet. Jetzt ist es nicht mehr weit bis nach Reetze, und schon ist man wieder zurück in Lüchow.

Jahrhunderteалt: der kleine Ort Schreyahn aus der Vogelperspektive

Ein Spaziergang wird zum Treffpunkt mit der Geschichte.

»Das Wendland ist bekannt für seine vielen Rundlinge; also Dörfer, deren Häuser in einer runden Anordnung stehen.«

MIT DEM BIBER AUF DU UND DU

Wer in der Elbtalaue unterwegs ist, sollte sie auch verstehen. Das vom Bankerhof 30 Kilometer entfernte Biosphaerium Elbtalaue im Schloss Bleckede bietet dafür eine gute Grundlage. Man kann für den Weg dorthin das Auto bemühen, genauso gut aber lässt sich der Ausflug mit einer Radtour entlang der Elbe verbinden. Das Biosphaerium listet eine Vielzahl von Möglichkeiten auf, der Region auf spielerische Art und Weise näher zu kommen. Es gibt – gerade für Kinder interessant – ein Vogelstimmenklavier, eine Windmaschine, ein Überflutungsmodell; in der Aquarienlandschaft zeigt sich die fischreiche Elbe aus nächster Nähe, und wer danach noch immer die Energie hat, lässt die Kinder auf dem angrenzenden Spielplatz austoben, während sich die Älteren einen Blick vom 20 Meter hohen Aussichtsturm über Bleckede und die Elbtalaue gönnen. Anschließend geht es dann entspannt und guter Dinge zum Bankerhof zurück. Übrigens: Wer mag, bucht im Biosphaerium vorab eine Führung mit Wunschtermin zum Thema »Biberspuren« oder »Storchenerkundungen«, so wird der Aufenthalt garantiert ein Erlebnis.

Das Zelt aufschlagen in nur einem Meter Entfernung von der Elde

AM BRUNNEN 

Geeignet für Wohnmobile, Caravans und Zelte, 8 Standplätze, ganzjährig
▸ Am Brunnen 1, 19370 Parchim

Tel. 038 71/468 97 76
GPS 53.406384, 11.836385

www.pensionambrunnen.de

Großes Urlaubsgefühl: Wenn man schon mal da ist, sollte man sie auch probiert haben, die Spezialität des Hauses: After-Eight-Torte. Jedes Stück so süß wie das Leben – und wie die Lage des Campingplatzes hier, zumindest, wenn man mit dem Zelt anreist. Dann nämlich liegt man quasi in »Pool-Position«, nur einen Meter entfernt von der Elde, Mecklenburg-Vorpommerns längstem Fluss, der das Gebiet um die Müritz mit der Elbe verbindet.

Gerade mal drei Stellplätze für Zelte und noch einmal fünf für Caravans listet die Anlage hier in Parchim, sie ist zugleich auch Pension und Café. Der Vorteil: Man muss sich sein Frühstück nicht selbst zubereiten. Wer mag, bucht seinen Stellplatz mit Ei und warmen Brötchen.

Jan Jochmann hat den Platz mit seiner Frau 2013 übernommen, und man verspricht nicht zu viel, wenn man sagt: Die Lage ist etwas ganz Besonderes. Die Elde schmiegt sich hier in einer sanften Kurve in die Landschaft und vermittelt einem das Gefühl, mit seinem Zelt mitten auf einer Postkarte gelandet zu sein.

Zwar führt eine Straße hinter dem Haus vorbei, nachts aber kommt der Verkehr so gut wie zum Erliegen. Früher, als Parchim noch Garnisonsstadt war, gab es hinten im Wald ein Kurhotel, und auf dem Grundstück hier war das Badehaus der alten

Quelle. Der Brunnen mit dem eisenhaltigen Wasser hat dem Platz auch seinen Namen geliehen.

Im Flur des Cafés hängen Bilder aus der alten Zeit, und man kann gut sehen, wie das hier früher so war. Manchmal kommen auch Leute, die von damals erzählen, als die Frauen lange Röcke und die Männer Hüte trugen. Der Brunnen existiert noch, die Quelle aber ist versiegt.

Es gibt keine Saison in der Pension Am Brunnen, das heißt: Man kann hier das ganze Jahr vorbeikommen. Und wer zur Abwechslung mal nicht den Camper oder das Zelt bemühen will, legt für eine Übernachtung mit dem Boot an. Dann klettert man nach einem Tag auf dem Wasser auf den Steg und belohnt sich mit einem Bier, dazu lässt man über der Elde die Beine baumeln. Großes Urlaubsgefühl auf kleinem Platz.

TÊTE-À-TÊTE MIT DEM EISVOGEL

Der Wockersee grenzt im Norden an die Stadt Parchim, und er gehört mit seiner Größe von gerade einmal 0,6 Quadratkilometern zu den eher kleineren mecklenburgischen Seen. Er soll der Stadt übrigens den Beinamen »Pütt« eingebracht haben, plattdeutsch für Pfütze. Oberhalb des Sees schließt sich das wunderbare Landschaftsschutzgebiet Wockertal an, das man sich mithilfe des Rundwanderweges erschließen kann. Er führt um den Wockersee herum und durch das Tal des Flüsschens Wocker. Die Strecke ist gekennzeichnet; man kann den Weg links neben der Asklepios-Klinik starten, von dort einfach nur der Beschilderung folgen.

Die gesamte Strecke des Wanderweges rund um den Wockersee inklusive Wockertal beträgt 14 Kilometer; wer weniger gut zu Fuß ist, kürzt den Spaziergang mit einer etwa 1,5-stündigen Kurzwanderung um den See ab (6 Kilometer). Dabei verläuft die Wegführung häufig direkt am Ufer oder am Flusslauf, führt aber auch durch lichten Wald mit hohen Bäumen. Und mit etwas Glück begegnet man auf seiner Tour einem Eisvogel, der im Wockertal sein Zuhause hat.

ENTSPANNUNG UND RUHE

Die Rundtour verbindet die beiden Städte Parchim und Lübz miteinander und wird etwa zur Hälfte auf dem Mecklenburgischen Seen-Radweg geführt. Lübz ist eine beschauliche Kleinstadt, bekannt vor allem für ihre Brauerei. Die Tour startet dabei am Schwimmbad in Parchim,

Parchim ist eine der ältesten Städte Mecklenburg-Vorpommerns und lässt sich zu Fuß oder mit dem Fahrrad erkunden.

AUSFLÜGE IN DER NÄHE auf einen Blick

Wandern	14 km	Mittel	Tagestour, Rundtour ab Asklepios-Klinik
Fahrrad	35 km	Leicht	Tagestour, Start: Höhe Schwimmbad, Ende: Altstadt

von dort geht es vorbei am Café Wockersee immer weiter geradeaus bis nach Darze. In Darze biegt man nach rechts Richtung Strahlendorf, Lancken, bis man schließlich auf einem wunderbaren, von Wiesen und Wäldern gesäumten Weg Lübz erreicht. Wer mag, besucht für einen Restaurantbesuch die Altstadt, schlendert durch die Gassen – oder besucht das Museum am Markt mit dem Amtsturm. Dann steigt man entweder am ZOB mit seinem Fahrrad in den Bus und fährt zurück nach Parchim – oder aber, man bewegt sich auf der wenig befahrenen Hauptstraße entlang Richtung Klein Niendorf. Von dort der Straße immer weiter folgen, bis man schließlich Parchim wieder erreicht. Zur Belohnung holt man sich in der Altstadt ein Eis – und fährt gemächlich die letzten Meter bis zum Campingplatz zurück.

Abendspaziergang: Die Sonne steht tief – und taucht das Land in das schönste Licht.

Blick über den Baggersee Gusow, der im Märkischen Oderland liegt und zum Verweilen einlädt

16 STRANDBAD & CAMPING ODERBRUCH AM BAGGERSEE GUSOW

Geeignet für Wohnmobile, Caravans und Zelte, 120 Standplätze, ganzjährig

▶ Baggersee Gusow, 15306 Gusow-Platkow

Tel. 01 60/96 78 37 70
GPS 52.570556, 14.335833

▪ pincamp.de/pin_234787

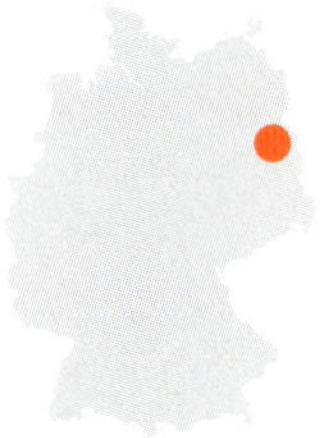

Jeden Tag Silvester: Zuerst sieht man den See, wie er sich weit ins Panorama schiebt. Dann die Eichen, die einer Allee gleich den Platz säumen. Und dann den Rasen, überall Rasen. Sattgrün und verschwenderisch legt er sich über die Erde.

Der Campingplatz am Baggersee Gusow hat sich die Bezeichnung secret auf vielfache Weise verdient. Einerseits für die idyllische Lage, eingebettet ins Märkische Oderland zwischen Wald und Wiesen nahe der polnischen Grenze, andererseits für den tatsächlich und im Wortsinn noch weitgehend unentdeckten Platz. Das Gelände ist so weitläufig, dass man sich als Camper seine Lieblingsstelle aussuchen kann; nichts stört, da ist allein das Quaken der Frösche und der Singsang der Vögel.

Vor wenigen Tagen erst hatte sich die Wasserprobenaufsicht wieder bei den Betreibern gemeldet. Um zu gratulieren: zum drittsaubersten See in ganz Brandenburg. Und in der Tat, fünf bis sechs Meter geht der Blick in die Tiefe, so klar wie ein Kristall und so ungewohnt in diesen Zeiten, in denen alles über das Sterben der Ozeane und Seen klagt, kein Wunder also, dass es eine Tauchschule vor Ort gibt. Und dann ist da der Himmel, der zum Sonnenuntergang ein Theater veranstaltet, als

AUSFLÜGE IN DER NÄHE auf einen Blick

Paddeln	8 km	Leicht	Tagestour, Start: Gusow, Ende: Quappendorf
Rad	60 km	Mittel	Tagestour, Rundtour ab Gusow

wäre jeden Tag Silvester. Einem Tuschkasten gleich präsentiert er sich dem Urlauber. Plötzlich gibt es Farben zu entdecken, die man im Leben so noch nicht gesehen hat. Nachts leuchten die Sterne so deutlich und klar, dass es wirkt, als fielen sie einem gleich auf den Kopf. Und keine störenden Lichtquellen trüben ihren Schein.

Das Strandbad hier gibt es bereits seit Wendezeiten, betrieben zunächst vom christlichen Jugenddorf. Dann zeichnete der örtliche Sportverein verantwortlich, bis schließlich die Gemeinde einen neuen Pächter für das gesamte Areal suchte. Seither nun greift Julia Lemke in die Geschicke ein; sie ist die Vorsitzende des Vereins mit dem sperrigen Namen Strandbad- und Camping Oderbruch am Baggersee Gusow. So spröde das Ganze klingt; jedes Wort darin ist den Verantwortlichen wichtig, zusammen soll alles eine Einheit bilden, im Zentrum der glasklare Baggersee.

Skeptischer Blick: Ein Kranich schaut aus sicherer Distanz auf die Camper und lässt sie nicht aus dem Blick.

UNBERÜHRTE LANDSCHAFT ERKUNDEN

Die Tour lässt sich mit zwei Worten beschreiben: Schön urig. Gestartet wird nach einer kleinen Einweisung in die Paddeltechnik in Gusow. Und dann geht es auch schon los auf der Alten Oder. Egal, ob man im Kajak oder im Paddelboot unterwegs ist, das Ambiente ist ein Ereignis. Ein Graureiher watet durchs Schilf, ein Kranich beäugt skeptisch das Treiben, die Sonne lacht, das Herz wird weit; nicht ohne Grund gilt die Alte Oder als Paddlerparadies. Die Tour streckt sich über acht Kilometer, das ist auch für Anfänger und Kinder leicht zu schaffen. Der Fluss hat eine angenehme Breite, es gibt viel zu sehen. Natur wie aus dem Bilderbuch, und hin und wieder entdeckt man von Bibern angeknabberte Gehölze. In Quappendorf an der idyllisch gelegenen Kanustation ist die Tour dann schon vorbei. Und vielleicht kommt man abends am nächsten Tag für die geführte Bibertour zurück. Übrigens: Von Mai bis September ist das Paddeln am entspanntesten. Außerhalb der Schulferien kommt man in den Genuss zuverlässiger Ruhe.

IMMER DER NASE NACH

Die ganz Sportlichen nehmen den Campingplatz zum Ausgangspunkt für eine Tour auf dem Europaradweg RE1, der bis – man traut es sich kaum zu schreiben – nach Helsinki in Finnland führt. Aber es geht auch kürzer, viel kürzer. Etwa in einem Rundweg entlang der Oderaue Genschmar über den Oderdeich weiter bis nach Küstrin-Kietz an die polnische Grenze. Dort wirft man einen Blick auf die Festung Küstrin. Und dann geht es auch wieder zurück Richtung Seelow und Gusow. Wer mehr will, der plant einen längeren Besuch auf der polnischen Seite ein – mit einer Stippvisite im Museum oder einem Abstecher auf den Polenmarkt. Wem der Sinn nach Fisch steht, der stärkt sich auf deutscher Seite am Fischereihof Schneider mit Fischbrötchen. Und wer weiß, vielleicht hat man Geschmack gewonnen an einer längeren Tour und radelt die nächsten Tage tatsächlich entlang des Europaweges. Er verläuft hinter dem Campingplatz und ist gut ausgebaut.

»Das Gelände ist so weitläufig, dass man sich seine Lieblingsstelle aussuchen kann.«

Platz nach Wahl und den Blick genießen: Der Baggersee Gusow zählt zu den saubersten Gewässern in Brandenburg.

STIMMUNG WIE AUS DEM BILDERBUCH: AM MORGEN
IN DEN OBERLAUSITZER TEICH- UND HEIDELANDSCHAFTEN

DEUTSCHLANDS MITTE

CAMPINGPLÄTZE IN DER MITTE

WEITERE TOLLE PLÄTZE AUF PINCAMP.DE!

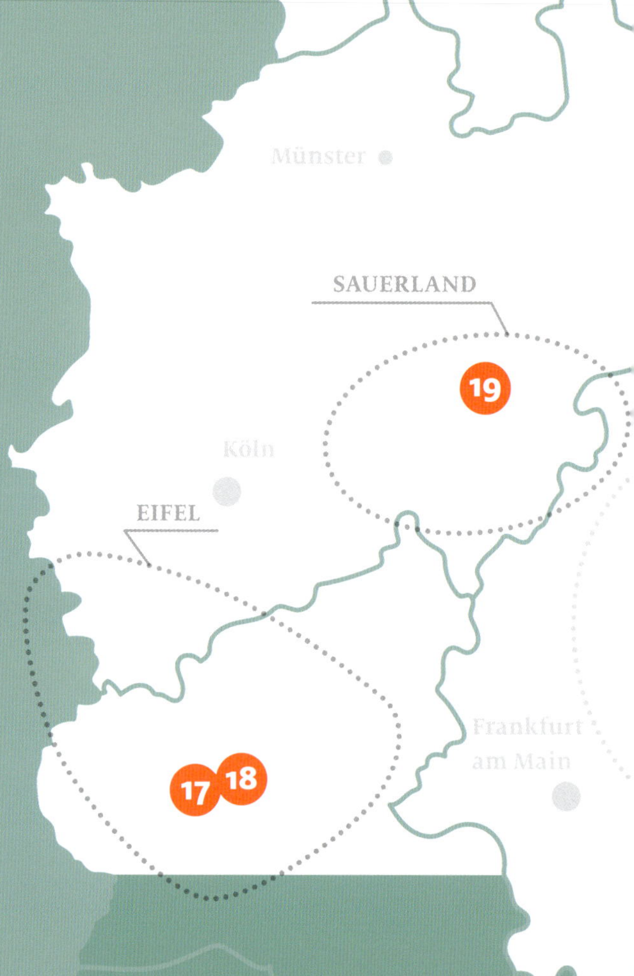

EIFEL BIS INS WERRATAL

Urzeitliche Reisen und Touren für die ganze Familie

HARZ BIS INS ERZGEBIRGE

Historische Streifzüge und weite Sichten

HAVELLAND
Berlin
Hannover
HARZ
Magdeburg
SPREEWALD
26
21
SAALE-UNSTRUT
Göttingen
22
Leipzig
OBERLAUSITZ
27
28
Kassel
20
WERRATAL
Erfurt
23
Dresden
25
24
HESSISCHES BERGLAND
ERZGEBIRGE
THÜRINGER WALD

SPREEWALD BIS OBERLAUSITZ

Verwunschene Wälder und eindrucksvolle Teichlandschaften

㉖ Naturcampingplatz Tonsee Süd → S. 114

㉗ Naturcampingplatz am Olbasee → S. 117

㉘ Camping am Kühlhaus Görlitz → S. 120

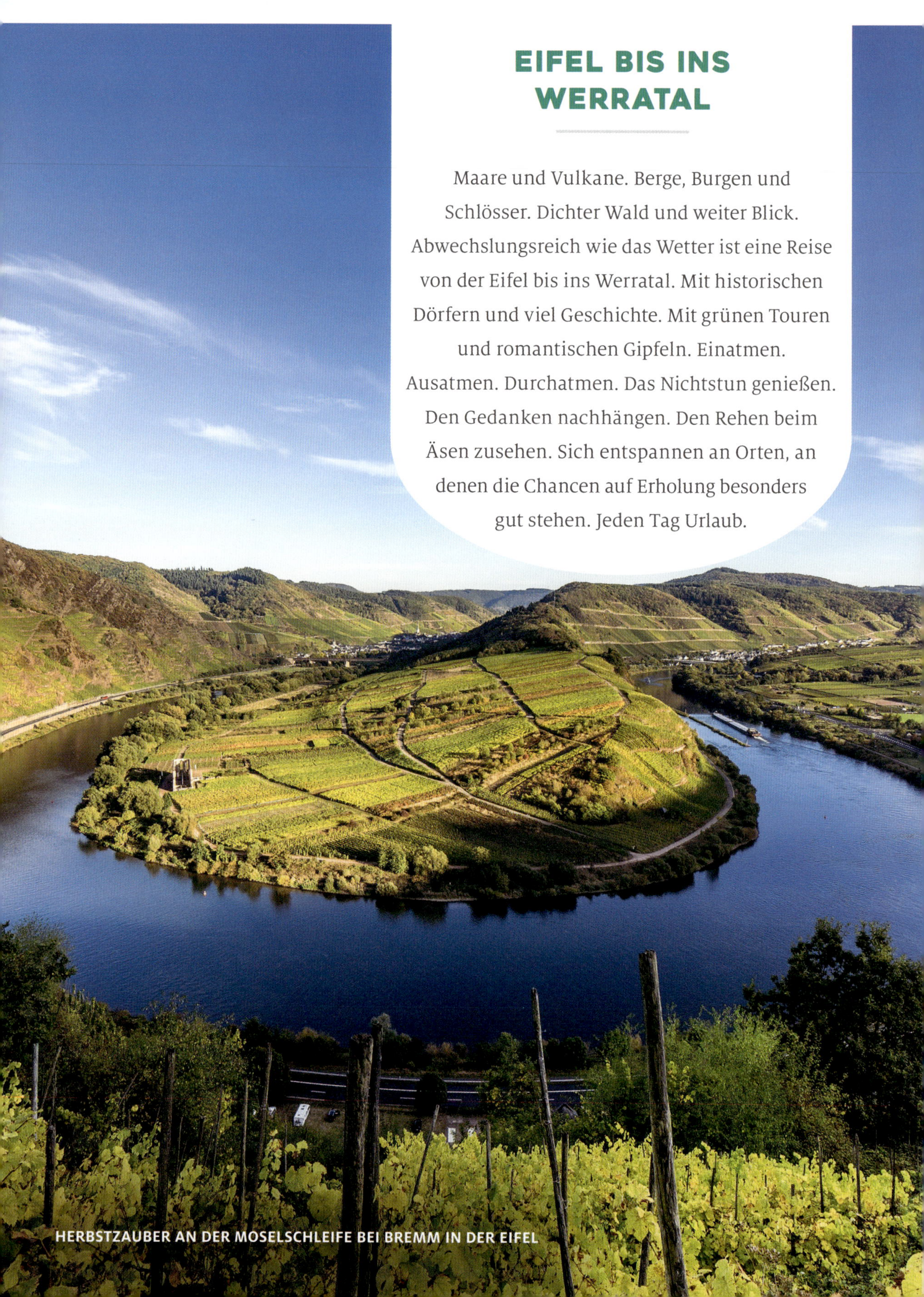

EIFEL BIS INS WERRATAL

Maare und Vulkane. Berge, Burgen und Schlösser. Dichter Wald und weiter Blick. Abwechslungsreich wie das Wetter ist eine Reise von der Eifel bis ins Werratal. Mit historischen Dörfern und viel Geschichte. Mit grünen Touren und romantischen Gipfeln. Einatmen. Ausatmen. Durchatmen. Das Nichtstun genießen. Den Gedanken nachhängen. Den Rehen beim Äsen zusehen. Sich entspannen an Orten, an denen die Chancen auf Erholung besonders gut stehen. Jeden Tag Urlaub.

HERBSTZAUBER AN DER MOSELSCHLEIFE BEI BREMM IN DER EIFEL

Geschichtsträchtiger Ort: Blick auf die Burgen in Manderscheid in der Vulkaneifel

17 NATURCAMPING VULKANEIFEL

Geeignet für Wohnmobile, Caravans und Zelte, 85 Standplätze, April–Okt.

▶ Herbstwiese, 54531 Manderscheid

Tel. 065 72 / 921 10

GPS 50.096816, 6.797883

■ pincamp.de/rp2450

Mit der ganzen Familie: Der Campingplatz liegt vor den Toren Manderscheids, einem kleinem Kneipp- und Kurort in Rheinland-Pfalz, gelegen am Rande der Republik mit gerade einmal 1500 Einwohnern. Bis nach Belgien und Luxemburg ist es von hier nicht weit. Die Orte in der Umgebung heißen Gillenfeld und Laufeld, was nach Sommer und warmen Nächten klingt. Wer zum Campingplatz will, lässt einfach die Dauner Straße hinter sich, biegt nach links in eine Sackgasse, fährt kurz geradeaus – und schon ist das Ziel erreicht. Gut möglich, dass man hier nun zuerst ein paar Kinder spielen und herumlaufen sieht. Zum Platz gehört das Hüttendorf; eine Anlage mit 150 Betten und 29 winterfesten Hütten, speziell auf die Bedürfnisse von Schulklassen abgestimmt. Der Fokus liegt hier also auf der Jugendarbeit, und das sollte man wissen, bevor man sich auf dem Gelände einbucht. Wer sich davon nicht abschrecken lässt und nicht auf eine barrierefreie Umgebung angewiesen ist, sucht sich einen Platz nach Wahl auf dem parzellierten Gelände und checkt dann an der Rezeption ein. Man wird die Entscheidung nicht bereuen. Erstens, weil es trotz der ausgewiesenen Kinderfreundlichkeit immer auch ruhige

AUSFLÜGE IN DER NÄHE auf einen Blick

Wandern	8,6 km	Leicht	2 Std. 30 Min, Rundtour ab Manderscheid
Ort	62 km	Leicht	nach Lust und Laune, in Ernzen

Ecken gibt, und zweitens: die Gegend spricht für sich. Die Region ist bekannt für ihr sattes Grün und ihre Burgen, hinter dem Platz selbst streckt sich prächtiger Wald ins Land. Um die 90 Stellplätze zählt die Anlage. Sie sind terrassenförmig an einem Südhang angelegt; Obstbäume befrieden das Gelände, Rasen umspielt die nackten Füße. Die Sanitäranlagen erfüllen dabei nur eher ihren Zweck. Wer mehr Komfort mag, nutzt gegen Aufschlag eines der Duschhäuschen.

Klares Plus aber ist und bleibt die Landschaft. Vogelgezwitscher statt Autolärm. Wind spielt mit den Blättern. Im Sommer bieten die Bäume Schatten, im Herbst leuchtet das Laub in den schönsten Farben. Zwar sind die Nächte dann schon etwas kühler, am Morgen aber liegt dafür dann ein wunderbarer Zauber über dem Land; Nebel wabert, Morgentau glitzert, rostfarbenes Sonnenlicht bricht sich Bahn. Indian Summer in Deutschland. Man muss gar nicht so weit reisen, das Gute liegt so nah.

Über Stock und Stein und dabei zu jeder Jahreszeit auf preisgekrönten Wegen unterwegs

SCHÖNER WIRD ES NICHT

Diese Wanderung ist preisgekrönt, und das aus gutem Grund. Der Manderscheider Burgenstieg begleitet eindrucksvoll durch die Geschichte der Region, zugleich bietet er wunderbare Ausblicke und beinahe magische Momente. Alles zusammen brachte ihm bei der Wahl zum schönsten Wanderweg Deutschlands im Jahr 2020 den dritten Platz in der Kategorie Tagestouren ein – und das will was heißen bei einer Auswahl von Hunderten Alternativen. Und wie gut, dass die Strecke vom Campingplatz aus so gut zu erreichen ist. Einfach die wenigen Minuten nach Manderscheid gehen, von dort führt der Weg auf alpin wirkenden Pfaden in das Grün der Wälder hinein und hinab zur Lieser. Von dort geht es zum Aussichtspunkt Belvedere. Der Name kommt nicht von ungefähr: Hier wird der Blick frei auf Manderscheid – und so inspiriert läuft man schließlich weiter bis zur Burgruine. Nun sind es nur noch ein paar Meter bis zum Kaisertempelchen, einem Pavillon, den Alteingesessene Jackenhäuschen nennen, angelehnt an die Flurbezeichnung »Auf der Jack«. Doch egal, welchen Namen man nutzt, der Aufstieg lohnt sich – guter Dinge kehrt man zum Ausgangspunkt zurück.

TEUFELSSCHLUCHT UND SAURIER

Beim Wandern macht man in der Vulkaneifel niemandem etwas vor. Das Landschaftsschutzgebiet ist durchzogen mit einer Vielzahl von Ausflugsmöglichkeiten. Wer allerdings mal eine Pause für seine Füße benötigt, nutzt sie vielleicht für eine Begegnung mit Tyrannosaurus Rex, Stegosaurus oder Dilophosaurus. Der Dinosaurierpark Teufelsschlucht bietet die Möglichkeit für einen Blick in die weit entfernte Vergangenheit; in eine Zeit, als an Burgen und Burgfräulein noch lange nicht zu denken war. Im Dinopark warten 160 lebensgroße Modelle auf die Besucher. Im Forschercamp können Kinder kleine Dino-Skelette oder echte Fossilien freilegen. Doch nicht nur für die Jüngsten ist der Park interessant, die Zeitreise durch 620 Millionen Jahre Erdgeschichte wird auch jedem Erwachsenen neue Einblicke geben. Wer eine Pause von den vielen Eindrücken braucht, besucht das Dino-Kino – und schaut sich aufschlussreiche Filmchen zum Thema an. Nach all den Impressionen wandert es sich am nächsten Tag schon gleich wieder viel besser.

»Im Dinopark warten 160 lebensgroße Modelle auf die Besucher. Im Forschercamp können Kinder echte Fossilien freilegen.«

Zeitreise für die ganze Familie durch 620 Millionen Jahre Erdgeschichte im Dinosaurierpark Teufelsschlucht

Von der Natur geformte Schönheit: das Pulvermaar bei Gillenfeld in der Eifel

STROTZBÜSCHER MÜHLE 

Geeignet für Wohnmobile, Caravans, Zelte, 15 Standplätze, ganzjährig
▶ Strotzbüscher Mühle 1, 54552 Strotzbüsch
Tel. 06573 / 622
GPS 50.106008, 6.980273
▪ pincamp.de/pin_232765

Kreislauf des Lebens: Der Duft des Waldes liegt wie Parfum in der Luft. Endlich durchatmen, ganz tief, mit jedem Atemzug verlieren sich die Gedanken an den Alltag. Der positive Effekt, den die Natur auf Körper und Geist hat, ist hier ein Teil des Konzepts. Die Strotzbüscher Mühle liegt in einem Tal am Üßbach rund 70 Meter unterhalb vom Dorf. Der Campingplatz ist nur über einen gewundenen Waldweg mit starkem Gefälle zu erreichen, der in einer Sackgasse endet. Für große Gespanne kann das eine Herausforderung sein.

Aufgrund der abgeschiedenen Lage lebte man hier schon immer autark. Kein Problem für Hans Boer und seine Frau Sonya, die den Campingplatz und die Pension im Einklang mit der Natur betreiben. Es gibt keinen Anschluss an öffentliche Wasserleitungen oder einen Abwasserkanal. Das Wasser kommt aus einer eigenen Quelle, Abwasser aus dem modernen Sanitärbereich wird aufwändig gefiltert und sauber wieder dem Kreislauf zugeführt. Aus diesem Grund darf man hier auch keine Chemie-Toilette leeren. Den Strom liefert der nahe Wasserfall, der einst die Mühle angetrieben hat. Und das Holz des Waldes erzeugt die Wärme, wovon auch Gäste profitieren: Jeden

Tag sieht man Camper, wie sie die Scheite fürs Lagerfeuer und den Außenofen hacken.

Natürliches Campen verheißt auch ein Stückchen Freiheit; es gibt keine festen Stellplätze auf der autofreien Wiese, die von hohen, Schatten spendenden Bäumen gesäumt ist. Nichts erinnert hier an die Anonymität großer Campingplätze, man fühlt sich, als würde man Freunde besuchen und bei ihnen im Garten übernachten. Und dazu gehört, dass man sich vertraut: Im Sommer bedient man sich aus einem gefüllten Getränkekühlschrank und markiert die Entnahme auf einer Strichliste. Abgerechnet wird bei der Abreise.

Abends, wenn der Hunger kommt, trifft man sich am überdachten Grillplatz mit elektrischem Spieß und Outdoor-Küche. Im Hochsommer öffnet der hauseigene Gasthof auch für Camper. Gegessen wird unterm Vordach der Herberge, wo die Gäste gemeinsam an einem langen Tisch sitzen – wie man es eben auf Familienbesuch so macht.

AUSFLÜGE IN DER NÄHE auf einen Blick

Wandern	14,5 km	Leicht	3 Std., Rundtour ab Pulvermaar
Rad	20 km	Mittel	3 Std., Rundtour ab Strotzbüscher Mühle

RUND UMS PULVERMAAR

Die Strotzbüscher Mühle liegt mitten in der Vulkaneifel. Unzählige Maare, mit Wasser gefüllte Krater, erinnern daran, dass in der Region einst Vulkane aktiv waren. Besonders das Pulvermaar bietet sich für einen Rundgang an. Das fast kreisrunde Gewässer ist zudem mit einer Wassertiefe von bis zu 72 Metern einer der tiefsten Seen Deutschlands. Um das von einem Buchenwald umgebene Maar führt ein Wanderweg. An verschiedenen Stellen kann man ins glasklare Wasser gehen. Es gibt auch einen Badebereich mit Imbiss und einen Bootsverleih. Der Ausflug für die ganze Familie beginnt an der Strotzbüscher Mühle. Bis zum See sind es von dort etwa sechs Kilometer. Die meiste Zeit geht man bergauf. Auf dem Weg passiert man das Örtchen Strotzbüsch, dann folgt man eine Weile dem Lauf des Diefenbachs. Quer über Feldwege geht es dann bis zum Erlenfloß und über die L16 – und schon steht man an den hohen Steilwänden des beeindruckenden Pulvermaars. An vielen Stellen des Rundwegs gibt es Plätze zum Ausruhen, und am Freibad kann man sich für den Rückweg stärken.

Wer natürliches Campen mit Outdoor-Küche und Feuerstelle liebt, ist in der Strotzbüscher Mühle richtig.

GESCHICHTE ZUM ANGUCKEN

Eine schöne Strecke fernab von Hauptstraßen: Der Weg verläuft über naturbelassene Pfade und asphaltierte Wege. Es geht durch das Siebenbachtal bis zur Oberscheidweiler Mühle am Alfbach. Die Strecke ist mit dem Logo MU mit weißer Schrift auf grünem Hintergrund ausgeschildert. Die Tour ist reich an Highlights, zum Beispiel kommt man am Römergrab Strotzbüscher Tumm vorbei, wo im 3. Jahrhundert die Familie eines Großgrundbesitzers bestattet wurde. In Mückeln kann man im Museum zum alten Eisen altmodische Haushaltsgeräte anschauen, einige stammen aus dem 17. Jahrhundert. Auf dem Weg kommt man am idyllischen Feuchtbiotop Klosterweiher vorbei. Spannend ist die Gedenkstätte Schutzalf, ein »verschwundener Ort« mit ehemals vier Häusern und einer Kapelle. Im Jahr 1882 starb der letzte Einwohner, danach verschwanden die Gebäude. Ein stilisierter Kirchturm mit Dachkreuz erinnert an den Standort. Als letzte Etappe vor dem Heimweg geht es ans Immerather Maar. Das kleinste und flachste der Eifelmaare und der Uferbereich gelten seit 1979 als Naturschutzgebiet.

»Mit jedem Atemzug verlieren sich die Gedanken. Der positive Effekt, den die Natur auf Körper und Geist hat, ist hier Teil des Konzepts.«

Natürliches Campen und dabei die Natur genießen; ein Stück Freiheit der besonderen Art

Grüner Wohlfühlort: Der Einberg liegt mitten in einem Naturpark und lädt zum Verweilen ein.

19 CAMPING AM EINBERG

Geeignet für Wohnmobile, Caravans, Zelte, 8 Standplätze, Mai–Okt.
▶ Am Einberg 1, 59872 Meschede
Tel. 029 34 / 351
GPS 51.293723, 8.143861
■ pincamp.de/pin_236794

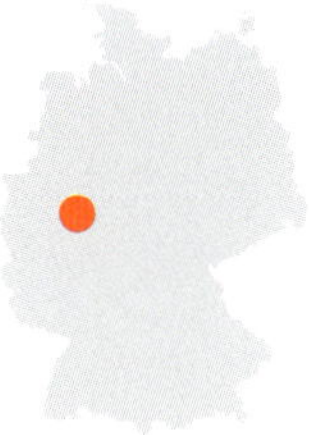

Landluft und Leckereien: Der Einberg, der diesem Platz seinen Namen gab, steht in der saftig grünen Mittelgebirgslandschaft im Naturpark Sauerland-Rothaargebirge, dem zweitgrößten Naturpark Deutschlands. Ganz in der Nähe befindet sich das hübsche Bergdorf Grevenstein. Der typische Geruch von Gras und Heu liegt in der Luft. Zur Begrüßung kommt Hofhund Pepe vorbei, im Stall warten Hühner, Schweine und die Hauskuh auf ihr Futter. Hanno Behrens betreibt den Hof nur noch als Hobby, hauptberuflich ist er in einer nahen Brauerei beschäftigt. Aber das Landleben lässt ihn nicht los – und die Freude daran möchte er auch seinen Gästen nahebringen. Seine Eltern hatten den Hof 1962 übernommen, und nicht lange danach wurden erstmals Zimmer vermietet. Inzwischen betreibt Behrens den Hof zusammen

mit seiner Frau Fabiana. Neben Zimmern bieten sie hinter dem Kuhstall ein paar wenige Camping-Stellplätze an; früher wurde dort Grassilage gelagert. Zelte und Mobile stehen auf drei Ebenen, sie haben auf der Grasfläche viel Platz – und vor allem einen weiten Blick auf die unverbaute Landschaft des Wennetals.

Die Gäste profitieren auch kulinarisch: Es gibt frische Eier, Wurstwaren und Fleisch aus eigener Herstellung. Hanno Behrens ist aber nicht nur

Landwirt aus Leidenschaft, er kocht auch vorzüglich – was ihm einen TV-Auftritt bei »Das perfekte Dinner« bescherte. Hin und wieder kann man sich im kleinen Hofrestaurant von seinen Kochkünsten überzeugen, ansonsten zaubert seine Frau abends aus den hauseigenen Produkten drei Gänge, auf Wunsch auch vegan oder vegetarisch.

Besonders für Familien ist der Einberg ein guter Platz; hier lässt sich gut ein paar Tage fernab des städtischen Trubels entspannen. Die Kinder kommen auf Tuchfühlung mit der Natur, inklusive Streicheleinheiten bei Zwergesel Freddy. Auf dem Spielplatz darf getobt werden, mit Miniaturfahrzeugen lässt sich der Hof erkunden. Währenddessen erfrischen sich die Eltern am Pool und genießen das Landleben. Oder man startet von hier abwechslungsreiche Wandertouren in die Umgebung. Eines ist auf jeden Fall klar: Langweilig wird es hier nie.

Sprünge fast bis in den Himmel und unbeschwert den Tag genießen: Ferien können so schön sein.

STEIL, RASANT UND ANSPRUCHSVOLL

Die Strecke ist anspruchsvoll, dafür aber gut markiert. Die Tour führt ab und zu über Straßen, aber es gibt auch tolle Trails. Vor allem die zum Teil steilen Anstiege gehen ganz schön in die Beine. Auf der Strecke kommt man auch an einer Bäckerei vorbei, wo man sich Proviant kaufen kann. Ausgangspunkt ist die Schützenhalle in Grevenstein. Von hier geht es am Gasthof Holländer zum Uchtenberg und dann über den Bildstock in die Berge. Ein guter Ort für eine Pause ist der Küppelturm, der eine tolle Aussicht bietet. Danach durch den Arnsberger Wald mit abwechselnd steilen Aufstiegen und rasanten Abfahrten. Vom Ruhrtal führt die Tour durch Meschede, wo das Rad auf ein paar Stufen ein Stück getragen oder geschoben werden muss. Von Löttmaringhausen geht es bis Kehren und rauf nach Vellinghausen, dann runter nach Nichtinghausen. Die B 65 überqueren und auf der Teerstraße hoch nach Erflinghausen und runter Richtung Mielinghausen. In der Nähe der Drachenschanze folgt im Wald eine schwierige Steilabfahrt, die ins Wennetal hineinführt. Die letzte Etappe führt runter zum Sägewerk, nach einem Stück Landstraße erreicht man den Ausgangspunkt.

FANTASTISCHE AUSSICHT

Bei diesem Rundweg lernt man die Naturschönheiten des wunderbaren Sorpetals im Schritttempo kennen. Auf der Route kann man

> »Bei diesem Rundweg lernt man die Naturschönheiten des wunderbaren Sorpetals im Schritttempo kennen.«

sich nicht verlaufen, die Strecke ist mit einem weißen H auf blauem Grund markiert. Doch Achtung: Die Tour ist nicht ohne, nur geübte Wanderer mit einer guten Kondition sollten starten; gutes Schuhwerk ist vonnöten, an ausreichend Proviant und Wasser denken. Los geht es direkt vom Wanderparkplatz, der Weg führt über Wiesen und Wälder, vorbei an kleinen Flüssen und idyllischen Ortschaften. Mitten im Wald liegt das alte Forsthaus Rehsiepen, ein eindrucksvolles Baudenkmal. Die Strecke führt direkt auf den Sauerland-Höhenflug (markiert durch ein weißes H auf gelbem Grund), der bis auf den Hunaurücken leitet. Dort steht der mächtige Fernmeldeturm Bödefeld. Von hier und am Skilift Bödefeld bietet sich eine fantastische Aussicht auf das Tal. Aber auch die nächste Etappe ist toll: Im Naturschutzgebiet Hunau wandert man durch ausgedehnte Buchenwälder und geheimnisvolle Moore – bis man erschöpft und glücklich wieder den Ausgangspunkt erreicht.

Immer dem Grün nach: Viele Rad- und Wanderwege führen durch die Region, auch mal mit sportlicher Herausforderung.

AUSFLÜGE IN DER NÄHE auf einen Blick

	Länge	Schwierigkeit	Dauer
Rad	65 km	Schwer	5 Std., Rundtour ab Schützenhalle Grevenstein
Wandern	18 km	Schwer	5 Std., Rundtour ab Wanderparkplatz Großes Bildchen
Rad	47 km	Mittel	3 Std. 30 Min., Rundtour ab Meschede

ZU DEN DREI FLÜSSEN

Diese Runde führt gleich zu drei Flüssen, von denen der bekannteste mit Sicherheit die Ruhr ist. Die familienfreundliche und mit der 39 gut ausgeschilderte Tour führt auf geteerten Radwegen einmal quer durch das Gebiet rund um den Hennesee. In Meschede startet die Rundfahrt. Hier stößt man auf die Henne, die als Abfluss der Hennetalsperre dient. In ihrem Verlauf fließt sie durch einen schön angelegten Park und mündet schließlich in die Ruhr. Nächste Stationen sind Wehrstapel und Bestwig, dann weiter auf einer ehemaligen Bahntrasse – von Einheimischen liebevoll »Bähnchen« genannt. Der Abschnitt führt bis nach Heringhausen, Ramsbeck und schließlich ins Valmetal. Nun geht es bergauf nach Bödefeld. Die Landstraße verlässt man bei Höringhausen. Für den Anstieg bei Köttinghausen noch einmal Kräfte sammeln, oben landet man bei mehreren Windrädern. Von hier aus rollt man fast bergab ins Ruhrtal. Bei Remblinghausen wird die Landstraße erneut überquert, die Tour führt über Löllinghausen und endet schließlich in Meschede. Wer mag, kann jetzt noch schnell zum Hennesee fahren, um sich dort bei einem Bad zu erfrischen.

Kleinod Hennesee: Ausgeschilderte Touren führen herum Oder man ist auf dem Wasser unterwegs.

In Altenburschla fühlt es sich so an, als übernachte man bei Freunden im Garten.

20 CAMPING ALTENBURSCHLA

Geeignet für Wohnmobile, Caravans, Zelte, 35 Standplätze, April–Sept.
▶ Am Rasen 3, 37281 Wanfried
Tel. +31 (0) 626 / 58 48 22
GPS 51.1502097, 10.1732386
▪ pincamp.de/pin_236792

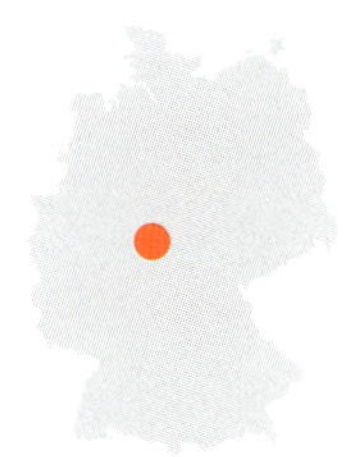

Back to the roots: Einfach märchenhaft. Anders lässt sich eine Fahrt durch Altenburschla kaum beschreiben. Der Dorfplatz ist gesäumt von Fachwerkhäusern, eine 200 Jahre alte Linde spannt ihr Geäst wie einen Schirm über den Platz. Fast erwartet man, Charaktere der Gebrüder Grimm auf der Straße zu treffen. Wie aus der Zeit gefallen wirkt auch der kleine Campingplatz des Ortes. Hier campt man so, wie es früher überall üblich war.

Fährt man auf das direkt an der Werra liegende Gelände, fühlt es sich so an, als sei man bei Freunden im großen Garten. Und wie bei Freunden wird einander vertraut: Es gibt hier keine Rezeption. Im Spielwagen, einem alten Verkaufswagen, der zugleich als Treffpunkt für Gäste dient und in dem man sich zahlreiche Gesellschaftsspiele ausleihen kann, tragen sich angemeldete Neuankömmlinge selbst in eine Liste ein und hinterlegen die Stellplatzkosten in einem Umschlag. Auf einer Tafel im Wagen findet man seine Platznummer, auf dem Stellplatz wiederum steht ein Schild mit dem Namen des Gastes.

So unkonventionell wie bei der Ankunft geht es auch weiter. »Rustikal« nennt es Betreiber Dave, der nur in der Saison vor Ort ist und sonst in Amsterdam lebt. Für ihn ist Camping gleichbedeutend

Grandiose Ausblicke, wunderbare Wanderwege, unterwegs an der Werraaue bei Treffurt

mit Freiheit – und die ist hier ganz analog. Abschalten kann man wörtlich nehmen: WLAN gibt es nicht, auch der TV-Empfang ist nur eingeschränkt möglich.

Der Platz liegt in einem Naturschutzgebiet, was man am frühen Vogelgezwitscher hört und bei Besuchen von Waschbären und Rehen sieht.

»Der Platz liegt in einem Naturschutzgebiet, was man am frühen Vogelgezwitscher hört und bei Besuchen von Waschbären und Rehen sieht.«

Und weil aus diesem Grund hier auch nicht gebaut werden darf, befindet sich der Sanitärbereich in einem Duschcontainer. Alles ist klein, aber sauber, alles ist da, was man braucht.

Auch ein Lagerfeuer darf man hier entzünden, ganz wie früher eben. Und dafür hatte Dave eine zündende Idee: Aus alten Waschmaschinen-Trommeln baute er kurzerhand Feuerschalen, so nimmt die Wiese durch die Flammen keinen Schaden. Den Schickimicki moderner Campingplätze darf man hier nicht erwarten – und gerade dieser Woodstock-Flair macht Camping Altenburschla so reizvoll.

GRANDIOSER AUSBLICK

An der Werra verlief einst die deutsch-deutsche Grenze, das macht die Wanderung in dieser Gegend auch historisch interessant. Man entdeckt viele Relikte aus der Zeit – zum Beispiel ein Stück des alten Grenzzauns oder die sogenannte »Stasi-Röhre«, durch die Agenten unbemerkt die Grenze passierten. Aber vor allem der Ausblick ins hessische und thüringische Tal ist beeindruckend. Eine Wanderroute dafür ist der Premiumweg 12 »Mainzer Köpfe«, benannt nach dem Höhenzug über dem Werratal. Er ist sportlich anspruchsvoll, da man erhebliche Steigungen überwinden muss. Vom Dorfplatz in Altenburschla geht es los, es wird ziemlich schnell recht steil. Ein Großteil der Strecke verläuft über schmale Pfade in die Höhe, wo der Aussichtspunkt Kimms Ruh zur Rast einlädt und einen grandiosen Ausblick bietet. An einem Baum hängt hier eine wetterfeste Schatulle mit Gipfelbuch und Stift, Wanderer können sich eintragen. Von hier führt die Wanderung über herrliche Waldpfade und an ausreichend Rastplätzen vorbei zurück ins Tal.

KANUFAHREN AUF DEM GRENZFLUSS

Ob per Kanu oder Paddelboot: Wer das reizvolle Werratal vom Wasser aus in Richtung Norden erleben möchte, findet in Wanfried die dafür besten Bedingungen. Von hier aus kann man theoretisch bis ins etwa 60 Kilometer entfernte Hann. Münden fahren, wo die Werra in die Weser mündet. Aber das wäre dann doch keine Tour für einen Tag, sondern eine Flusswanderung mit Übernachtungen. Auch wenn sich solch eine Fahrt durch die schöne Natur sicher lohnen würde: Für den Anfang reicht eine Tour bis ins schöne Eschwege. Direkt in Altenburschla befindet sich eine öffentliche Anlegestelle, wo man sein Boot ganz bequem ins Wasser lassen kann. Etwa zwei Stunden dauert die Hintour, zurück muss natürlich noch einmal dieselbe Zeit eingeplant werden. Ein Vorteil dieser Strecke: Auf diesem Teilstück gibt es keine Wehre, die es zu umfahren gilt. So ist die Tour auch für Einsteiger leicht zu bewältigen. Wer kein eigenes Boot hat, kann sich eines über die regionalen Kanuanbieter leihen, an Kursen teilnehmen oder Touren planen.

Einmal Kapitän sein: Vom Wasser aus lässt sich das reizvolle Werratal besonders gut erleben.

AUSFLÜGE IN DER NÄHE auf einen Blick

	Strecke	Schwierigkeit	Dauer
Wandern	9,5 km	Mittel	4 Std., Rundtour ab Altenburschla Dorfplatz
Wasser	15 km	Leicht	4 Std., Rundtour ab Anlegestelle Altenburschla
Rad	60 km	Mittel	4 Std., Start: Altenburschla Dorfplatz, Ende: Campingplatz

MITTELALTERLICHER CHARME

Diese Tour ist technisch zwar nicht besonders anspruchsvoll, dennoch sollte aufgrund der etwas längeren Strecke eine gute Grundkondition mitgebracht werden. Aufgesattelt wird auf dem Dorfplatz in Altenburschla. Von hier geht es ins knapp sieben Kilometer entfernte Treffurt, wo sich noch mehr Fachwerkhäuser in ganzer Pracht präsentieren. Die Gässchen im Ortskern haben einen mittelalterlichen Charme. Etwas außerhalb erhält man einen guten Blick auf die Burg Normannstein, die etwa 280 Meter über der Ortschaft thront. Im Werratal wird es landschaftlich besonders reizvoll, bei Frankenroda ragen entlang des Waldweges hohe Kalksteinwände empor – weshalb man diese auch Werratal-Klippen nennt. Über die Werratalbrücke, die auf dem Fundament einer alten Eisenbahnbrücke gebaut wurde, geht es auf die andere Seite. Wenige Kilometer später wird der Fluss bei Creuzburg auf der Alten Werrabrücke überquert. Der Rückweg zum Campingplatz führt an der ehemaligen Werratalbahn vorbei, wo man noch eine letzte Rast einlegen kann.

Burg Normannstein oberhalb von Treffurt an der Werra. Sie thront 280 Meter über Altenburschla.

HARZ BIS INS ERZGEBIRGE

Hexen tanzen. Räuchermännchen paffen. Im Mittelgebirge ist die Gemütlichkeit zu Hause. Und dennoch gibt es viel zu sehen und viel zu erleben. Auch wenn die Berge nicht so hoch sind wie in den Alpen: Der Weitblick schärft den Sinn. Immer den bemoosten Waldwegen nach. Fuchs und Hase dabei Hallo sagen. Einen Sternenhimmel bestaunen wie aus »1001 Nacht«. Und immer und immer wieder das Gefühl genießen, die richtige Entscheidung getroffen zu haben.

SONNENUNTERGANG IM WUNDERBAREN BODETAL IM HARZ

Hoch hinaus und umgeben von zauberhafter Kulisse: der Harz von seiner schönsten Seite

HARZ-CAMPING AM SCHIERKER STERN

★★½☆☆

Geeignet für Wohnmobile, Caravans, Zelte, 60 Standplätze, ganzjährig
▶ Am Stern 1, 38875 Elend

Tel. 03 94 55 / 588 17
GPS 51.757083, 10.683833

■ pincamp.de/sh2300

Einfach gut: Ein Bullerbü-rot getünchtes Holzhaus steht am Eingang, im Hintergrund ragen Nadelbäume beinahe in den Himmel. Fast könnte man denken, sich in den Wäldern Schwedens zu befinden – und nicht auf dem höchstgelegenen Campingplatz im Harz. Ruhig ist es hier, und würde man nicht das Tuten und Rumpeln der historischen Brockenbahn hören, die hier ab und zu vorbeifährt, bliebe nur das Rauschen des Windes.

Die Betreiber Corina und Ingo Nitschke sind selbst reiseverrückt. Doch es zieht sie nicht in ein All-inclusive-Hotel, sie suchen das Abenteuer. In der roten Hütte beim Eingang, wo auch die Rezeption untergebracht ist, hängen große Fotos an der Wand, die die Nitschkes auf Tour zeigen, mal auf Hundeschlitten in Skandinavien, mal auf einem Tandem am ungarischen Balaton. Aber immer wieder zieht es sie zurück nach Hause, hierhin, wo sie schon immer lebten. Wird Ingo Nitschke gefragt, was ihm wichtig ist, sagt er: »Der Brocken, das Wetter, die Huskys, der Campingplatz, unsere Radtouren, ein bisschen Skifahren – das ist unser Leben.« Und auch ihren

AUSFLÜGE IN DER NÄHE auf einen Blick

Wandern	12,9 km	Schwer	4 Std. 30 Min., Rundtour ab Harz-Camping
Rad	20 km	Mittel	3 Std., Rundtour ab Harz-Camping
Ort	29 km	Mittel	Nach Lust und Laune, Bad Harzburg

Gästen wollen sie hier – wenn auch für eine kurze Zeit – ein Zuhause bieten. Ein einfaches zwar, aber eines, in dem es an nichts fehlt.

Die beiden haben den Platz selbst geplant und gebaut, ganz so, wie sie sich einen Ort vorstellen, den sie selbst gerne besuchen würden. Die Schotterplätze sind sicher nicht jedermanns Sache, aber bei einem Ganzjahresplatz am Brocken, wo es auch mal viel Schnee und Regen geben kann, ist das ein optimaler und sicherer Untergrund. Die sanitären Einrichtungen sind klein, aber sauber, der Brötchenservice pünktlich. Viel mehr gibt es hier nicht, braucht es auch nicht: Man kommt ja hierher, um tief in die Natur einzutauchen, und erfreut sich eher am urigen Charme, zum Beispiel an der Holzeinrichtung des Aufenthaltsraums und den historischen Skiern an der Backsteinwand. Hier erzählt man sich dann abends bei einem Glas Wein Geschichten von den erlebten Abenteuern.

EIN GANZ SCHÖNER BROCKEN

Wenn man schon einmal in der Gegend ist, sollte man unbedingt den Brocken besteigen, mit 1141 Metern der höchste Berg im Harz. Vom Campingplatz geht es über Schierke auf einer sehr beliebten Route hinauf zum sagenumwobenen Gipfel. Man muss sich keinen Illusionen hingeben: Auf der Tour wird man nicht allein unterwegs sein, denn der Wanderweg durch das Eckerloch ist im Harz sehr beliebt. Und das aus gutem Grund, schließlich ist es der kürzeste Aufstieg zum Brocken. Auf dem Weg müssen rund 500 Höhenmeter überwunden werden – gute Kondition ist von Vorteil. Belohnt wird man mit wunderbaren Ausblicken in die Natur. Auf dem Weg kommt man auch am Nationalparkhaus Schierke vorbei, wo regelmäßig Ausstellungen stattfinden. Man überquert den Fluss Schwarze Schluftwasser und kann in der Schutzhütte Eckerloch eine Rast einlegen. Da es zu Fuß auf derselben Strecke zurückgehen würde, empfiehlt es sich, stattdessen vom Brocken mit der historischen Brockenbahn nach Schierke zu fahren.

Wie verzaubert: der Blick vom Brocken im Harz auf eine Landschaft, die zum Träumen anhält

DER HÖHEPUNKT IM NATIONALPARK HARZ

Man kann auch mit dem Rad auf den Brocken fahren. Vom Campingplatz fährt man über Schierke an der Sommerrodelbahn Brocken-Coaster vorbei. Statt hier schon eine Pause einzulegen, geht es aber auf der Brockenstraße weiter bergauf in den Nationalpark Harz. Der Weg verläuft ein Stück entlang des Flüsschens Kalte Bode. Dann wird es beim Anstieg über langgezogene Serpentinen etwas anstrengend. Es ist ein schöner Streckenabschnitt: Immer wieder hat man durch den dichten Wald einen herrlichen Blick über die Hänge und auf das Tal. Nach Überquerung der Schwarze Schluftwasser trifft man bald auf den Mönchstein, auch Venedigerstein genannt. Vom Brockenbett radelt man noch ein paar Höhenmeter zum Brocken hinauf. Nach der Rast geht es bis zum Wegekreuz auf demselben Weg zurück. Ab dort fährt man auf dem mit einem Hexenlogo versehenen Glashüttenweg weiter, vorbei an den Felstürmen am Ahrensklint. Nach halber Umrundung des Erdbeerkopfs geht es von hier geradeaus nach Schierke und von dort weiter zum Campingplatz zurück.

Hinauf auf den Gipfel mit der historischen Brockenbahn. Ihr schwerer Atem ist schon von Weitem zu hören.

Mit Spaß bei der Sache: Im Hochseilgarten Skyrope lässt sich für eine Tour in höhere Lagen trainieren.

KLETTERN – EIN TAG IM HOCHSEILGARTEN

Ja klar, im Harz kann man klettern. Das geht ganz sicher und mit der ganzen Familie im Hochseilgarten Skyrope. Schwindelfreiheit ist aber ein Muss: Auf den Parcours befinden sich in vier bis zehn Metern Höhe Plattformen. Sie zu erreichen ist eine ganz schön wackelige Angelegenheit, denn sie sind mit Seilen oder Holzbalken miteinander verbunden. Nach einer Einweisung und dem Anlegen der Schutzausrüstung versucht man, sich an einem Seil gesichert von Station zu Station zu hangeln – und dabei kann man auch mal an seine Grenzen geführt werden. Beim »Big Swing« zum Beispiel, wo man sich wie Tarzan an einer Liane von der Plattform in ein Sicherheitsnetz schwingen muss. Manchmal wird es auch ganz schön anstrengend, so wie an der meterhohen Kletterwand. Nur langweilig ist es nicht. Und Zeitdruck gibt es auch nicht, man kann innerhalb der Öffnungszeiten so lange bleiben, wie man will – und so die Lieblingsübungen gleich noch einmal wiederholen. Am besten startet man in einer Gruppe, denn bei einigen Hindernissen geht es auch darum, sich gegenseitig zu unterstützen.

Auf dem Campingplatz ist selbst das Plätschern des Wassers kaum zu hören.

OUTTOUR CAMPING-PLATZ AN DER UNSTRUT 

Geeignet für Wohnmobile, Caravans, Zelte, 35 Standplätze, April-Okt.
▸ Zur Unstrut 55, 06636 Laucha an der Unstrut
Tel. 03 44 62 / 60 19 51
GPS 51.245523, 11.656229
▪ pincamp.de/pin_235091

Stadt, Land, Fluss: Der Wagen steht, der Platz direkt am Ufer der gemächlich dahinfließenden Unstrut ist perfekt. Der Blick nach vorn verliert sich im Grün der Felder. Es ist ruhig hier, selbst das Plätschern des Wassers ist kaum zu hören. Nichts erinnert daran, dass die Unstrut einst den Mittelpunkt für den hiesigen Handel bildete. Seit dem Mittelalter konnten Schiffe auf dem Nebenfluss der Saale fahren. Heute sieht man hier vor allem Kanuten. Und genau deshalb kommen viele Gäste hierher: Die Stellplätze auf dem Camping-Kleinod in Kirchscheidungen, einem Ortsteil von Laucha, befinden sich direkt am Ufer. Eigene Boote können hier leicht zu Wasser gelassen werden. Auch der Blick nach hinten lohnt sich, wo die roten Dächer des Ortes über die Baumwipfel ragen.

Der Platz liegt im Herzen eines Weinanbaugebiets, ganz in der Nähe befinden sich alte Burgen und Schlösser. Ob mit dem Fahrrad, per Boot oder zu Fuß: Die Umgebung lädt zu ausführlichen Streifzügen ein. Und die erlebten Geschichten erzählt man abends am Lagerfeuer, wenn man mit anderen Campern ein Stockbrot über der Glut gart. An einem Ende des Platzes kann man sein Zelt aufschlagen oder eines der großen Tipis buchen, um darin mit der Familie einen Abenteuerurlaub zu verbringen.

Eine Flussfahrt, die ist lustig: hier bei einer Tour mit Freunden auf der Unstrut

Und bei einem Stadtbummel in Laucha taucht man tief ein in die mittelalterliche Kulisse.

Für Yvonne und Jens Bellmann, die sympathischen Betreiber, ist es selbstverständlich, dass es weder Dauercamper noch Parzellen gibt. Die Gäste sollen sich wohlfühlen und die Freiheit erleben. Und da gehört auch ein freundliches Miteinander dazu. Wer hierherkommt, erlebt eine Art von Camping, wie es früher überall üblich war, aber heute immer seltener zu finden ist. Natürlich gibt es moderne sanitäre Anlagen, auch überdachte Sitzplätze stehen zur Verfügung. Darüber hinaus vermisst man hier nichts. Was braucht man auch mehr? Ein gutes Essen vielleicht: Das Restaurant gilt als vorzüglich. Dort gibt es auf Bestellung einen Winzerkorb mit Leckereien für den Bootsausflug. Auch beim Essen gilt hier offenbar: Genießer bevorzugt.

UNTERWEGS AUF DER UNSTRUT

Natürlich kann man auch sein eigenes Kanu ins Wasser lassen. Die Unstrut bietet sich geradezu an für eine ausgiebige Tour: Das Wasser fließt gemächlich – und je nach Streckenlänge muss man nur wenige Schleusen überwinden, wenn überhaupt. Wer kein eigenes Boot am Start hat, kann sich direkt auf dem Platz eines leihen – oder dort eine der vielen angebotenen Touren buchen. Empfehlenswert ist etwa die Fahrt von Nebra zurück zum Platz. Per Shuttleservice geht es ein Stück flussaufwärts in die Stadt. Die Tour ist auch für Anfänger interessant, deren Kondition nicht auf Wettkampf-Niveau ist: Bevor es aufs Wasser geht, bekommen die Teilnehmer eine Einführung ins Kanufahren, außerdem gibt es Tipps und Hinweise zu Besonderheiten der Strecke. Die Fahrt geht schließlich entspannt immer in Fließrichtung. Schloss Vitzenburg wird passiert, und in Tröbsdorf werden die Kanuten kostenfrei geschleust. Auf dem Weg passiert man das märchenhafte Schloss von Burgscheidungen – hoffentlich ist die wasserdicht verpackte Kamera einsatzbereit. Nach etwa drei Stunden ist man dann wieder in Kirchscheidungen angekommen.

»Wer hierherkommt, erlebt eine Art von Camping, wie sie früher überall üblich war, aber heute immer seltener zu finden ist.«

AUSFLÜGE IN DER NÄHE auf einen Blick

	Strecke	Schwierigkeit	Dauer
Wasser	13 km	Leicht	3 Std., Start: Nebra, Ende: Campingplatz an der Unstrut
Wandern	2,2 km	Leicht	1 Std. 30 Min. in Laucha; 2 Std. 30 Min. ab Campingplatz
Rad	116 km	Mittel	2 Tage, Start: Mittelberg, Ende: Campingplatz an der Unstrut

STADTSPAZIERGANG - GESCHICHTE ERLEBEN

Die weit über 1000-jährige Stadt Laucha ist unbedingt einen Besuch wert. Bei einem Rundgang taucht man tief in ihre Geschichte ein. Vom Campingplatz dauert es etwa eine halbe Stunde bis zum Zentrum. Direkt am Marktplatz steht das 1563 eingeweihte, prächtige Rathaus. Der Renaissancebau zeugt davon, dass die Stadt einst sehr reich war. Etwas älter ist die Marienkirche, ein spätgotischer Bau mit einem 56 Meter hohen Turm, von dem man die ganze Umgebung überblicken kann. Heute kaum vorstellbar, aber die 1615 entstandene Schule war seinerzeit die modernste Bildungseinrichtung weit und breit. Von der Promenade hat man die mehr als 1000 Meter lange Stadtmauer aus dem 15. Jahrhundert gut im Blick. Auch ein Fotostopp am Obertor lohnt sich: Es ist das einzige erhaltene Stadttor. Weitere Highlights, die man nicht verpassen sollte: Das Glockenmuseum mit einer Glockengießerwerkstatt, die Unstrutmühle, die einst Getreide gemahlen und Strom erzeugt hat, sowie die alte Zuckerfabrik, in der sich heute unter anderem eine Weinkellerei befindet.

Das historische Laucha ist unbedingt einen Besuch wert.

Imposantes Gebäude: das Besucherzentrum Arche Nebra in frühlingshafter Kulisse

DEM HIMMEL GANZ NAH

Diese Tour ist für Fahrradfahrer mit viel Ausdauer – aber sie lohnt sich. Auf dem Mittelberg im Ziegelrodaer Forst wurde 1999 die Himmelsscheibe von Nebra gefunden. Diese etwa 4000 Jahre alte, kreisförmige Bronzeplatte mit Applikationen aus Gold gilt als älteste bisher bekannte konkrete Himmelsdarstellung. Die Scheibe wird im Landesmuseum für Vorgeschichte in Halle (Saale) ausgestellt. Der Ausflug, für den man aufgrund der langen Strecke zwei Tage einplanen sollte, verläuft vom Fundort zur Scheibe zurück zum Campingplatz. Die Fahrt führt durch Nebra und dann direkt zum Besucherzentrum Arche Nebra, wo es Information zum Fund gibt. Auf dem Radweg geht es durch den Forst, man passiert bei Querfurt die Burg. Wer genug Energie hat, kann noch einen Abstecher zum beeindruckenden Braunkohletagebau Amsdorf machen, bevor es dann nach Halle geht. Den Tag kann man sehr gut mit dem Museumsbesuch und einem Stadtbummel beenden. Nach einer Übernachtung in Halle geht es dann in Richtung Süd-West durch die Abtei und Saaleaue bei Planena, über Bad Lauchstädt, Karsdorf und dem Schloss Burgscheiden zurück zum Platz.

Campen unter dem Jenzig und auf einem liebevoll gepflegten Gelände

JENA CAMPING UNTER DEM JENZIG

★★☆☆☆

Geeignet für Wohnmobile, Caravans und Zelte, 47 Standplätze, März–Okt.

▸ Am Erlkönig 3, 07749 Jena

Tel. 036 41 / 66 66 88

GPS 50.935962, 11.608348

▪ pincamp.de/th1700

Stadt-Idylle mit Hippie-Flair: Jena ist eine smarte City, man spürt und sieht die Zukunft an jeder Ecke. Besucher, die durch die Straßen fahren, ahnen nicht, dass sich direkt am nördlichen Stadtrand ein Ort befindet, der wie aus der Zeit gefallen wirkt. Direkt am Sportplatz des FC Thüringen Jena und in der Nähe des Ostbades befindet sich die Einfahrt zum Campingplatz Unter dem Jenzig. Und der Name ist wörtlich zu nehmen, denn über dem Platz thront der mit immerhin 385 Metern höchste Berg der Region. Kaum hat man die Einfahrt hinter sich gelassen, ist man in einer anderen Welt. Der erste Gang führt zur Rezeption, ein alter Bauwagen, in dem auch der Kiosk des Platzes untergebracht ist. Sofort fällt der alte Triebwagen 109 ins Auge, ein Relikt des Jenaer Nahverkehrs, der 2002 aus dem Betrieb genommen wurde.

Es sind die Kleinigkeiten, die den Platz so besonders machen. Überall findet man dekorative Fundstücke, sei es ein bunt geschmücktes Treppengeländer, sei es eine alte Haltestelle, an der ganz sicher kein Bus mehr hält. Im großen Baum auf der Zeltwiese steckt eine Holzplattform, auf die man hinaufklettern darf. Eine Jurte dient als Gemeinschaftszelt, falls das Wetter mal nicht mitspielt. Kleine überdachte Sitzbereiche laden zum

Verweilen ein, ein Sanitärbereich befindet sich in einer Blockhütte. Man könnte es urig nennen, aber charmant trifft es besser. Hier wird so gecampt, wie man es schon immer gemacht hat, ohne Schnickschnack, mit viel Liebe zum Detail. Das heißt nicht, dass man auf Komfort und beliebte Camping-Standards verzichten muss, im Gegenteil. Nur ist es hier halt ursprünglicher.

In Jena darf man seinen Perfektionismus am Eingang abgeben, dann wird der Aufenthalt perfekt. Denn die Lage ist fantastisch. Der Berg vor der Nase und der wild bewachsene Platz mit einer Vielzahl ganz unterschiedlicher Pflanzen lässt das Großstadtleben so weit weg erscheinen – dabei erreicht man die City mit dem Rad in nur wenigen Minuten. Es sind Ausfluchten wie diese, die einen wieder darauf besinnen lassen, was Camping wirklich ausmacht: Weniger ist mehr.

AUSFLÜGE IN DER NÄHE auf einen Blick

	Strecke	Schwierigkeit	Dauer
Bootstour	25 km	Mittel	7 Std., Start: Jena Zentrum, Ende: Camburg
Wanderung	2 km	Leicht	Nach Lust und Laune, ab Jena Camping
Radtour	35 km	Mittel	3 Std., Start: Jena Camping, Ende: Bahnhof Bad Sulza

BOOTSTOUR IM TAKT DER SAALE

Der Campingplatz befindet sich wenige Meter von der Saale entfernt. Bei einer Bootstour von Jena aus llässt sich das Mittlere Saaletal besonders gut erkunden. Das kann man mit dem eigenen Kanu machen, oder man nimmt an einer geführten Tour teil. Im Angebot sind kurze Ausflüge, die nur ein paar Stunden dauern, oder man verbringt den ganzen Tag auf dem Boot und fährt bis nach Camburg – natürlich von Pausen unterbrochen. Nach einer kurzen Einweisung geht es los, vorbei an historischen Burgen und Schlössern durch idyllische Flusslandschaften. Wenn sich an der Rabeninsel bei Porstendorf die Saale teilt, geht es weiter auf dem alten Flussarm, wo fast Verhältnisse wie in einem Urwald herrschen. Die Dornburger Schlösser ziehen am Auge vorbei, während man türkisfarbene Eisvögel und auch Reiher in ihrem Habitat beobachten kann. Der letzte Abschnitt wird noch einmal ein wenig aufregend, man muss durch leichte Stromschnellen paddeln. Der alte Bergfried der Camburg kündigt schließlich das Ende der Tour an. Für den Weg zum Platz zurück nimmt man den Zug, der für die Strecke eine halbe Stunde braucht.

Bei einer Bootstour auf der Saale lässt sich die Umgebung besonders gut erkunden.

AUF DER SUCHE NACH DINOSAURIERN

Kinder lieben Dinos. Wie gut, dass es ganz in der Nähe des Campingplatzes welche gegeben haben soll. Bei einer Wanderung über den Saurierpfad »Trixi Trias« kann man sich auf Spurensuche begeben. Der Weg beginnt ganz in der Nähe des Campingplatzes am Fuße des Jenzig und verläuft dann etwa zwei Kilometer bis hoch zur Bergspitze. Kleine und große Besucher bekommen auf der Strecke viele interessante Informationen, es gibt Mitmachbereiche und Sauriernachbildungen. Man lernt etwas über die Geschichte der Saurier, über die Beschaffenheit der Erdschichten und kann zahlreiche Versteinerungen unter die Lupe nehmen. Und auch hier zeigt sich, dass Jena die Zukunft im Blick hat: Auf der Tour ist es möglich, eine kostenlose App fürs Smartphone zu installieren und so unterwegs animierte Saurier in der realen Umgebung zu betrachten – und man lernt dabei auch noch, wie die Region um Jena vor 250 Millionen Jahren aussah. Ein Audioguide liefert Informatives zu den neun Stationen.

»Hier wird gecampt, wie man es immer gemacht hat, ohne Schnickschnack, mit viel Liebe zum Detail.«

Vom Jenzig aus hat man einen schönen Blick über Jena und die Umgebung.

Wie Perlen aufgereiht: die Dornburger Schlösser auf der anderen Seite des Saale-Ufers

 AUF DEM SAALERADWEG NACH BAD SULZA

Freunde heimischer Sagen aufgepasst: Nördlich von Jena befindet sich in einem Waldstück zwischen den Orten Camburg und Stöben die Ruine der alten Cyriakskirche, Schauplatz der Thüringer Sage »Die Wandelnde Laterne«. Nicht nur deshalb lohnt es sich, die Gegend bei einer Tour auf dem Saaleradweg zu erkunden. Es ist eine der abwechslungsreichsten Strecken des Landes. Man sieht Schlösser, überquert über historischen Brücken die Saale und die Ilm. Und man kann sich bei Bedarf auch in einer Kneipp-Anlage bei Dorndorf erfrischen. Zwischen Jena und Großheringen gibt es dabei mehrere Anstiege, doch die sind selbst für Kinder gut zu bewältigen. Die letzten Kilometer führen dann entlang des Ilmtal-Radweges. Hier zahlt es sich auch aus, wenn man die Badebekleidung nicht vergessen hat, denn in Bad Sulza kann man in dem mit »Wasser gefüllten Konzertsaal« der Therme ganz genüsslich entspannen. Mit Kindern ist eher das Freibad mit der langen Wasserrutsche oder das Technikmuseum am Bahnhof interessant. Apropos Bahnhof: Von hier kann man ganz bequem mit dem Zug zurück nach Jena fahren.

Idyllischer Fleck: Ziegenrück an der Saale ist die fünftkleinste Stadt Deutschlands.

NATURCAMPING PLOTHENTAL 

Geeignet für Wohnmobile, Caravans, Zelte, 55 Standplätze, Mai–Okt.
▸ Plothental 9, 07924 Ziegenrück

Tel. 01 57/34 36 33 63
GPS 50.610203, 11.655206

▪ pincamp.de/th_106171

Auszeit zwischen Wald und Flur: Wer früh aufsteht, noch bevor die ersten Vögel ihre Melodien trällern, kann vielleicht sehen, wie sich Van Chi Nguyen auf den Weg zu seiner morgendlichen Runde macht. Der Betreiber des Campingplatzes ist ehemaliger Mönch, der den Tag mit einer Wanderung durch die herrliche Landschaft startet. Nach der Zeit für sich widmet er sich dann seinen Gästen. Seit 2018 ist er der Chef auf dem Platz, den er bei einer Versteigerung erworben hat. Sein Ziel ist, dass sich seine Gäste als Teil einer Familie fühlen sollen. Hier lebt man bewusst und geht achtsam mit der Natur um. Dafür hat Van Chi Nguyen beste Voraussetzungen geschaffen – das merkt man schon, wenn man den idyllisch mitten im Thüringer Wald gelegenen Platz befährt. Die Lage passt perfekt ins Konzept: Hohe Nadelbäume umgrenzen das Gelände, sie bieten Schutz und vermitteln etwas Heimeliges und Beruhigendes.

In einer schmalen Lichtung befindet sich das Wiesenareal, wo sich Touristen auch ohne Reservierung ganz nach Belieben ihren Platz suchen dürfen, die Dauercamper haben ihren eigenen Bereich. Der Plothenbach fließt mitten durch den Platz, ein perfekter Abenteuerspielplatz für Kinder.

AUSFLÜGE IN DER NÄHE auf einen Blick

Ausflug	38 km	Leicht	Nach Lust und Laune, Saalfeld
Wanderung	16,8 km	Mittel	4 Std. 30 Min., Rundtour ab Naturcamping Plothental

Auch das Thüringer Meer, eigentlich ein von der Saale gespeister Stausee, ist nicht weit. Den kann man auch vom Wasser aus erreichen, die passenden Boote lassen sich direkt am Platz mieten.

Wer den ganzen Tag an der frischen Luft ist, hat irgendwie immer Hunger. Dafür ist gesorgt: In der urigen Gaststätte mit Biergarten gibt es nicht nur leckeres Frühstück und täglich frische Brötchen, sondern auch Kaffee und Kuchen und abends hausgemachtes Essen. Aber damit hört der Campingtag längst nicht auf. Zum optimalen Abschluss gehört ein Feuerchen, an dem man sich die Füße wärmen und dabei den prachtvollen Sternenhimmel anschauen kann. Die Feuertonnen für dieses romantische Erlebnis leiht man sich an der Rezeption. Ganz klar, die Natur spielt hier die Hauptrolle. Als Bonus gibt es Familienanschluss obendrauf. Mission erfüllt, Van Chi Nguyen.

DAS REICH DER FEEN UND BERGLEUTE

Der Begriff Wandern ist vielleicht etwas zu viel gesagt bei dieser Tour. Schlendern und staunen passt wahrscheinlich besser, wenn es ins Schaubergwerk Feengrotte geht. Hervorgegangen sind die Feengrotten in Saalfeld aus einem ehemaligen Alaunschiefer-Bergwerk. Durch den Abbau entstanden unterirdische Hohlräume und eine faszinierende Tropfsteinwelt. Heute gelten sie als die »farbenreichsten Schaugrotten der Welt«, so steht es jedenfalls im Guinnessbuch der Rekorde. Man kann die märchenhafte Unterwelt auf eigene Faust besichtigen, besser und informativer ist eine geführte Tour für die ganze Familie. Auf verschlungenen Pfaden durch die Höhlen taucht man in die Welt der Fabelwesen ein, erkennt in den Formationen Feen und Naturgeister, Elfen und Trolle. In der liebevoll gestalteten Erlebniswelt haben auch Eltern ihren Spaß – und können dazu noch etwas für ihre Gesundheit tun: Die Luft in den Grotten gilt als besonders rein. Ein Aufenthalt unter Tage soll sich positiv auf den gesamten Organismus auswirken und die körpereigenen Abwehrkräfte auf natürlichem Wege stärken. Und da haben wiederum alle etwas davon.

Entspanntes Wandern rund um die Hohenwartetalsperre am Thüringer Meer bei Ziegenrück

OTTERBUCHT UND TEUFELSKANZEL

Diese Rundwanderung führt bis ans Thüringer Meer, Deutschlands größte Stausee-Region. Aber der Weg ist das Ziel, denn unterwegs warten schließlich perfekte Ausblicke mit unvergesslichen Eindrücken. Praktisch: Direkt am Campingplatz startet und endet die Tour. Von hier spaziert man erst auf der linken Seite der Saale, es folgt ein kurzes Stück auf alten Schienen der Bahn. Man kommt durch die Ortschaften Otterbucht und Altenroth, dann wird es einfach: Mit der Fähre geht es über den Hohenwarte-Stausee ganz entspannt zur Linkenmühle. In einer der Gaststätten kann man bei einer gemütlichen Rast noch ein wenig auf den See gucken. Wer nun zu müde für die Wanderung zurück ist, fährt mit dem Bus direkt nach Ziegenrück. Zu Fuß empfiehlt sich dagegen ein kleiner Abstecher zur »Fernsicht«, von der sich die Saaleschleife überblicken lässt. Hier kann man sich auch mit dem Wasser der Marienquelle erfrischen. Wer dann immer noch nicht zurück will, kann sich an der Bootsstation direkt am See ein Tretboot mieten – oder dort einfach nur den Tag mit Kaffee und Kuchen Revue passieren lassen. Bis zum Campingplatz sind es nur ein paar Hundert Meter.

Beim Wandern die Sicht auf die Saaleschleife an der Teufelskanzel genießen

Die Sonne verabschiedet sich vom Tag und taucht das Erzgebirge am Horizont in warmes Licht.

25 WALDCAMPING THALHEIM

Geeignet für kleinere Wohnmobile und Zelte, 56 Standplätze, April-Okt.
▶ Berghausweg, 09380 Thalheim

Tel. 01 73 / 870 28 04
GPS 50.709089, 12.844659

■ pincamp.de/pin_236797

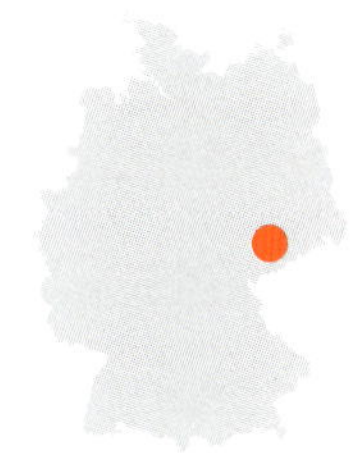

Ab ins Abenteuerland: Man hört den Wind in den Baumwipfeln rascheln, irgendwo knacken trockene Äste – wahrscheinlich sammelt jemand Brennholz fürs Lagerfeuer. Hoch über den Zelten versucht ein Specht, sich mit lautem Klopfen eine Höhle in einen Stamm zu schlagen. Die Geräusche des Waldes klingen wie eine Symphonie der Natur. Hecken und Büsche unterteilen das Areal des Waldcampingplatzes Thalheim in verschiedene Bereiche von unterschiedlicher Größe. Etwa 50 Zelte finden auf den Wiesen im lichten Birkenwäldchen ihren Platz. Nur wenige Bereiche können mit Fahrzeugen befahren werden. Camping ist hier ein bisschen so wie früher, als man mit der Jugendgruppe in ein Zeltlager gefahren ist. Der Alltag? Längst vergessen, wenn das Zelt steht. Komfort sieht hier so aus: Wer möchte, kann sein Zelt auf einer Holzplattform aufbauen, die etwas erhöht am Hang unter Fichten liegt.

Auch die weitere Ausstattung hat nichts mit einem modernen Campingplatz zu tun: Die Einrichtungen haben die Betreiber aus Baumstämmen gestaltet, was für einen rustikalen Charme sorgt. Mittendrin am überdachten Bereich mit Sitzplätzen treffen sich die Gäste, um am Lagerfeuer zu sitzen oder darüber Essen zuzubereiten. Einen uralten Ofen gibt es auch, der wird noch mit Holz oder

Kohle angefeuert. Gruppen können sich große Töpfe, Pfannen und reichlich Geschirr leihen.

Viele Gruppen fahren hierher, nehmen an Veranstaltungen oder Seminaren teil. Einige übernachten in großen Mannschaftszelten oder im Tipi. Der Clou ist aber sicher das Bett im Wald mit Blick in den Sternenhimmel, bis einem die Augen zufallen. Und in der Früh klingelt kein Wecker, der Hofhahn übernimmt dessen Job.

Es ist eine Oase zum Abschalten mit viel Liebe zum Detail, man merkt, dass die Betreiber auch selbst Abenteurer sind. Sie haben mit viel Aufmerksamkeit und Liebe zum Detail ein Refugium jenseits der üblichen Normen und der Hektik geschaffen. Wer Luxus beim Camping braucht, muss ihn woanders suchen. Dies ist ein Platz für all jene, die Natur hautnah und aufs Wesentliche reduziert erleben wollen. Back to the roots.

Gemeinsam am Feuer die Ferien genießen und sich frei wie ein Vogel fühlen

WANDERND KRÄUTER ENTDECKEN

Seit jeher erforschen und nutzen Menschen die Heilkraft der Pflanzen. Heute ist das Wissen etwas in Vergessenheit geraten, dabei wachsen hilfreiche Kräuter an vielen Stellen auf Wiesen, an Wegen oder in Wäldern. Hendrik Heidler kennt sich aus mit den Arten und Sorten, vor allem kann er darüber erzählen. In Vorträgen und Führungen erklärt er, wie die Kräuter wirken und wofür oder wogegen man sie anwendet. Als Bonus gibt es Geschichten aus der Region. Bei der Führung, die man am besten schon vor der Anreise telefonisch bucht, lernt man so etwas über die grünen Kräfte der Kräuter und Bäume. Nach dem Spaziergang stärken sich die Teilnehmer an der Feuerstelle bei einem kleinen Imbiss aus Kräuterleckereien und einem Getränk, natürlich ebenfalls aus Kräutern gewonnen. Zum Schluss wird noch gemeinsam eine Anwendung für die eigene kleine Natur-Hausapotheke hergestellt, die jeder dann mit nach Hause nehmen kann. Das Leben kann so einfach sein.

ZURÜCK IN DIE VERGANGENHEIT

Die Tour beginnt am Bahnhof Thalheim. Es lohnt sich, vorm Start noch ein wenig durch die Stadt zu fahren, zum Beispiel zum Rathaus oder der Wiesenmühle, die heute ein technisches Museum beherbergt. Von hier geht es zum Ausflugsziel Rentners Ruh. Nachdem man einen

Regenbogen über blühender Landschaft; den Tag beim Wandern mit allen Sinnen genießen

AUSFLÜGE IN DER NÄHE auf einen Blick

Wandern	Variabel	Leicht	3 Std., ab Waldcamping Thalheim
Rad	50 km	Mittel	4 Std., Rundtour ab Thalheim Bahnhof

Moment die Aussicht genossen hat, fährt man durch Dorfchemnitz und Niederzwönitz, vorbei an der St. Johanniskirche und dem Austelpark in die Bergstadt Zwönitz. Über den historischen Eisenweg geht es nach Brünlos und weiter in Richtung Thalheim zur Tabakstanne, der höchsten Erhebung Thalheims und weiter bis zur Forzbachl-Quelle, deren Wasser keine Trinkqualität hat. Dem alten Eisenweg weiter folgen und den Ausblick auf das Zwönitztal genießen. Die nächsten Orte heißen Burkhardtsdorf, Eibenberg und Kemtau. Vom Bahnhof ein Stück an den Bahnschienen entlangfahren, dann hoch bis zum Friedhof und weiter bis zum Denkmal Dachsberg. Es folgt Burkhardtsdorf, von wo man auf dem Zwönitztal-Radweg nach Meinersdorf und schließlich wieder nach Thalheim kommt.

Glück auf: Die Bergstadt Zwönitz im Erzgebirgskreis schmiegt sich in die Landschaft.

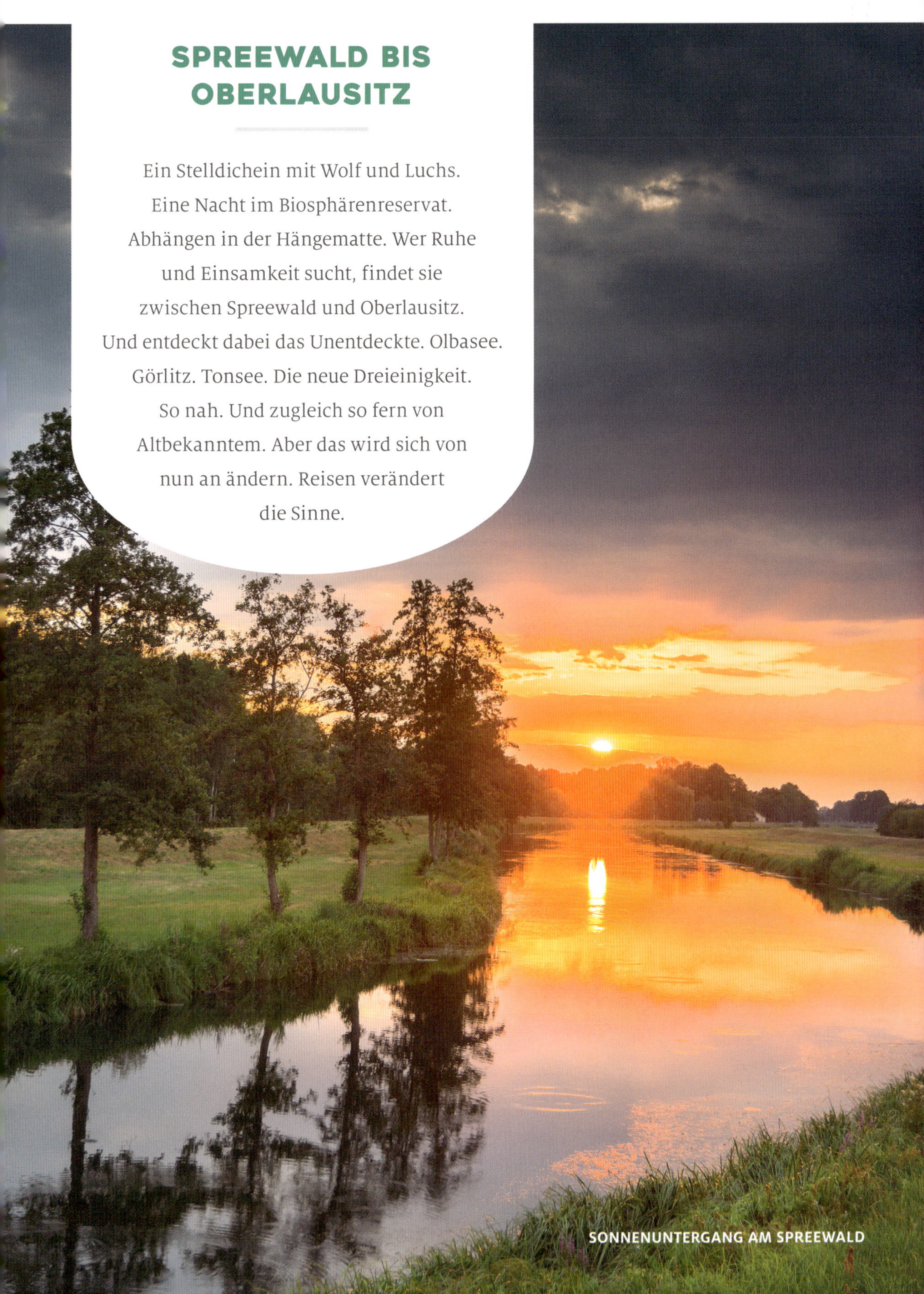

SPREEWALD BIS OBERLAUSITZ

Ein Stelldichein mit Wolf und Luchs. Eine Nacht im Biosphärenreservat. Abhängen in der Hängematte. Wer Ruhe und Einsamkeit sucht, findet sie zwischen Spreewald und Oberlausitz. Und entdeckt dabei das Unentdeckte. Olbasee. Görlitz. Tonsee. Die neue Dreieinigkeit. So nah. Und zugleich so fern von Altbekanntem. Aber das wird sich von nun an ändern. Reisen verändert die Sinne.

SONNENUNTERGANG AM SPREEWALD

Lärm und Action wird man am Wald- und Naturcampingplatz Tonsee vergeblich suchen.

WALD- UND NATUR-CAMPINGPLATZ AM TONSEE SÜD 

Geeignet für Wohnmobile, Caravans, Zelte, 27 Standplätze, April–Nov.
▸ Klein Köriser Weg 1, 15746 Groß Köris

Tel. 0173/6212092
GPS 52.157571, 13.683009

■ pincamp.de/pin_236790

Ein Bad im Wald: Es ist unbestritten, dass Wälder eine positive Wirkung auf Körper, Geist und Seele haben. Das wussten auch die Gründer vom Wald- und Naturcamping Tonsee, lange bevor der Begriff Waldbaden populär wurde. Vor rund 60 Jahren fanden sie mitten im Kiefernwald Brandenburgs und direkt am kleinen Tonsee ein Stückchen Land, das sich perfekt fürs naturnahe Camping eignet. Heute führt Julia Seidlitz den Familienbetrieb in vierter Generation – und das ganz im Sinne ihrer Vorgänger.

Der Urlaub fängt hier schon auf dem Weg zum Platz an, wenn das Sonnenlicht durch das Blätterwerk der Baumwipfel bricht. Ein fantastischer Anblick. Auch die Luft ist anders; voller, man kann sie fast schmecken. Und spätestens bei der Einfahrt ins eingezäunte Gelände ist der Alltag vergessen. Entschleunigung nennt man das wohl, Hektik, Lärm und Action sind hier fehl am Platz, genauso wie fahrende Autos, die nur zum Abstellen des Anhängers aufs Grundstück dürfen. Platz gibt es überall genug, Parzellen dafür keine. Während man mit dem Aufbau beschäftigt ist, sind

AUSFLÜGE IN DER NÄHE auf einen Blick

Rad	28 km	Leicht	Nach Lust und Laune, Baruth
Wandern	19 km	Mittel	4 Std. 30 Min., Rundtour ab Campingplatz am Tonsee Süd

die Kinder wahrscheinlich schon unterwegs, um die Kaninchen, Eichhörnchen und Eidechsen zu beobachten, die hier herumlaufen. Ein Sprung in den sauberen Tonsee sorgt für Erfrischung, wer mag, kann hier auch mit seiner Angel fürs Abendessen sorgen. Das ist besonders dann eine gute Idee, wenn die Vorräte zur Neige gehen, denn einen Shop für Nachschub gibt es nicht. Strom, Wasser und ein sauberer Sanitärbereich sind aber für die meisten Gäste mehr als ausreichend.

Ein bisschen Wellness darf es aber sein: Regelmäßig wird auf einem Holzplateau zu Yoga-Einheiten eingeladen. Das sorgt dann für noch mehr Entspannung. Zum Ausklang des Tages gibt es an extra dafür eingerichteten Plätzen Lagerfeuerromantik mit Stockbrot und Marshmallows. Im Sommer kann es am Wochenende etwas voller am See werden, häufig kommen aus dem Berliner Umland die Dauercamper ins Waldparadies. Aber schöne Plätze teilt man gern mit Gleichgesinnten.

RENDEZVOUS MIT WILDTIEREN

Wem die Wildtierbegegnungen auf dem Campingplatz nicht genügen, wird sich im Wildpark Johannismühle gut aufgehoben fühlen. Das Gelände befindet sich im Baruther Urstromtal zwischen Baruth und Golßen direkt an der B 96, etwa 30 Fahrminuten vom Campingplatz entfernt. Der Park mit seinen hohen Kiefern, dichten Schonungen, einem verwunschenen Mischwald und Feuchtbiotopen ist über 100 Hektar groß. Ein ideales Terrain für die frei herumlaufenden Wildtiere. Die gut ausgeschilderten Rundwanderwege führen an die schönsten Stellen des Parks, Hinweistafeln geben Auskunft über die Tier- und Pflanzenwelt. Und immer wieder kommt man an Plätzen vorbei, an denen sich gut picknicken lässt. Denn man sollte sich bei dem Besuch Zeit lassen. Mit etwas Geduld hat man die Chance, auch die scheuen Waldbewohner zu sehen. Es gibt hier Mufflons, Wildpferde, Braunbären, Wölfe und Luchse. Bei einer Flugshow kann man Greifvögel in Aktion erleben. Und bei einem Abstecher in den Baumgarten erfährt man, wie die Wälder früher in Europa aussahen.

Den Tag ruhig mit einer Runde Yoga starten, einen Tee genießen und sich auf Kommendes freuen

SOMMERLICHE WANDERUNG

Wie es der Name bereits verrät, liegt der schöne Tonsee direkt vor der Haustür des Campingplatzes. Es ist aber nicht das einzige Gewässer in der Gegend, ganz in der Nähe gibt es weitere Seen, die man gut zu Fuß umwandern kann. Für einen entsprechenden Tagesausflug sollte man Zeit einplanen und Proviant mitnehmen. Die abwechslungsreiche Route verläuft durch Waldgebiete und über Wiesen, die Stars sind aber ganz klar die Seen. Vom Campingplatz spaziert man auf dem kürzesten Weg etwa eine halbe Stunde zum Schulzensee in Groß Köris. Es empfiehlt sich aber ein kleiner Umweg, der quer durch das Moor- und Naturschutzgebiet Löptener Fenne führt. Gleich neben dem Schulzensee befindet sich der Große Moddersee, dessen Ufer man in nördlicher Richtung folgt, bis man auf den Kleinen Moddersee stößt. Entlang des Ufers geht es am Moddergraben vorbei und weiter in östliche Richtung zum Klein Köriser See. Bei der Umrundung kommt man in Klein Köris vorbei, von hier ist der Campingplatz nicht weit. Als gemütlichen Abschluss bietet sich in Groß Köris der Besuch eines der Restaurants und Cafés an. Wer müde Beine hat, kann mit dem Taxi zurückfahren. Muss man es ja niemanden verraten.

Ein Moment der Ruhe am Tonsee in Brandenburg, ein guter Platz für eine Rast

Traumurlaub am Naturcampingplatz am Olbasee.

NATURCAMPINGPLATZ AM OLBASEE

★★★☆☆

Geeignet für Wohnmobile, Caravans, Zelte, 100 Standplätze, April–Sept.

▶ Am Olbastrand 1, 02694 Malschwitz

Tel. 03 59 / 323 02 32
GPS 50.610179, 11.655116

■ pincamp.de/sn4450

Gekommen, um zu bleiben: Olbasee ist ein Kunstwort, entstanden aus dem Namen Oberlausitzer Braunkohlen-Aktiengesellschaft; einst hat das Unternehmen hier Tagebau betrieben. Die Region wurde 1932 geflutet, jetzt gehören der See und damit der Campingplatz zum Biosphärenreservat Oberlausitzer Heide- und Teichlandschaft. Und das spürt man – mit allen Sinnen. Schon bevor sich die Sonne ihren Weg durch das Geäst der Bäume gebahnt hat, beginnen die Vögel mit ihrem Konzert. Die frische Luft füllt die Lungen, mit einem dampfenden Kaffee schlendert man zum Olbasee, wo die ersten Schwimmer ihre Bahnen ziehen. Der Blick geht rüber zum Radisch, der Insel mitten im See. Besser kann man einen Tag nicht beginnen.

Simone und Steffen Schlossnickel sind die Betreiber des Campingplatzes. Sie haben sich hier einen Traum erfüllt – und sind bemüht, ihren Gästen im Gegenzug einen Traumurlaub zu bescheren. Das geht schon bei der Begrüßung los. Statt eines kurzen Hallo gibt es eine Führung zu den Flächen, wo man sich einen Platz aussuchen darf. Das Sanitärgebäude wurde frisch renoviert, im Abwaschraum gibt es Kochgelegenheiten, und in der rustikalen Rezeption kann man sich Spiele oder Tischtennisschläger ausleihen.

AUSFLÜGE IN DER NÄHE auf einen Blick

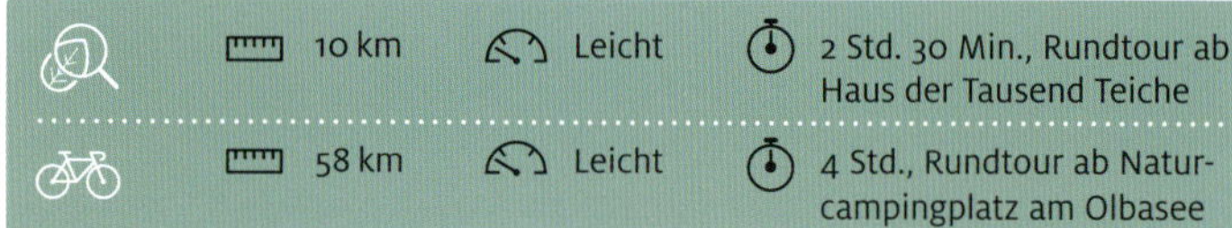

Wer einmal hier war, wird Stammgast – oder lässt seinen Wohnwagen gleich ganz da: Viele Camper haben sich inzwischen dauerhaft hier ihr Feriendomizil hergerichtet. Doch der Platz ist groß, das Areal hat viele naturbelassene Ecken und Nischen unter Birken, wo man es sich bei Bedarf auch für nur ein paar Tage gemütlich machen kann. Auf einer großen Wiese breiten Zelter ihre Planen aus. Doch gleich, wo man steht, der Weg zum See ist nah, was besonders Familien begeistert. Animationsprogramm allerdings gibt es hier nicht. Warum auch? Direkt am See ist ein großer Spielplatz, ein zweiter befindet sich mitten im Birkenwald. Und wenn die Kinder dann abends müde ins Bett fallen, genießen die Erwachsenen die Sonnenuntergänge am Olbastrand oder lassen den Tag am Lagerfeuer ruhig ausklingen. Am Morgen wird man dann geweckt vom frühen Konzert der Vögel.

Den Rucksack geschultert, und auf geht es zu einer Tour durch die Oberlausitzer Teichlandschaft.

MALERISCHE TEICHLANDSCHAFT

Das Ziel dieser Tour liegt nur einen Katzensprung vom Campingplatz entfernt. Es ist eine Wanderung zur malerischen Teichlandschaft um Guttau. Hier gibt es zu jeder Jahreszeit herrliche Eindrücke und Erlebnisse. Bei einem Spaziergang über Stege oder entlang auf Wegen erlebt man die für diese Gegend charakteristischen Tier- und Pflanzenarten und deren Lebensräume. Wer mag, schaut dem Fischer bei seiner Arbeit über die Schulter, früher ein weit verbreiteter Beruf in der Gegend. Die Tour ist besonders für Familien interessant: Kinder können auf über 30 Stationen klettern, spielen, beobachten, fühlen und riechen. Etwa neun Kilometer ist der Erlebnispfad lang – ausreichend Gelegenheit, die Natur mit allen Sinnen zu erleben. Welche wichtige Bedeutung die Teichwirtschaft in der Region hatte, erfährt man wiederum im Haus der tausend Teiche – zugleich Start- und Endpunkt der Rundtour. Wer mag, kauft sich im angrenzenden Shop ein Andenken oder stärkt sich bei einem Imbiss. Achtung: Hunde dürfen nicht mitgebracht werden.

DURCHS BIOSPHÄRENRESERVAT

Gleich beim Campingplatz befindet sich die Oberlausitzer Heide- und Teichlandschaft, eines der größten Teichgebiete Deutschlands und das einzige Biosphärenreservat Sachsens – sogar mit Auszeichnung der UNESCO. Besonders gut lässt sich die Gegend per Rad erkunden. Am Campingplatz startet die erste Etappe, die Route führt durch die Ortschaften Dauban und Klitten bis zum Beobachtungspunkt am Tauerwiesenteich. Von hier folgt man dem Seeadlerweg über Mücka und Kreba bis nach Neuliebel. Nun fährt man auf der Landstraße in Richtung Rietschen. Hinter dem Friedhof stößt man auf den Wolfsradweg, erkennbar an der grünen Wolfspfote, der nach Hammerstadt, Neuliebel und Reichwalde führt. Hinter Dürrbach entdeckt man die Markierung der Neißeland-Tour. Auf der Straße der Jugend geht es nach Kaschel und von dort weiter nach Ruhetal, hier folgt man dann der Strecke bis nach Lömischau und weiter nach Wartha. Von hier ist es nicht weit bis zum Informationszentrum des Biosphärenreservats, welches man sich ruhig anschauen sollte. Von dort geht es dann zum Abschluss der Tour wieder zum Olbasee und dem Campingplatz.

Natürliche Schönheit: das Biosphärenreservat Oberlausitzer Heide- und Teichlandschaft

Am Kühlhaus Görlitz werden Urlaubsträume wahr – mit Camping auf die inspirierende Art.

KÜHLHAUS GÖRLITZ 28

Geeignet für Wohnmobile, Caravans und Zelte, 35 Standplätze, Mai–Okt.
▸ Am Bahnhof Weinhübel 2, 02827 Görlitz

Tel. 035 81 / 42 99 26
GPS 51.129706, 14.970131

■ pincamp.de/pin_232897

Abhängen im Hängemattenwald: Eintauchen und für diesen einen Moment abtauchen. Utopien sammeln. Begegnungen zulassen und Geschichten lauschen. Vielleicht mal etwas wagen? Zeit anhalten und nicht totschlagen. Staunen. Altes behalten und mit Neuem ergänzen. Visionen leben.

Bereits die Anfahrt lässt erahnen, dass sich am Ende dieser Straße ein etwas anderer Campingplatz versteckt. Während die Reifen noch gleichmäßig auf dem alten Kopfsteinpflaster vibrieren, blitzt kurz darauf eine mächtige Industriekulisse durch die Bäume. Wie aus einem Stück gefeilt steht sie da, majestätisch, ohne Chichi, aber mit jeder Menge Charisma. Camping am Kühlhaus heißt der Platz – lange Zeit eine sich selbst überlassene Brache, jetzt unkonventionell wiederbelebt.

Das alte Kühlhaus ist von 1954. Kurz nach der Wende stillgelegt, blieben Gebäude und Gelände bis 2008 größtenteils ungenutzt und wurden somit dem Verfall preisgegeben. Erst eine Initiative junger Leute im eigens gegründeten Verein hat in Absprache mit dem niederländischen Besitzer daraus einen soziokulturellen Begegnungsort mit Leidenschaft und jeder Menge Eigeninitiative geschaffen. Das ehemalige Pförtnerhäuschen ist

AUSFLÜGE IN DER NÄHE auf einen Blick

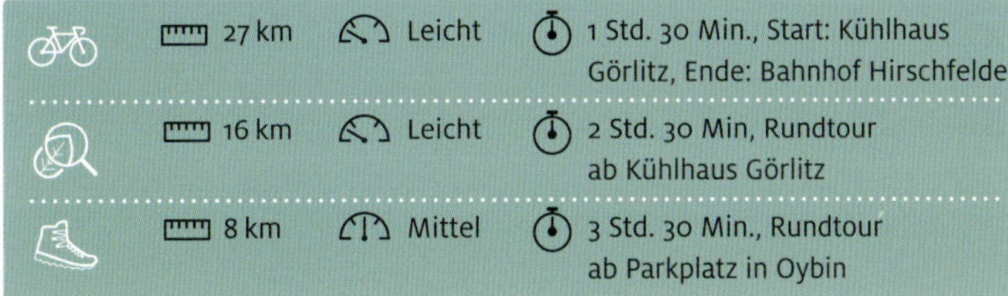

	Strecke	Schwierigkeit	Dauer
Rad	27 km	Leicht	1 Std. 30 Min., Start: Kühlhaus Görlitz, Ende: Bahnhof Hirschfelde
Entdecken	16 km	Leicht	2 Std. 30 Min, Rundtour ab Kühlhaus Görlitz
Wandern	8 km	Mittel	3 Std. 30 Min., Rundtour ab Parkplatz in Oybin

die heutige Rezeption. Ganz kurz muss man außen am Gelände entlang, denn die eigentliche Zufahrt zum Mini-Campingplatz befindet sich seitlich davon. Zwischen den natürlich gewachsenen Bäumen hat man dann aber die freie Wahl zwischen Camper- oder Zeltstellplatz. DDR-Vergangenheit meets visionäre Zukunft, alternative Ideen treffen hier auf Menschen voller Veränderungswillen.

Hier gibt es Platz für Veranstaltungen, Workshops und Kultur, Künstlerateliers in ehemaligen Arbeiterbaracken, ein Hostel in Garagen, gefaulenzt wird im Hängemattenwald, sich getroffen wiederum im Pavillon oder am Lagerfeuer. Und dann ist da natürlich noch der kleine Campingplatz mitten im Grünen. Urban gelegen, naturnah belassen, mit Lichterketten beleuchtet, puristisch, individuell und alternativ – ein Kleinod für Freigeister.

LAND UND LEUTE

Der Oder-Neiße-Radweg ist Deutschlands östlichster Radfernweg, der auf zwölf Etappen flussabwärts Richtung Norden verläuft. Von Tschechien bis an die Ostsee, von der Neißequelle bis an die Odermündung. Da sich der Radweg nur etwa einen Kilometer vom Campingplatz entfernt befindet, ist es fast schon ein Muss, sich den Drahtesel zu schnappen und so Land und Leute in aller Ruhe zu entdecken. Wald und Wasser sind eine wunderbare Kombination, deshalb geht es rechts entlang Richtung Zittau und flussaufwärts gen Süden. Die Neiße schlängelt sich gemeinsam mit dem Radweg gemütlich durch die Landschaft, mal schmiegen sie sich aneinander, mal ist Platz für Weitsichten. Kleine Orte bieten Einblicke und Höhepunkte wie die Jahrhunderte alte Klosteranlage St. Marienthal mit der Klosterschenke, die zugleich zu ausgedehnter Rast einlädt. Der Abschluss ist das Neißetal, ein wildromantisches Naturschutzgebiet und ein Idyll für Herz und Kopf. Wer mag, nimmt schon in Hirschfelde den Zug zurück, wer mag, radelt weiter bis nach Zittau und lässt dort noch die Altstadt auf sich wirken.

Abschalten, eintauchen und die Momente der Stille am Morgen genießen

Mit Schwung in den Tag: Ein Schwan breitet am Berzdorfer See bei Görlitz in Sachsen seine Flügel aus.

360-GRAD-BLICK ÜBER DIE OBERLAUSITZ

Zehn Minuten vom Campingplatz entfernt liegt der Berzdorfer See, einer der größten Seen Sachsens. Seine Geschichte ist noch recht jung und eng mit dem Braunkohleabbau verbunden; Bergbau im Wandel der Zeit. Wo einst ein riesiges, dunkles Loch mitten in der Hügellandschaft klaffte, erstreckt sich heute ein schönes und immer weiterwachsendes Naturparadies. Geflutet und renaturiert, hat sich die Grube in einen See mit glasklarem Wasser verwandelt. Um das Ufer herum verläuft der asphaltierte Radweg, und gleich zu Beginn hat man die Wahl – im Uhrzeigersinn oder dagegen? Wer die Tour ausdehnen möchte, der sucht am Südufer auf der Klippe entlang den etwas versteckten Weg zum Aussichtsturm hoch und genießt oben einen 360-Grad-Blick über die Oberlausitz. Doch das ist längst nicht alles. Überall am See lassen sich bauliche Überreste vergangener Zeiten entdecken. Wem der Magen knurrt, der schaut in der Blauen Lagune vorbei oder in Deutsch-Ossig, einem Ort, der fast komplett dem Tagebau weichen musste. Badesachen nicht vergessen.

LANDSCHAFTLICHES KLEINOD

Der Naturpark Zittauer Gebirge ist eine landschaftliche Perle, nicht ohne Grund gilt er als einer der schönsten Flecken Sachsens. Diese Wanderung verspricht einmalige Ausblicke, begleitet von malerischen Sandsteinformationen in märchenhafter Natur und mit verwitterten Felsstufen. Start- und Endpunkt der Rundtour ist der große Parkplatz im Kurort Oybin. Ein gelber Punkt auf weißem Grund dient dem Unkundigen als Wegweiser. Gegen den Uhrzeigersinn geht es los, und das erste Highlight lässt nicht lange auf sich warten. Haushoch türmen sich Sandsteinfelsen wie der Waldtorwächter oder der Kelchstein rechts und links des Weges auf. Und auch die nächsten Kilometer bleiben spannend. Muschelsaal und Steinerne Taube heißen Sehenswürdigkeiten in der Großen Felsengasse. Der Scharfenstein lockt mit einem fantastischen Rundblick. Bei der Böhmischen Aussicht blickt man ins »Biehmsche«. Vor dem Berg Töpfer sitzt die nächste Felsformation, die Brütende Henne. Auf dem Töpfer gibt es Speis und Trank – und bei den Gratzer Felsen kommt man dem steingewordenen Naturwunder zum Abschluss noch einmal ganz nah.

Malerische Sandsteinformationen in märchenhafter Natur am Scharfenstein im Zittauer Gebirge

MIT DEM WOHNMOBIL UNTERWEGS VOR TRAUMHAFTER KULISSE. BLAUER HIMMEL, DIE SONNE SCHEINT – SCHÖNER KANN EIN URLAUB NICHT STARTEN.

DEUTSCHLANDS
SÜDEN

CAMPINGPLÄTZE IM SÜDEN

WEITERE TOLLE PLÄTZE AUF PINCAMP.DE!

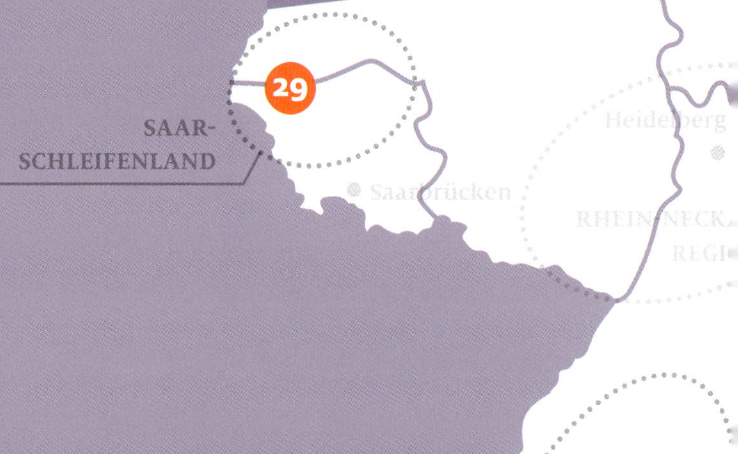

SAARSCHLEIFENLAND
Außergewöhnliche Wanderwege

29 Landgut Girtenmühle → S. 129

TAUBERTAL
Die schönsten Radwege

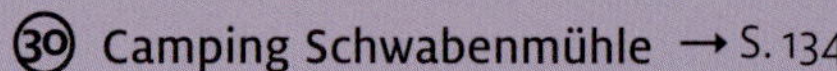

30 Camping Schwabenmühle → S. 134

SCHWARZWALD BIS SCHWÄBISCHE ALB
Einsame Schluchten und paradiesische Schlösser

31 Schwarzwaldcamp → S. 138

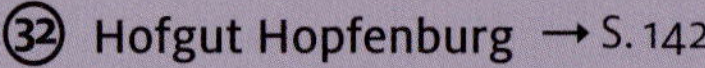

32 Hofgut Hopfenburg → S. 142

ALLGÄU BIS IN DIE ALPEN
Abwechslungsreiche Familienausflüge und unvergessliche Klettertouren

33 Campingplatz Buchseehof → S. 147

34 Waldbad Camping Isny → S. 151

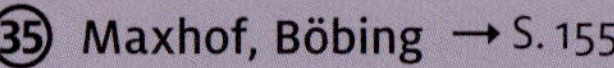

35 Maxhof, Böbing → S. 155

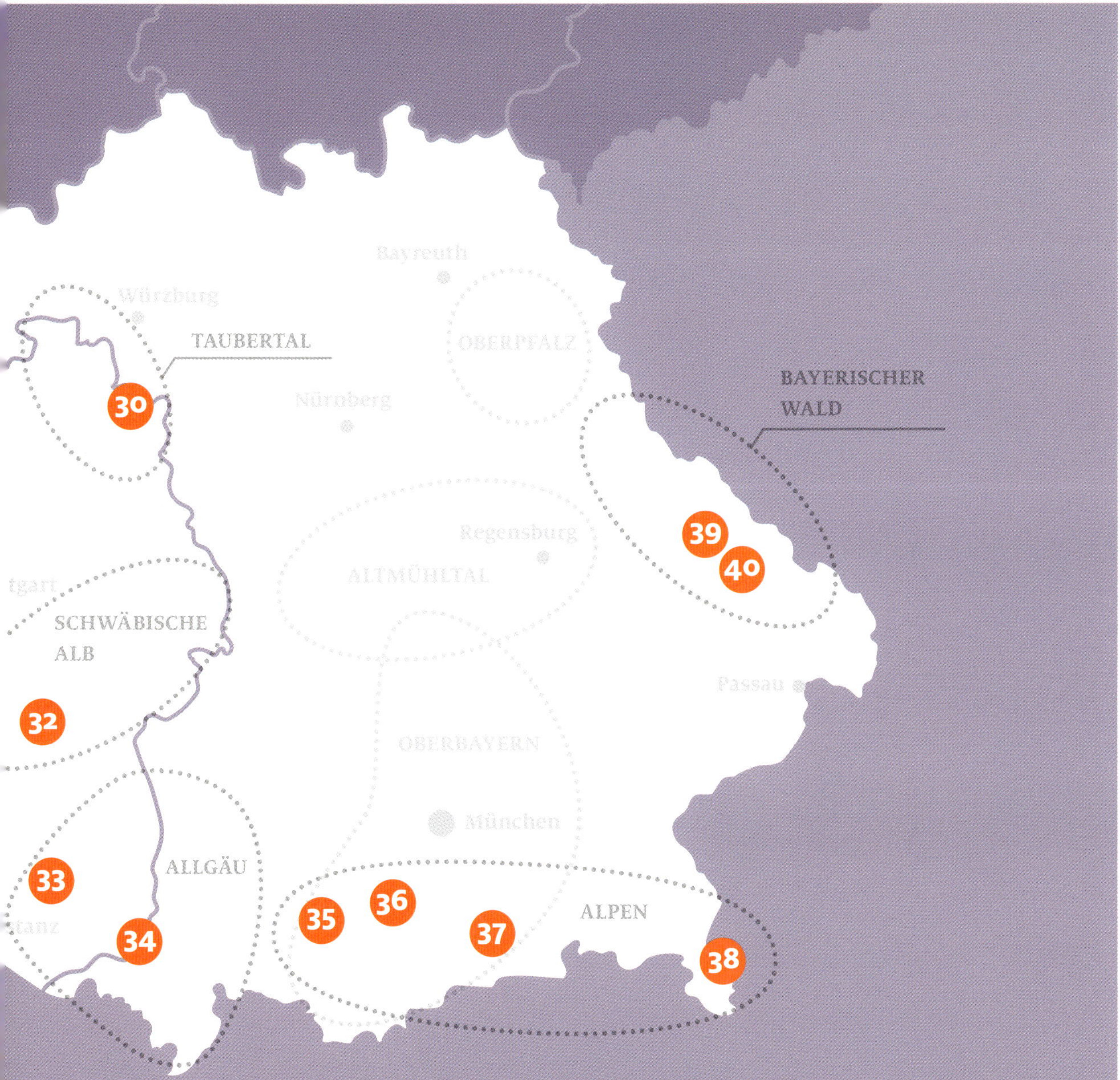

Bayreuth
Würzburg
TAUBERTAL
OBERPFALZ
Nürnberg
BAYERISCHER WALD
Regensburg
ALTMÜHLTAL
tgart
SCHWÄBISCHE ALB
Passau
OBERBAYERN
München
ALLGÄU
ALPEN
stanz
30 32 33 34 35 36 37 38 39 40

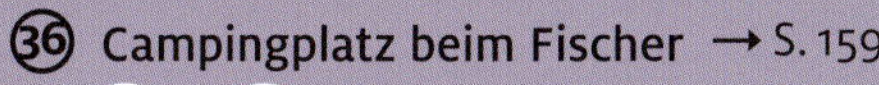
㊱ Campingplatz beim Fischer → S. 159

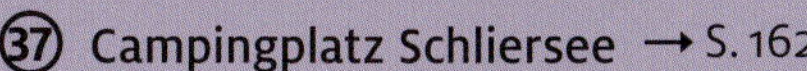
㊲ Campingplatz Schliersee → S. 162

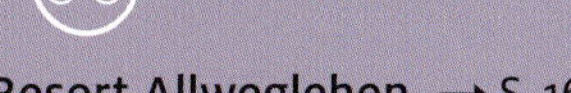
㊳ Camping-Resort Allweglehen → S. 166

BAYERISCHER WALD
Traumhafte Trails in umwerfender Natur

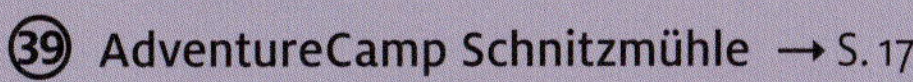
㊴ AdventureCamp Schnitzmühle → S. 171

㊵ Regental Aktiv Camping → S. 174

SAARSCHLEIFENLAND

Tief im Westen. Frankreich nicht weit. Mit Menschen, die etwas von Lebensart verstehen. Die sich auskennen mit gutem Essen und Trinken. Wer bei ihnen zu Gast ist, findet sich wieder in einer Region, die durch große Herzlichkeit besticht. Dazu endlose Wanderwege und ein Fluss, der der Umgebung den Namen gab. Atemberaubend schön dabei sein Anblick aus der Vogelperspektive. Ein kleines, großes Naturwunder. Und man selbst nun mittendrin.

NEBEL LIEGT ÜBER DER SAARSCHLEIFE.

Gecampt wird auf dem LandGut Girtmühle ein bisschen so, wie es früher üblich war.

29 LANDGUT GIRTENMÜHLE

★★☆☆☆

Geeignet für Wohnmobile, Caravans, Zelte, 50 Standplätze, April–Sept.
▶ Girtenmühle 1, 66679 Losheim-Britten
Tel. 068 72/408 95 81
GPS 49.532416, 6.687766
■ pincamp.de/sr300

Die kleine Freiheit: Würden nicht die Rezeption und das Schild mit der Aufschrift LandGut Girtenmühle auf einen Campingplatz hinweisen, man könnte den Ort fast für eine Kommune halten. Und tatsächlich sind es Freunde, die ihn seit 2016 betreiben. Lange hatten Gidi van de Belt, sein Vater Wim und Vincent Rentenaar nach einem Campingplatz gesucht, auf dem sie ihren Traum von einer nachhaltigen Gemeinschaft mitten in der Natur verwirklichen können. Weder in ihrer Heimat, den Niederlanden, noch in Belgien wurden sie fündig. Als dann im Saarland die Mühle mit dem großen Grundstück zwangsversteigert wurde, schlugen sie sofort zu.

Das LandGut Girtenmühle liegt in einem Wald mit hohen Bäumen, zwischen denen mal eine Hängematte, mal eine Slackline gespannt ist. Ein kleiner Bach fließt über das weitläufige Gelände. Das Wasserrauschen ist mitunter auch das Einzige, was man hier hört. Gecampt wird hier ein bisschen so, wie es früher üblich war: Zelt oder Mobil werden einfach dort platziert, wo man es möchte – Parzellen gibt es keine. Aber ganz gleich, wo man sich einrichtet, der Blick geht immer ins Grüne. Die Natur, die Ruhe, die Freiheit auf dem Platz und die lässigen Betreiber sind die perfekten Zutaten für eine entspannte Zeit.

Der Luxus moderner Plätze fehlt hier zwar, stattdessen setzen die Betreiber mit ihren kreativen Ideen herrliche Akzente. Zum Beispiel haben sie mit Freunden das heruntergekommene Haupthaus komplett renoviert, als Dämmmaterial wurde Hanf genutzt. Die aus Holz selbstgebaute »Wunderbar« direkt neben dem Hauptgebäude ist inzwischen ein Treffpunkt für Team und Gäste. Nachhaltigkeit heißt das Zauberwort, an dem sich hier alles orientiert. Am Abend lodert Feuer in einer großen Schale und erhellt die Terrasse vor der »Wunderbar«. Man sitzt im Kreis vor den Flammen oder auf den aus Paletten gebauten Bänken, erzählt sich Geschichten, trinkt Bio-Bier aus Flaschen. Jemand holt spontan seine Gitarre heraus und greift in die Saiten. Man singt, man lacht. Ganz klar: Es ist ein Ort für Freunde – und alle, die es werden wollen.

Der Luxus moderner Plätze fehlt hier, gesetzt wird stattdessen auf Ursprünglichkeit.

SCHÖNSTER WANDERWEG DEUTSCHLANDS

Das von LandGut Girtenmühle mit dem Auto nur zehn Minuten entfernte Losheim am See ist die Wander-Hochburg des Saarlandes. Ganz in der Nähe vom Campingplatz befindet sich der beliebte Felsenweg, 2005 wurde er vom Deutschen Wanderinstitut als »Schönster Wanderweg Deutschlands« ausgezeichnet. Kein Wunder, schließlich gibt es auf der Strecke viel zu sehen. Ob imposante Felsen, idyllische Täler, die Ruine einer mittelalterlichen Burg oder Fundstücke aus der Keltenzeit – die Highlights reihen sich hier aneinander wie Perlen an einer Kette. Auch für die Gesundheit kann man quasi im Vorbeigehen etwas tun. Dafür schlüpft man kurz aus den Wanderschuhen und steigt in eine der beiden Kneippanlagen. Ein Gang auf dem Barfußpfad wirkt anschließend erholsam wie eine Massage. Die Planer des toll gestalteten Wanderweges haben bei der Umsetzung ganze Arbeit geleistet. Die abwechslungsreiche Strecke ist zudem gut ausgeschildert. Besser geht es (sich) kaum.

STEILE WEGE UND TIEFE SCHLUCHTEN

Der »Schluchtenpfad« beginnt am Dorfplatz in Rissenthal, etwa 20 Fahrminuten südlich vom Campingplatz. In dieser Gegend gibt es mehr als zehn faszinierende Schluchten, die hier auch Gräten genannt werden. Bei dieser Tour ist etwas Kondition gefragt, da einige Auf- und Abstiege ganz schön anstrengend sein können. Belohnt wird man für die Mühe mit einer außergewöhnlich schönen Strecke. Der Hohlweg führt bergauf über Buntsandsteinfelsen. Die dicken Wurzeln alter Bäume schlängeln sich an vielen Stellen über den Pfad. Plötzlich steht man vor einem steilen Abstieg. Kein Problem dank hilfreicher Treppenstufen. Auf Bänken eines Rastplatzes ruht man sich für die nächste Etappe aus. Auf eine Wiese mit alten Obstbäumen folgt ein Lianenwald. Ein Fotostopp bei der Gedächtniskapelle – und weiter geht es durch ein mit Moos überzogenes Schluchtenlabyrinth. Es folgt ein steiler Anstieg bei der Großen Grät. Der Puls rast. Ist es die Anstrengung oder der Blick in den Abgrund? Fast senkrecht fallen hier Wände bis zu 30 Meter ab. Entlang des Daufenbachs geht es zurück zum Dorfplatz von Rissenthal.

AUSFLÜGE IN DER NÄHE auf einen Blick

	Strecke	Schwierigkeit	Dauer
Wandern	15 km	Mittel	5 Std., Rundtour ab Losheim am See
Wandern	11 km	Mittel	4 Std. 30 Min., Rundtour ab Dorfplatz in Losheim-Rissenthal
Rad	12 km	Mittel	2 Std., Start: Britten Ende: Losheimer See

Fröhliches Wandern: In den Wäldern von Rissenthal befinden sich mehr als zehn Schluchten.

ERLEBNISSE ZWISCHEN BACH UND BERGEN

Der Wanderweg Saar-Hunsrück-Steig ist insgesamt 410 Kilometer lang. Ein Teilstück davon verläuft über die Saarschleife im Saarland. Bei dieser Tour wird die Etappe vom Campingplatz über Bergen bis zum Losheimer See mit dem Mountainbike gefahren. Los geht es am Ufer des Pansbach entlang und durch das Örtchen Bergen. An einem Weiher kann man eine Pause einlegen. Jetzt wird es idyllisch, denn nun kommt man zum Tal des Rotenbachs. Auch hier verläuft direkt am Ufer ein Pfad, dem man ein großes Stück folgt. Nach einer Weile geht es leicht bergauf bis auf einen Höhenrücken mit prächtiger Aussicht. Der Pfad verläuft von hier an Wiesen und Weihern entlang, auch an einem verlassenen Steinbruch kommt man vorbei. Entlang des Bachlaufs gelangt man zu einer wunderschönen Kneippanlage mit Barfußpfad. Dort kann man die müden Beine mit Energie versorgen. Die sehr abwechslungsreiche Strecke endet schließlich am Losheimer See. Hier befindet sich auch der Park der Vierjahreszeiten, ein Erlebnispark mit Spielplätzen, Schwimmbad und einem Kindermuseum.

Alles grünt: Der Losheimer See ist ein beliebtes Ausflugsziel.

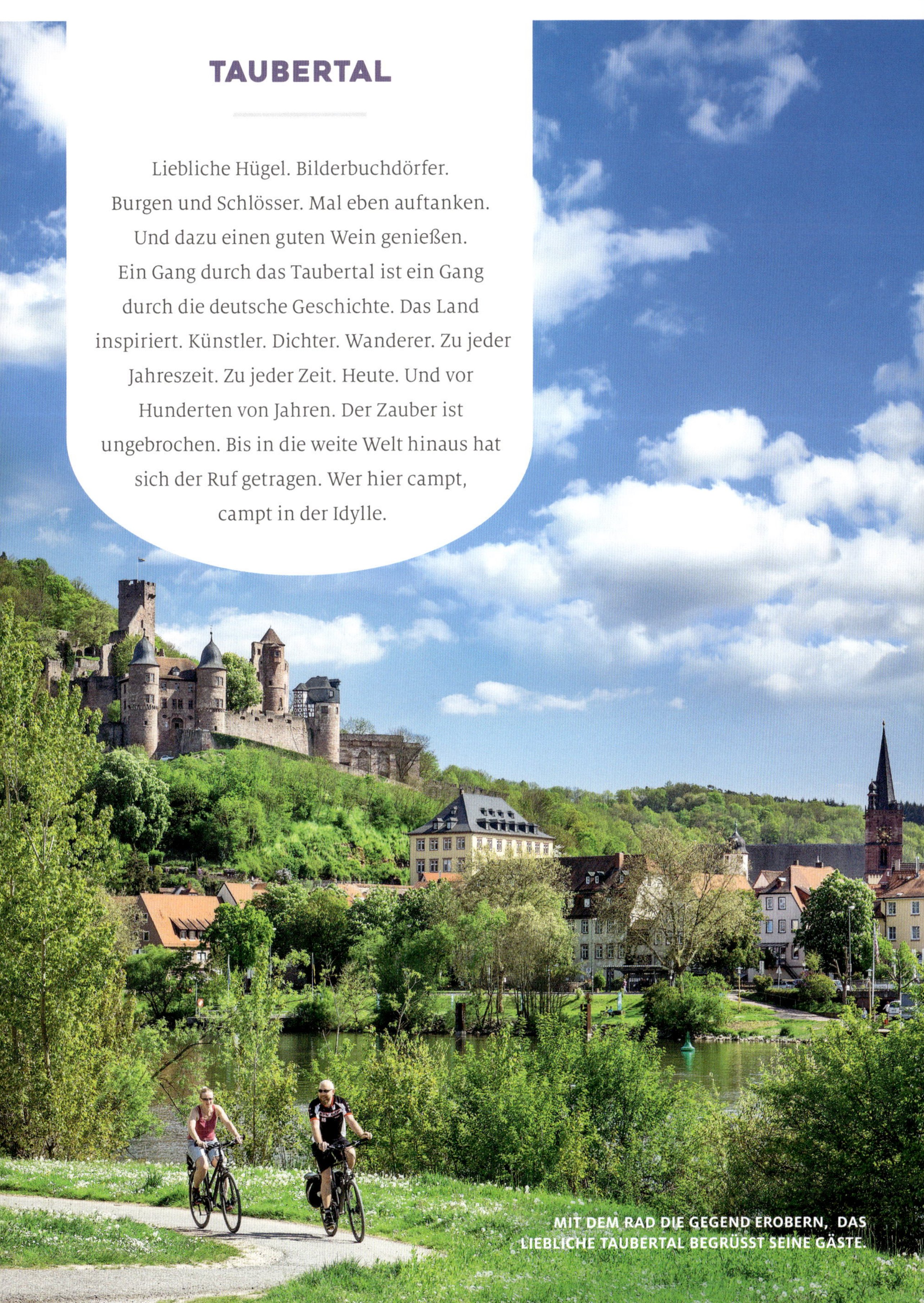

TAUBERTAL

Liebliche Hügel. Bilderbuchdörfer. Burgen und Schlösser. Mal eben auftanken. Und dazu einen guten Wein genießen. Ein Gang durch das Taubertal ist ein Gang durch die deutsche Geschichte. Das Land inspiriert. Künstler. Dichter. Wanderer. Zu jeder Jahreszeit. Zu jeder Zeit. Heute. Und vor Hunderten von Jahren. Der Zauber ist ungebrochen. Bis in die weite Welt hinaus hat sich der Ruf getragen. Wer hier campt, campt in der Idylle.

MIT DEM RAD DIE GEGEND EROBERN, DAS LIEBLICHE TAUBERTAL BEGRÜSST SEINE GÄSTE.

Auf dem Camping Schwabenmühle treffen sich die Naturliebhaber, unter ihnen Wanderer und Radfahrer.

CAMPING SCHWABENMÜHLE

Geeignet für Wohnmobile, Caravans, Zelte, 76 Standplätze, April–Sept.
▶ Weikersheimer Str. 21, 97990 Weikersheim-Laudenbach
Tel. 079 34 / 99 22 23
GPS 49.457616, 9.926283
▪ pincamp.de/wn3400

Camping mit Familienanschluss: Ein gespaltenes Schild, links auf blauem Grund ein Winzermesser, rechts eine Weinrebe. Das Wappen von Laudenbach verrät auf den ersten Blick, was die Gegend so besonders macht. Dabei hätte man diese bildliche Nachhilfe nicht gebraucht: Die Fahrt zum Campingplatz führt durch das liebliche Taubertal, vorbei an endlosen Weinbergen. Auch die Rebsorte Tauberschwarz wächst hier, Basis für einen in dieser Region typischen Rotwein. Man trifft auf viele Wanderer und Radfahrer, die auf ihren Touren die Württemberger Weinstraße erkunden.

Das Gelände der Schwabenmühle liegt auf einer kleinen Halbinsel zwischen dem Vorbach und dem Mühlenbach, umgeben von Wald und Weinbergen. Als Katharina und Frank Hohage vor einigen Jahren den Platz am Stadtrand entdeckten, war es für das Paar nach eigener Aussage Liebe auf den ersten Blick. Hier wollten sie ihren Traum von einem eigenen Campingplatz nach eigenen Wünschen verwirklichen. Man sieht die Arbeit, die sie dafür investiert haben – und die Liebe, die in jedem Detail steckt.

AUSFLÜGE IN DER NÄHE auf einen Blick

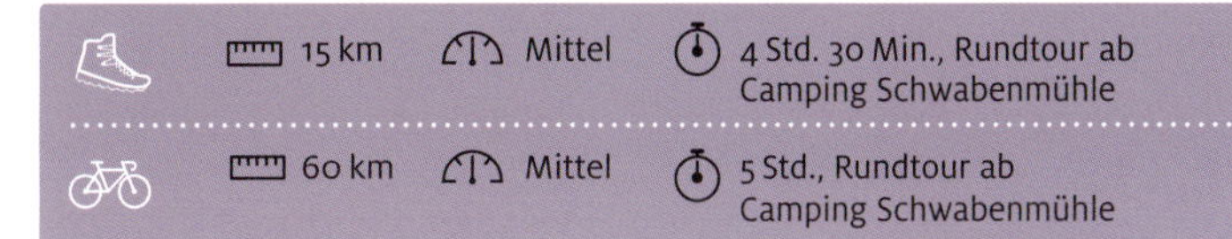

Der Stall und die Scheune der ehemaligen Schwabenmühle wurden zum Beispiel aufwendig modernisiert. Der Strom wird von dem von Weitem sichtbaren Solardach produziert, die Rezeption und der Sanitärbereich sind darin untergebracht. Auch eine Küche gibt es hier, in der man die regionalen Leckereien zubereiten kann, man kann sie direkt vor Ort zu fairen Preisen kaufen. Beim Einkauf sollte man nicht vergessen, ein Fläschchen Wein örtlicher Winzer mitzunehmen.

Die parzellierten Stellplätze für Wohnmobile und Caravans befinden sich entlang des Hauptweges auf großen Wiesen, gleich hinter dem Mühlbach können sich Zelter auf dem separaten Areal selbst einen Platz suchen. Dort lauscht man dann entspannt dem Plätschern des Baches und beobachtet fasziniert, wie nach der Blüte der Silber-Weide deren Samen vom Wind verteilt werden. Wer schon einmal hier war, wird garantiert auch nach dem Urlaub immer wieder an den Platz denken – allerspätestens aber dann, wenn die Planung für die nächste Campingreise ansteht.

WEINBERGE MIT AUSSICHT

Auf diesem gut ausgeschilderten Rundweg erfährt man viel über die Geschichte der Region und deren Besiedlung durch die Kelten. Man kommt an Weingärten vorbei, durchläuft schattigen Laubwald, besteigt Hügel und hat tolle Aussichten. Vom Campingplatz geht es nach Laudenbach, wo man auf den mit einer blauen Burg markierten Burgensteig stößt. Diesem Weg oberhalb der Bergstraße in nördlicher Richtung folgen, rechts sieht man die Höhenzüge des vorderen Odenwalds. Nach einem Waldstück wird der Weg steiler, man überquert den Brombach. Vom oberen Rand eines der Weinberge hat man eine schöne Aussicht auf die Rheinebene. Jetzt den Burgensteig verlassen, im Wald bergan bis zur Juhöhe und den Hügelgräbern weitergehen. Kurz darauf erreicht man Wanderparkplätze mit so schönen Namen wie Die hölzerne Hand oder Frauenhecke. Von hier der Wegmarkierung mit dem weißen Dreieck bis zum Burgensteig folgen und bis zur Wallfahrtsstätte am Kreuzberg gehen. Nun bergab wandern, an einer Schutzhütte vorbei und bis an den Rand eines Weinbergs. Noch ein Stück weiter, dann ist man über Lauderbach wieder auf dem Campingplatz angekommen.

Wer mag, wandert vom Campingplatz aus nach Laudenbach und stößt dort auf den Burgensteig.

EIN TAG TAUBERRADWEG

Der Tauberradweg, auch Klassiker genannt, ist einer von nur vier Radwegen in Deutschland, denen der ADFC mit fünf Sterne die Bestnote verliehen hat. In den meisten Fällen wird die etwa 100 Kilometer lange und dabei äußerst abwechslungsreiche Route in drei Tages-Etappen absolviert. Aber auch die einzelnen Abschnitte lohnen sich wirklich. Diese Tagesroute beschreibt den ersten Teil der Tour. Los geht es dabei direkt am Campingplatz, das erste Ziel ist Rothenburg ob der Tauber. Für den Besuch kann man ruhig etwas mehr Zeit einplanen. Die romantische Altstadt ist wirklich beeindruckend, sie wirkt dabei fast wie eine Filmkulisse. Nach der Stadtrunde geht es dann aber direkt und munter hinunter ins Taubertal. Hier gibt es sowohl Natur pur als auch Geschichte zum Anfassen. Unterwegs bieten sich Plätze für eine Pause an, zum Beispiel etwa Creglingen mit seinen Bächen und Badeseen. Letzte Station ist dann Weikersheim mit dem eindrucksvollen Renaissance-Schloss, wo einst der Graf von Hohenlohe als Alchemist in seinem Laboratorium forschte. Voller Eindrücke geht es dann zurück zum Campingplatz.

»Man kommt an historischen Orten, alten Mühlen, romanischen Kirchen und historischen Klöstern vorbei.«

Mit dem Fahrrad durch eine der berühmtesten deutschen Städte: Rothenburg ob der Tauber.

SCHWARZWALD BIS SCHWÄBISCHE ALB

Weite Berge, breite Wiesentäler. Großartige Aussichtsfelsen. Geheimnisvolle Höhlen. Eine Reise vom Schwarzwald in die Schwäbische Alb zeigt ein beeindruckend vielseitiges Deutschland. Beim Wandern genießt man prächtige Ausblicke, beim Radfahren das Gleiten durch die Zeit; man kommt, um zu bleiben, zumindest für eine kurze Zeit. Über den Berg. Auf den Berg. Und am liebsten nie wieder hinunter.

DER SCHWARZWALD LOCKT MIT INTAKTER NATUR.

Warum nicht zur Abwechslung mal im Wald übernachten und dabei Fuchs und Hase ganz nah sein?

SCHWARZWALDCAMP 

Geeignet für kleine Wohnmobile, Kastenwagen und Allradfahrzeuge, Zelte, 4 Standplätze, April–Sept.
▶ Gewann Zeltplatz 2, 79859 Schluchsee

Tel. 076 56/988 43 48
GPS 47.820346, 8.163855

▪ pincamp.de/pin_236799

Zeltdorf im Wald: Bäume, überall Bäume: Der immergrüne Wald bedeckt Täler und Hügel, so weit das Auge reicht. Im Schwarzwald ist es ein bisschen so, als folge man den Spuren der Märchen der Gebrüder Grimm. Wer aus Freiburg anreist, wird sich mit den gotischen Bauten dort wie auf einer Zeitreise fühlen. Und so passt es, dass im Schwarzwaldcamp wie früher gecampt wird.

Viele Gäste kommen nicht mit dem Auto hierher, sondern mit dem Kanu über den Schluchsee, an dessen Ufer der Platz liegt. Für sie ist es der perfekte Zwischenstopp, bevor die Tour am nächsten Tag weitergeht. Daher stehen vor allem Zelte auf dem idyllischen Areal, nur vereinzelt sieht man den einen oder anderen Bulli oder Kastenwagen. Manchmal fällt es schwer, das Klopfen des Spechts von dem Hämmern zu unterscheiden, mit dem Zelt-Heringe in den Boden getrieben werden. Alles fügt sich hier wie in einem Bilderbuch zusammen. Dazu gehört natürlich auch das Lagerfeuer, an dem man abends zusammensitzt, sich Geschichten erzählt oder sein Stockbrot über die Flammen hält. Das Holz dafür gibt es an der Rezeption.

Dem Betreiber Raphael Kuner geht es beim Camping um die Reduktion aufs Wesentliche und die Verbindung zur Natur. Das Konzept lockt immer mehr Gäste an, die freiwillig mit wenig

Komfort zurechtkommen. Waschhäuser und Sanitärbereich? Die gibt es nebenan auf einem großen Nachbar-Campingplatz. Erleichtert wird sich hier ganz natürlich auf einer Komposttoilette. Strom gibt es keinen, das Handy wird zur Not während der Öffnungszeiten an der Rezeption aufgeladen – oder bleibt einfach mal aus. Vogelgezwitscher und Waldgeräusche klingen eh besser als jeder Klingelton. Auch auf Platznummern wird auf dem einen Hektar großen Areal verzichtet. Stattdessen tragen die Einzelstandplätze Vornamen, Plätze für Familienzelte dagegen Nachnamen. Aber es muss nicht das eigene Zelt sein: Es ist ein ganz besonderes Erlebnis, die Nacht in der alten Gondel oder hoch über dem Boden in einem Baumzelt zu verbringen.

VON SEE ZU SEE

Diese relativ leichte Runde ist auch für wenig geübte Radler gut zu bewältigen. Die Tour führt über einen herrlichen Weg vom Campingplatz rund um den Schluchsee und den kleinen Windgfällweiher. Die erste Etappe verläuft an der Schluchseehalle und führt am Seehotel Hubertus im Osten des Stausees vorbei. Von hier folgt man dem Radweg ein Stück bis zur Staumauer. Weiter geht es am Seeufer entlang und am Gasthaus Unterkrummenhof bis zum Weiler Aha. Das ist ein auch guter Ort, um eine Pause einzulegen und bei einem Picknick die Segelboote bei ihren Manövern zu beobachten. Kurz hinterm Ort muss die Hauptstraße überquert werden, dann einfach der Beschilderung zum Windgfällweiher folgen. Die Tour macht einen kurzen Abstecher zum Skilift in Schwarzenbach, dann geht es durch den Wald zurück, bis man einen Radweg erreicht, der über Aha zum oberen Teil des Schluchsees führt. Die letzte Etappe zum Campingplatz führt wieder am See entlang.

AUSFLÜGE IN DER NÄHE auf einen Blick

	Strecke	Schwierigkeit	Dauer
Rad	20 km	Leicht	3 Std., Rundtour ab Schwarzwaldcamp
Wasser	17 km	Mittel	2 Std. 30 Min., Rundtour ab Schwarzwaldcamp
Wandern	20 km	Mittel	6 Std. 30 Min., Rundtour ab Kurhaus Höchenschwand

SEEUMRUNDUNG AUF DEM WASSER

Der Schluchsee bietet ideale Bedingungen für allerlei Wassersportarten. Dank thermischer Winde müssen Segler nur selten mit einer totalen Flaute rechnen, auch Stand-up-Paddler sieht man immer

Ungestört bei einer Radtour den Urlaub genießen, das geht gut bei einer Tour durch den Schwarzwald.

häufiger. Aber vor allem Kanuten schätzen das Revier, da er im Umkreis von Freiburg der einzige See für eine längere Tour ist. Direkt am Schwarzwaldcamp kann man sein Boot über das etwas steinige Ufer zu Wasser lassen. Es empfiehlt sich, auch aufgrund der vielen Segelboote den See entlang des Ufers zu umrunden. Bei dieser Tour geht es in Richtung Norden bis Aha. Dort gibt es auch einen Bootsanleger, falls man sich kurz die Beine vertreten möchte. Hier auf die andere Seeseite queren und am Ufer in südliche Richtung weiterpaddeln. Etwa in der Mitte kommt man beim Bootsanleger Unterkrummenhof an, wo man sich mit einem leckeren Vesper stärken kann. Weiter geht es bis zur Staumauer am Ende des Sees. Hier wieder die andere Seite queren und dann am Ufer entlang am Ort Schluchsee vorbei bis zum Campingplatz fahren.

EIN BERG-UND-TAL-SPAZIERGANG

Diese abwechslungsreiche Wanderung zählt zu den beliebtesten Rundwegen im Schwarzwald. Vor allem die vielen Relikte aus der letzten Eiszeit

Den Zauber des Moments genießen: Lichtspiel vor untergehender Sonne auf dem Höchenschwander Berg

Romantik pur am Schluchsee. Niemand stört die Idylle. Nur ein Boot zieht vorbei.

sind beeindruckend. Die Tour beginnt in Höchenschwand. Die Ortschaft liegt in 1000 Metern Höhe und wird auch »Dorf am Himmel« genannt. In der Nähe befindet sich die gut ausgeschilderte Gletschermoräne. Man kommt auch am Eisloch vorbei, einer Höhle, deren ständiger Luftstrom die Umgebungstemperatur um zwei Grad senkt. Eindrucksvoll ist auch der weitere Streckenverlauf, der zur Schwarza-Sperre des Stausees führt. Der Weg verläuft oberhalb der Schwarza, man wandert durch eine einsame Schlucht stetig abwärts. Beim Rückweg geht man erst wieder steil aufwärts und passiert den Bannwald Schwarzahalde. Keine Sorge, der anspruchsvolle Pfad ist mit Drahtseilen gesichert. Hoch über dem Tal führt die Strecke schließlich über den Felsenweg zurück nach Höchenschwand. Ganz wichtig: Schuhwerk und Kondition sollten stimmen.

»Direkt am Schwarzwaldcamp kann man sein Boot über das etwas steinige Ufer zu Wasser lassen.«

Auf dem Hofgut Hopfenburg in Münsingen lebt man im Einklang mit der Natur – und auch von ihr.

HOFGUT HOPFENBURG 32

Geeignet für Wohnmobile, Caravans, Zelte, 80 Standplätze, ganzjährig
▶ Hopfenburg 12, 72525 Münsingen
Tel. 073 81/93 11 93 11
GPS 48.403599, 9.508333
■ pincamp.de/wb6400

Das Leben ist bunt: Hofgut Hopfenburg liegt in Münsingen zwischen Reutlingen und Ulm auf der Schwäbischen Alb. Es ist eine landwirtschaftlich geprägte Gegend wie aus dem Bilderbuch. Hier lebt man im Einklang mit der Natur – und auch von ihr. Hand in Hand sozusagen, so wie es auch auf dem Hofgut Hopfenburg hautnah erlebt werden darf. Hier ist jeder willkommen. Inklusion nennt man es, wenn Menschen – ganz unabhängig von ihrer Herkunft, individuellen Fähigkeiten und eigenen Befindlichkeiten – zusammenfinden und gemeinsam arbeiten können. Denn auch das ist nachhaltig und gut für den gemeinschaftlichen Zusammenhalt.

Bei Ferien auf dem Bauernhof denkt man wahrscheinlich zuerst an frei herumlaufende Tiere, an Kuhställe oder an große Traktoren. Und natürlich gibt es die hier auch – besonders zur Freude der Kinder. Aber es geht weit darüber hinaus, das Motto auf dem Hof lautet »Nomaden der Welt«. Für Betreiber Andreas Hartmaier heißt campen, dass seine Gäste bereits mit ihrer Ankunft auf dem Hof dem Alltag entfliehen und mitten in der Natur ein kleines Stückchen Glück genießen. Man muss Kinder mögen, wenn man hier Urlaub macht. Deren Lachen hallt über den Platz. Aufgeregt

AUSFLÜGE IN DER NÄHE auf einen Blick

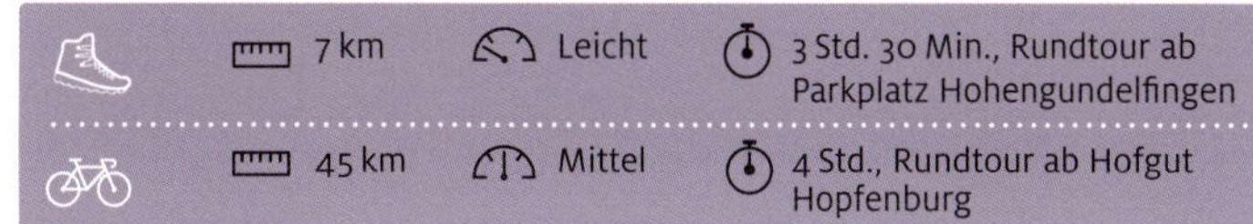

laufen sie umher, wenn sie mit den Katzen und Eseln spielen oder den großen Spielplatz zur Bühne ihrer Abenteuer machen. Auch die Nähe zu anderen Menschen darf einen hier nicht stören, der Abstand der Stellplätze ist nicht groß. Doch wer bleibt im oder vor dem Camper, wenn es so viel zu entdecken gibt? Zum Beispiel die große Zeltwiese mit bunten Zirkuswagen und den großen Tipi-Zelten, die man für seinen Urlaub mieten kann. Einen wunderbaren Blick über das Biosphärengebiet Schwäbische Alb gibt es obendrauf.

Die Mietunterkünfte entstanden aus biologischen Baustoffen, das eigene Blockheizkraftwerk sorgt für die Energieversorgung, sogar das Regenwasser wird über drei Überlauf-Biotope gesammelt, gereinigt und verwendet. Dass die regionalen Lebensmittel Bio-Qualität haben, ist da beinahe selbstverständlich; man kann es beim Frühstücksbuffet in der Festscheune auch schmecken.

BURGEN-TOUR MIT ALPENBLICK

Die schöne und familienfreundliche Wanderung führt durch das Münsinger Heiligenthal. Ein Höhepunkt ist sicherlich am Schluss die Burgruine Hohengundelfingen mit ihrem atemberaubenden Blick ins Große Lautertal. Die Tour startet am Wanderparkplatz Hohengundelfingen. Von dort führt eine Straße in Richtung Dürrenstetten. In der Ortsmitte angekommen, geht es rechts auf die Reichlin-Meldegg-Straße und dann leicht bergab auf dem asphaltierten Weg ins Heiligental. Hier dem Wegverlauf weiter bis zur Wegkreuzung folgen. Rechts halten und bis zum Grillplatz weiterwandern, wo es auch öffentliche Toiletten gibt. Nach der Pause rechts hoch und parallel zur Straße nach Wittstaig gehen. Zwischen zwei Häusern führen Treppen hinauf, oben angekommen einfach dem Pfad bis zur Burg folgen. Mit einem dort fest installierten Fernrohr kann man bei guter Wetterlage bis zu den Alpen gucken. Von hier sind es nur noch wenige Hundert Meter bis zum Wanderparkplatz Hohengundelfingen. Ein schöner Tag geht zu Ende.

Die Schwäbische Alb mit der Burgruine Hohengundelfingen zählt zu den beliebtesten Ausflügen.

WALD, WIESEN UND STEILE KLIPPEN

Vom Campingplatz geht es nördlich über Münsingen nach Trailfingen, vorbei an üppigen Wacholderheiden und Schafherden. Von hier führt der Rundweg immer wieder auf und ab in westliche Richtung nach Rietheim und weiter bis zum Kleinen Föhrenberg. Über das Upfinger Ried fährt man zum Rutschenfelsen, es ist ganz schön beeindruckend, wie steil die Kalksteinfelswand abfällt. Der Ausblick von hier auf die Ruine Hohenurach, den Hohenneuffen oder die Burg Teck ist fantastisch, Hinweistafeln beschreiben die verschiedenen Aussichtspunkte. Die folgende Passage ist etwas unbequem und herausfordernd, E-Bike-Fahrer sind leicht im Vorteil. Auf dem Fohlenhof sieht man im Vorbeifahren ein paar Pferde, die auf den Weideflächen grasen. Die nächsten Stationen sind Gächingen und St. Johann mit Abschnitten durch Korn- und Mohnblumenfelder. Die Alte Steige in Gächingen ist der anstrengendste Teil der Tour. Oben angekommen geht es nach einer Pause über die bereits bekannten Radwege zurück über Trailfingen und Münsingen zum Hofgut Hopfenburg.

Durch die Trailfinger Schlucht bei Bad Urach führt ein wunderbarer Wanderweg.

»Wenn die Kinder abends müde ins Bett fallen, genießen die Erwachsenen die Sonnenuntergänge.«

Eine Schafherde grast vor der Kirche von Gruorn im Biosphärenreservat Münsingen.

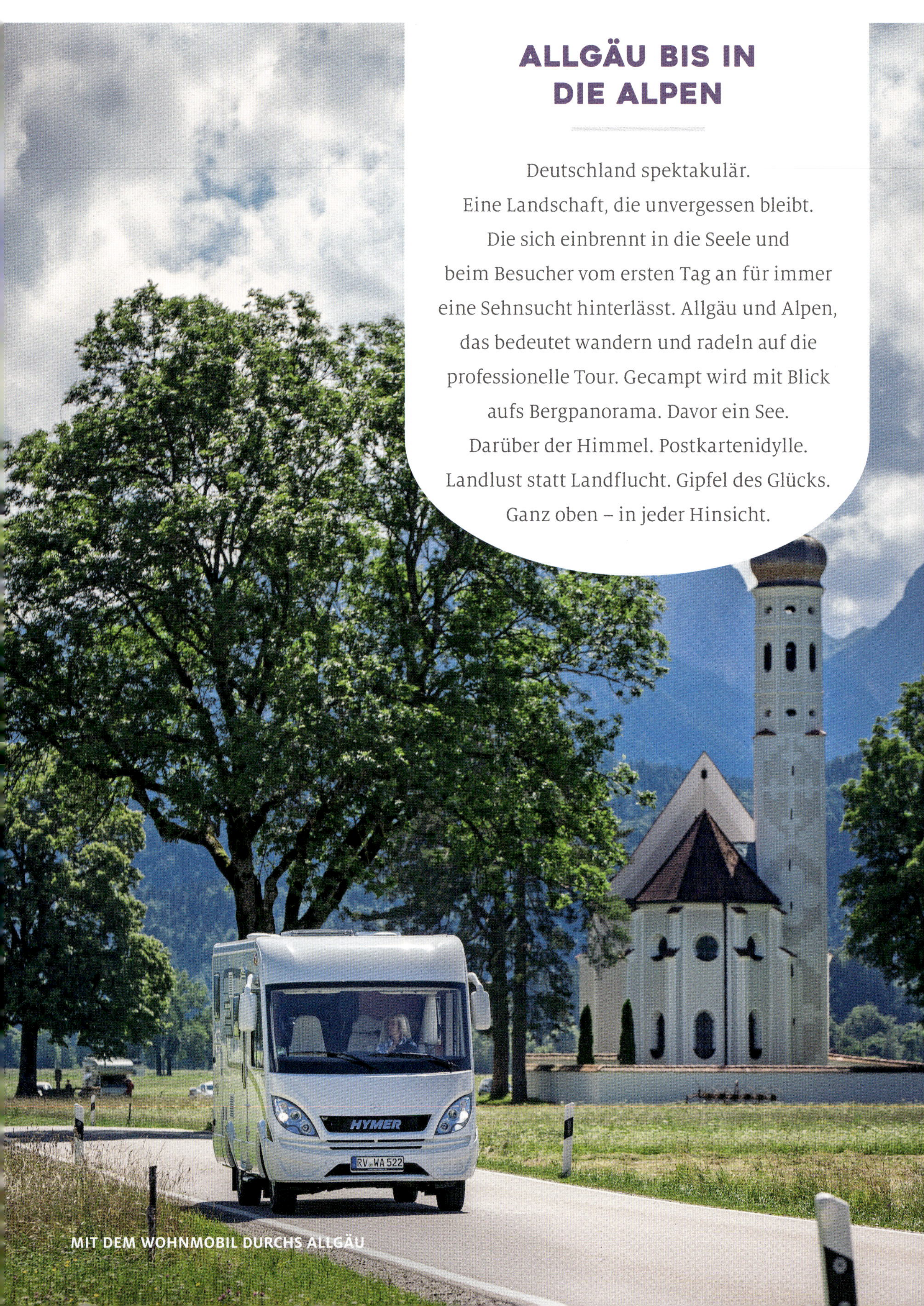

ALLGÄU BIS IN DIE ALPEN

Deutschland spektakulär. Eine Landschaft, die unvergessen bleibt. Die sich einbrennt in die Seele und beim Besucher vom ersten Tag an für immer eine Sehnsucht hinterlässt. Allgäu und Alpen, das bedeutet wandern und radeln auf die professionelle Tour. Gecampt wird mit Blick aufs Bergpanorama. Davor ein See. Darüber der Himmel. Postkartenidylle. Landlust statt Landflucht. Gipfel des Glücks. Ganz oben – in jeder Hinsicht.

MIT DEM WOHNMOBIL DURCHS ALLGÄU

Campen und dabei auch das Hofleben beim Bauern hautnah erleben

33 CAMPINGPLATZ BUCHSEEHOF

Geeignet für Wohnmobile, Caravans, Zelte, 10 Standplätze, ganzjährig
▶ Buchsee 1, 88273 Fronreute-Blitzenreute
Tel. 075 02 / 91 21 98
GPS 47.880266, 9.571302
■ pincamp.de/pin_233853

Einmal tief durchatmen: Ferien auf dem Bauernhof, das klingt nach Landluft und Abenteuer. Also perfekt für einen Familienurlaub, schließlich lieben es Eltern, wenn ihre Kinder ein paar Tage echtes Hofleben hautnah mitbekommen. Und das gelingt besonders gut auf dem Buchseehof im Landkreis Bad Tölz. Der Hof befindet sich bereits seit mehreren Jahrhunderten im Familienbetrieb. Die jetzigen Betriebsleiter Günter und Rosi Schwegler geben ihren kleinen und großen Feriengästen einen kleinen Einblick in den Alltag einer Bauernfamilie. Und das wird garantiert nie langweilig: Man darf mit anpacken, Tiere streicheln und sich ordentlich dreckig machen – wenn nicht im Stall, dann auf dem Spielplatz. Und vor allem lernt man spielerisch, wie das Leben auf dem Land funktioniert und wo das tägliche Essen eigentlich herkommt.

Aber vor allem gibt es hier Erholung pur und Entspannung in der Natur. Die wenigen Stellplätze befinden sich auf einer Obstwiese direkt am Buchsee. Es gibt auch einen kleinen Steg, von dem man ins Wasser hüpfen oder an dem man sein Boot vertäuen kann. Auch Gartenlaube, Lagerfeuerplatz und ein Grillplatz stehen zur freien Verfügung. Das Holz dafür darf man sich selbst im angrenzenden Wald aufsammeln. Und sollte das Wetter mal nicht mitspielen, steht ein gemütlicher Aufenthaltsraum zur Verfügung. Eine Ausstattung in dieser Qualität findet man sonst häufig nur bei großen Campingplätzen – zu deutlich höheren Preisen.

Aber vor allem die Nähe zu den Tieren ist toll. Auf dem Buchseehof leben Katzen, Kühe und ihre Kälber sowie die Fjordpferde Dina und Kasimir und das Shetland-Pony Paula. Wer will, reist mit dem eigenen Pferd an und unternimmt Ausritte in die Umgebung von hier: Der Bauernhof ist eine eingetragene Wanderreitstation.

Auf dem Buchseehof verbringt man einen runden Familienurlaub auf dem Land. Und lecker ist es noch dazu: Im eigenen Hofladen gibt es eigene und regionale Produkte – ein schönes Urlaubsmitbringsel. Zuhause erinnert man sich beim Essen dann an die zurückliegenden Tage auf dem Land.

Erholung pur und Entspannung in der Natur, begleitet auf dem Weg von einem Rotmilan

INTERAKTIV NATUR ENTDECKEN

Die Blitzenreuter Seenplatte, zu der auch der Buchsee gehört, gilt mit ihrer Vielfalt an Lebensräumen als Naturschutzgebiet. Bei einem abwechslungsreichen Familienausflug können Besucher auf einem interaktiven Naturlehrpfad mit allen Sinnen einen unglaublichen Artenreichtum an Tieren und Pflanzen erleben. Und das buchstäblich: Die drei Rundwege tragen ihre Namen DenkMal, MachMal und SchauMal nicht ohne Grund. Letzterer hat die längste Strecke, sie führt um die Blitzenreuter Seenlandschaft. Auf dem Weg dürfen die Gäste an verschiedenen Stationen sehen, hören, fühlen, riechen und genießen. Man erklimmt einen hohen Panorama-Stuhl, wandert durch eine hügelige Landschaft und durch einen dichten Wald und steigt auf eine Beobachtungskanzel mit Sehschlitzen. Mit etwas Glück sieht man seltene Vogelarten wie den Milan oder den Eisvogel. Man kann jederzeit zwischen den Touren wechseln, die einzelnen Stationen sind ausgeschildert und in einer mit Erklärungen versehenen Karte verzeichnet.

DEN BERBERAFFEN EINEN BESUCH ABSTATTEN

Ganz in der Nähe vom Bodensee befindet sich der Affenberg Salem, ein 20 Hektar großes Waldstück, in dem mehr als 200 aufgeweckte Berberaffen leben. Mit dem Auto ist der Park vom Campingplatz in nicht einmal einer Stunde zu erreichen. Die Fahrt lohnt sich: Es handelt sich

AUSFLÜGE IN DER NÄHE auf einen Blick

um das schönste und weitläufigste Affenfreigehege Deutschlands. Gitter und Gräben, die die Besucher von den Tieren trennen, gibt es hier nicht. Im Park leben aber nicht nur Affen: Eine Kolonie frei fliegender Weißstörche fühlt sich auf dem Gelände so wohl, dass die Vögel jedes Jahr auf den Dächern des Mendlishauser Hofes brüten. Am großen Weiher kann man viele verschiedene Vogelarten beobachten. Auch eine Damwildherde lebt hier. Aber die Hauptattraktion sind natürlich die Berberaffen. Sie sind nicht nur für Touristen interessant, sondern auch für die Forschung: Ein großer Teil von dem, was man heute über Berberaffen weiß, stammt vom Affenberg. Wäre doch gelacht, wenn man bei einer Wanderung durch den schönen Park nicht auch ein paar affige Geschichten lernt. Übrigens: Hunde dürfen nicht in den Park gebracht werden.

Herzliches Beisammensein: Zwei Berberaffen kuscheln mit dem Nachwuchs im Affenfreigehege.

Besucher können auf einem Naturlehrpfad den Artenreichtum der Blitzenreuter Seenplatte erleben.

Zauberstimmung: Herbstliches Gegenlicht im Wald auf der Adelegg bei Isny im Allgäu

34 WALDBAD CAMPING ISNY

★★★☆☆

Geeignet für Wohnmobile, Caravans und Zelte, 48 Standplätze, April–Okt.

▶ Lohbauerstr. 59-69, 88316 Isny im Allgäu

Tel. 075 62/23 89

GPS 47.678766, 10.031499

▪ pincamp.de/wb7850

Für die grüne Seele: Feiner Morgennebel wabert sanft über den Weiher, während die Sonne die ersten Baumwipfel in goldgelbes Licht taucht. Tautropfen glitzern im Gras wie tausend kleine Diamanten, dicht an dicht, pittoresk und makellos. Es ist diese besondere Magie eines neuen Tages, ein kurzer Moment des Innehaltens, bevor Mensch und Natur endgültig erwachen. Zu den tierischen Geräuschen gesellt sich bald schon das Klappern von Campinggeschirr, und Kaffeeduft mischt sich mit dem Geruch der noch feuchten Wiese. Würde man den Ursprung von Idylle suchen, ja, man könnte ihn hier finden. Das Waldbad Camping macht seinem Namen alle Ehre. Knapp einen Kilometer außerhalb von Isny liegt der Platz mitten im Grünen rund um den Felderholzweiher. Der ist naturbelassen und von Quellwasser gespeist und lockt zu jeder Zeit – egal, ob nur mal schnell zwischendurch oder tagesfüllend lang.

Der Campingplatz selbst zählt etwa 50 Stellplätze fürs rollende Gefährt, mit dem Zelt kann man auf die Wiese direkt am See. Einen Brötchenservice gibts im Gasthaus – zusammen mit regionalen und internationalen Spezialitäten. Ein köstliches Highlight ist der selbstgebackene Kuchen, den man unbedingt auf der Sonnenterrasse genießen sollte.

Im Eistobel rauscht die Obere Argen über Kaskaden, eingerahmt von hohen Felswänden.

Der Alltag bleibt draußen, darf vor den Toren warten, gemeinsam mit Zeitgefühl, Terminkalender und dem zivilisatorischen Grundrauschen der modernen Welt. Stattdessen hält die Gemütlichkeit Einzug und zeigt einmal mehr, was wirklich wichtig ist – Zeit. Für sich selbst, für den Genuss, für Familie und Freunde. Am Ende des Tages sagen sich dann nicht nur Fuchs und Hase gute Nacht, sondern auch Frosch und Maus, die im Dickicht rascheln, während der Große Wagen am Sternenhimmel leuchtet.

»Der Alltag bleibt hier draußen, darf vor den Toren warten, gemeinsam mit dem zivilisatorischen Grundrauschen der modernen Welt.«

Die Natur ist nicht drumherum, sondern man ist mitten in ihr drin. Ihr wird mittels Umweltbewusstsein und Nachhaltigkeit Wertschätzung entgegengebracht, baulich passiert das in Form von Erdwärme und Sonnenenergie für Heizung, Warmwasser und Strom sowie der Nutzung von Regenwasser für die Toilettenspülung. Und so zieht sich das Konzept durch die gesamte Anlage.

RAUSCHENDE KASKADEN

Wenn Wasser auf Stein trifft, und das ein paar Jahrtausende lang, dann entsteht das, was man heute im Eistobel bewundern kann. Hier rauscht die Obere Argen über Kaskaden, eingerahmt von bis zu 130 Meter hohen Felswänden. Damit noch nicht genug, denn ringsherum befindet sich ein Wald, der angenehm Schatten spendet und in allen Grüntönen leuchtet. Gleich nach dem Infopavillon geht es bergab hinein ins Tal unter der Argentobelbrücke durch. Noch fließt der Fluss gemächlich durch die Landschaft, Schmetterlinge kreuzen den Weg und Kuhglocken bimmeln auf der anderen Seite. Man wandert flussaufwärts dem wilden Abschnitt entgegen. Und wild trifft es auf den Punkt, denn bald sieht man Wasserfälle und Strudellöcher, Gumpen und mächtige Gesteinsblöcke, bemoost und bewachsen, die das Wasser in Wallung bringen. Der Pfad ist gesichert und läuft mal unten am Ufer, mal oben am Fels entlang. Picknickplätze laden immer wieder zum Verweilen ein. Die Wanderung selbst ist eine Rundtour, und am Ende der Schlucht am Eissteg hat man dann die Wahl: Zurück rechts oder links entlang.

AUSFLÜGE IN DER NÄHE auf einen Blick

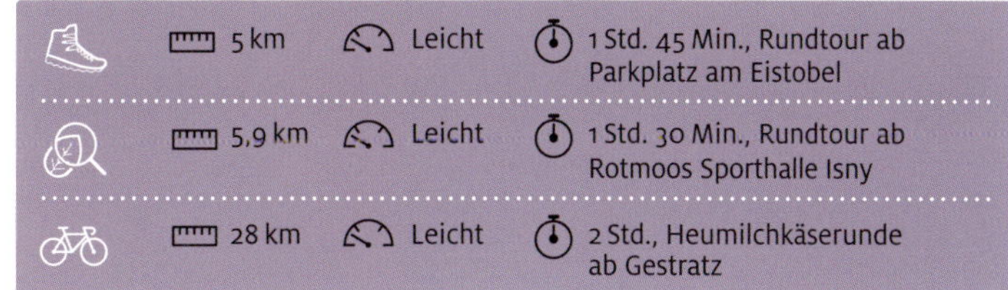

	Strecke	Schwierigkeit	Dauer
Wandern	5 km	Leicht	1 Std. 45 Min., Rundtour ab Parkplatz am Eistobel
Natur	5,9 km	Leicht	1 Std. 30 Min., Rundtour ab Rotmoos Sporthalle Isny
Rad	28 km	Leicht	2 Std., Heumilchkäserunde ab Gestratz

SCHMANKERL FÜR NATURFREUNDE

Der Startpunkt ist der Isnyer Stadtrand, und nur ein paar Schritte davon entfernt befindet man sich bereits in einem Teil des Naturschutzgebietes Bodenmöser im Moorgebiet. Die folgenden Kilometer sind ein Schmankerl für Naturfreunde. Auf dem Rundweg mit Aussicht und wechselnder Vegetation geht es durch Moor und Wald, durch Lebensräume von Fauna und Flora. Rechts entlang quert man die Ach, erhascht jetzt schon die ersten Blicke aufs Niedermoor und biegt dann auf die Birkenallee ab, aber nicht bis zu deren Ende. Stattdessen verläuft der Weg am Segelflugplatz vorbei, wo man kurz innehält und beobachtet, wie die Gleiter sanft gen Himmel gezogen werden. Es folgt ein Wald, ein kurzes Stück an der Straße entlang, bis sich dann links die Landschaft verändert. Es sind Riedmüller Moos und Rotmoos, die hier verzaubern. Grillen zirpen am Weg entlang und Bienen summen, während sie hastig zwischen den Blüten wechseln. Die restlichen Kilometer sind geprägt von Moor, Aue und Heide, von idyllischen Aussichten und tiefen Atemzügen.

Besonderes Schmankerl für Naturfreunde: Das Schutzgebiet Bodenmöser zwischen Isny und Neutrauchburg

GAUMENFREUDEN RADELND GENIESSEN

Die Allgäuer Käsestraße ist genau das, was der Name verspricht: Aussicht und Genuss. Im Westallgäu verbindet sie die landschaftliche Vielfalt des Alpenvorlandes mit Sennereien und Hofkäsereien und schafft dadurch eine visuelle und geschmackliche Verbindung zu Kultur und handwerklicher, oft jahrhundertealter Tradition. Da sich so viel Gaumenfreude auf einmal am besten radelnd genießen lässt, stehen insgesamt vier Routen zur Auswahl: die »Bergkäse-Runde«, die »Blütenkäse-Runde«, die »Heumilchkäse-Runde« und das »Große Käseglück«.

Familientauglich ist die Heumilchkäse-Runde; sie führt auf rund 28 Kilometern an allem vorbei, was das Allgäu so besonders macht. Saftige Wiesen, auf denen Kühe weiden, der Duft von Heu und Kräutern liegt in der Luft, sanft hügelige Landschaften bieten ein fantastisches Alpenpanorama. In Gestratz lockt der Dorfladen, in Grünenbach Spezialitäten aus Bio-Heumilch – und so geht es weiter bis zurück nach Isny hinein, wo man abschließend im Käseladen vorbeischaut oder in der Käsküche bei einer vorab reservierten Käsereiführung Blicke hinter die Kulissen erhaschen kann.

Aussicht und Genuss: Auf der Allgäuer Käsestraße finde beides zusammen. Einfach mal ausprobieren.

Urlaub weit ab vom Alltag: mit dem Buch in der Hand und dem Blick auf Böbing in Bayern

MARXHOF

Geeignet für Wohnmobile, Caravans und Zelte, 6 Standplätze, ganzjährig
▶ Leithen 8, 82389 Böbing
Tel. 088 67/919 99 41
GPS 47.763209, 10.980205
■ pincamp.de/pin_236801

Raus und durchatmen: Zwischen Garmisch-Partenkirchen, München und Füssen gelegen findet sich ein Hof der besonderen Art. In der sechsten Generation betrieben, hat man sich hier anders als in anderen Häusern schon früh für eine ökologische Landwirtschaft entschieden. Heute leben auf dem Marxhof neben Markus und Lissi Gretschmann mit ihren vier Kindern 40 Milchkühe, ein Stier und viele niedliche Kälbchen. Und so sehr das Thema Nachhaltigkeit im Vordergrund steht, so sehr konzentrieren sich die Gretschmanns auf das Thema erholsamen Familienurlaub. Dazu gehören die Ferienwohnungen, die Namen tragen wie Alpenglühen und Enzianwiese. Und dazu gehört auch der kleine Naturcampingplatz, von dem die Gretschmanns sagen, dass das ihnen dabei um ein Lebensgefühl geht.

Wer hier sein Zelt aufschlägt oder seinen Wohnwagen parkt, findet sich wieder inmitten ländlicher Idylle. Jeder wählt sich seinen Platz nach Bedarf, dazu gibt es Strom, und wer mag, nutzt den Aufenthaltsraum mit kleiner Küche. Zum Brötchenholen geht oder fährt man dann morgens mit dem Rad ins nur wenige Minuten entfernte Böbing. Den Tag verbringt man entweder beim Wandern – oder man schaut sich den Alltag auf einem Biobauernhof etwas genauer an. Nicht ohne Grund spricht man beim Marxhof von einem

AUSFLÜGE IN DER NÄHE auf einen Blick

	20 km	Leicht	Nach Lust und Laune, Schongau
	9 km	Leicht	3 Std., Rundtour ab Parkplatz Tiefstollenhalle Peißenberg
	7,7 km	Mittel	2,5 Std., Rundtour ab Westrand von Leithen

Mitmachhof: Kinder und auch Erwachsene packen bei Lust und Laune bei der Stallarbeit selbst mit an; man füttert die Kühe, tränkt die Kälber, holt Futter oder hilft beim Zaunaufbauen.

Der Marxhof selbst liegt dabei eingebettet zwischen Obstbäumen und grünen Wiesen, am Horizont zeichnen sich die Konturen der Berge ab. Alles wirkt, als wäre es einem Tourismusprospekt entliehen.

Mittendrin im Landleben und dabei schon als Kind lernen, das Kalb mit der Flasche zu füttern

Wer hierher kommt, konzentriert sich auf das Wesentliche. In den Ferienwohnungen wird man vergeblich ein Fernsehgerät suchen; es gibt zwar Internet, aber auch das Handy bleibt vielleicht besser aus. Detox von der digitalen und multimedialen Welt. Entschädigt wird man mit einem zauberhaften Blick in die Umgebung – und wohltuender Stille. »Campen ist Leidenschaft pur«, sagen die Gretschmanns. Pur – wie das Leben auf dem Land.

MÄRCHEN IM SCHNELLDURCHLAUF

Über diesen Ausflug werden sich besonders Kinder freuen: Im vom Marxhof knapp 20 Kilometer entfernten Schongau befindet sich der 1965 gegründete Märchenwald. Ein Weg führt dort zu den bekanntesten Märchen der Gebrüder Grimm; jedem von ihnen ist ein eigenes kleines Häuschen gewidmet. Drückt man einen Knopf, beginnen sich die Figuren zu bewegen, dazu wird das Märchen im Schnelldurchlauf erzählt. Üblicherweise kennt man so etwas nur vom Weihnachtsmarkt, wenn die Kinder vor ebenso kleinen Hütten staunend vor den Puppen stehen. Drinnen eine Krippe, draußen fällt mit Glück etwas Schnee. Hier aber ist quasi jeder Tag Weihnachten, und zusätzlich finden auf dem Gelände Ziegen, Schafe, Nandus und Papageien ihr Zuhause. Man kann ein Pony reiten, wenn man mag; man kann mit der Eisenbahn fahren oder im Erlebniswald klettern. Die Erwachsenen erholen sich dabei auf einer der Sonnenliegen oder bei Kaffee und einem Stück Kuchen. 2019 wurde im Märchenwald der 100 000 Besucher empfangen; die Eintrittspreise liegen zwischen sieben und neun Euro.

AUF DEN SPUREN DES BERGBAUS

Eine Wanderung der besonderen Art ist die Tour entlang des Stollenwegs. Man bewegt sich hier auf den Spuren des Bergbaus am Hohen Peißenberg entlang. Die als Lehrpfad mit 15 Stationen konzipierte Route beginnt am Bergbaumuseum Peißenberg. Es bietet sich an, zur Einstimmung auf das Thema tatsächlich auch einen Blick hineinzuwerfen. Der gut ausgeschilderte Weg führt zunächst steil durch einen Wald bis nach Vorderschwaig. Von dort geht es nach Hinterschwaig bis schließlich Hohenpeißenberg erreicht wird. Im Ortsteil Unterbau liegt der ehemalige Hauptstollen, hier begann man damals mit dem Pechkohleabbau. Weiter geht es über einen schmalen Pfad entlang nach Osten, bevor es schließlich via der Kapelle St. Georg wieder zurück zum Peißenberg geht. Entlang des Rundweges lernt man dank der Informationstafeln interessante Details zum Pechkohleabbau und den Kohlevorkommen rund um den Peißenberg. Und mit einiger Demut denkt man dabei an die

Zeit für eine Pause: An der Wetterstation am Hohen Peißenberg erhebt sich der Blick ins Land.

beschwerliche Arbeit der Bergarbeiter und ist ausgesprochen dankbar, wenn man selbst nicht so körperlich anstrengende Arbeit verrichten muss.

HOCH HINAUS

Schöner geht es nimmer: In Leithen startet der eindrucksvolle Schnalz-Panoramaweg Böbing. Die Tour eignet sich für einigermaßen erfahrene Wanderer. Die Strecke ist zwar gut ausgebaut, doch immer mal wieder gibt es steile Wurzeln und Treppen zu überwinden. Gestartet wird Richtung Norden, gekennzeichnet ist der Weg mit einer 89. Schon bald führt die Route in den Wald hinein, wobei es zunächst einigermaßen entspannt entlang des Höhenzuges der Schnalz geht und später steil hinunter zur Ammer. Wer mag, erfrischt sich hier, wem das Wasser zu kalt ist, pausiert auf einem Stein und genießt die Umgebung. Danach geht es bis zu einer Gabelung den bekannten Weg wieder zurück – und man biegt ab in Richtung Schnalz-Gipfel. Zunächst muss die Hochfläche der Schnalz über etliche steile Stufen erklommen werden. Oben angekommen, kann man sich entscheiden – entweder gleich zurück über Holzleithen nach Leithen oder einen Abstecher hinauf zum Schnalz-Gipfel (901 Meter) einplanen. Die Anstrengung lohnt sich, besser also noch einmal alle Kräfte mobilisieren.

Für erfahrene Wanderer: Der Schnalz-Panoramaweg belohnt mit eindrucksvoller Aussicht.

Postkartenlandschaft: der Starnberger See in ganzer Schönheit

36 CAMPINGPLATZ BEIM FISCHER

Geeignet für Wohnmobile, Caravans und Zelte, 77 Standplätze, April–Okt.
▶ Buchscharnstr. 10, 82541 St. Heinrich
Tel. 088 01/802
GPS 47.826516, 11.339066
■ pincamp.de/sb6280

Raus zum Fischmeister: Wer hier campt, lässt sich nieder in einer der schönsten Gegenden Deutschlands. Links ragen die Alpen in die Höhe, rechts thront das wunderbare München – und vor einem tut sich dabei der Starnberger See in ganzer Schönheit auf. Der Familienbetrieb Beim Fischer liegt am Südostende, er wird seit sieben Generationen betrieben, der Name ist dabei Programm. Gefischt wird, wie hier schon immer gefischt wurde. In aller Früh wird bei Wind und Wetter mit dem Boot rausgefahren, am Horizont schiebt sich die Sonne in den Tag, der Himmel spiegelt sich im Wasser. Es gibt eine Dokumentation über das Leben der Fischer am Starnberger See, »Netz und Würm« heißt sie, und man erfährt dabei, wie das damals so war, als die Fischer die sogenannten guten Fische an den Grundherren zu einem beschämend niedrigen Preis abliefern mussten, nur die Fische mit den vielen Gräten durften sie selbst behalten. Heute landet der Fang bei Bedarf beim Gast auf den Tisch, und das ist gut so. Der Campingplatz selbst zählt 75 Dauercampingstellplätze und 76 für den Reisenden; das heißt: Alles hält sich die Waage. Dass die Wege hier Renkenbogen oder Hechtallee heißen, versteht sich von selbst. Wissen sollte man, dass der Platz nicht direkt am Wasser liegt, das Areal ist dem Strandbad vorbehalten. Dafür steht das Zelt auf grüner Wiese, von der die einen die Naturbelassenheit loben, die anderen sich dagegen mehr Pflege wünschen.

Wer mit Kindern anreist, wird sich gut aufgehoben fühlen. Für die ganz Kleinen gibt es einen Spielplatz mit Seilbahn, die Großen können auf dem ausgewiesenen Gelände bolzen. Schon in den Jahren nach dem Krieg wurde übrigens im damaligen Netzschuppen von der Großmutter Kaffee und Kuchen an die Badegäste verkauft. Inzwischen hat sich etliches verändert; Kuchen aber gibt es noch immer, jetzt in der angeschlossenen Strand Bar und Kitchen, zusätzlich bietet ein Wassersportzentrum Surfunterricht und Kanus zum Verleih an. Hier lässt sich der Tag morgens gut mit einem Sprung ins Wasser starten – und zum Abend oder Mittag gibt es fangfrischen Fisch.

AUSFLÜGE IN DER NÄHE auf einen Blick

LOCKRUF DER BERGE

Oberbayern ohne Berge, das ist wie Lübeck ohne Marzipan. Die Region ist durchzogen von wunderbaren Wanderrouten; vom Campingplatz aus ist etwa der Herzogstand nicht weit, der sich mit seinen 1731 Metern eindrucksvoll über die Erde erhebt. Gestartet wird für die Route am unteren Herzogstand entlang vom etwa 40 Kilometer entfernten Schlehdorf, man kann mit dem Auto anreisen oder behilft sich mit dem Bus. Beim Gasthof Klosterbräu folgt man der Seestraße, die nach einigen Metern ziemlich steil nach oben geht. Den Schildern »Höhenweg 11« folgend läuft man bis zum Tal und biegt dort in den »Felsenweg 4«. Die Strecke führt nun senkrecht abfallend immer am Kochelsee entlang; begleitet bei klarer Sicht von einem eindrucksvollen Blick auf das Walchenseekraftwerk und weit über das Wasser. Nach sieben Kilometern hat man seinen Ausgangspunkt wieder erreicht – und kann sich entweder mit einer Rast in einem der Gasthäuser belohnen oder fährt zurück zum Campingplatz und freut sich dort über eine große Portion Fisch.

NAH AM WASSER

Diese Fahrradtour verschafft einen wunderbaren Überblick über den Starnberger See. Für geübte Fahrradfahrer ist die Strecke von etwa 50 Kilometern gut zu schaffen, mit einem E-Bike sowieso. Die Wege sind gut ausgezeichnet, man

Hoch oben auf dem Herzogstand: dem Himmel ganz nah und dabei ein Wetter wie aus dem Bilderbuch

kann sich nicht verfahren. Passiert werden die Orte Seeshaupt, Bernried, Tutzing, Feldafing, Pöcking, Starnberg, bis man schließlich auf der anderen Seite seinen Ausgangspunkt wieder erreicht. Da es sich um eine Rundtour handelt, kann das Ganze nach Belieben gestartet und beendet werden. Es gibt überall Einkehrmöglichkeiten – und bei Bedarf kann man die Runde auch mit einem Gang ins Wasser immer wieder unterbrechen. Zu den Sehenswürdigkeiten der Region gehören das Sissi-Schloss bei Possenhofen, das König-Ludwig-Kreuz bei Berg und die Uferpromenade bei Starnberg. Clevere suchen sich für die Strecke einen Tag unter der Woche aus. Am besten startet man am frühen Vormittag; dann teilt man sich den Weg – zumal in der Saison – nicht mit vielen anderen.

»Rechts thront das wunderbare München – und vor einem tut sich der Starnberger See in ganzer Schönheit auf.«

Zur Ruhe kommen, den Gedanken nachhängen und genießen – Pause am Starnberger See

Wenn die Sonne über dem Schliersee untergeht, ist das Naturkino im Breitwandformat.

CAMPINGPLATZ SCHLIERSEE

37

★★★☆☆

Geeignet für Wohnmobile, Caravans, Zelte, 65 Standplätze, Mai–Okt.
▶ Westerbergstrasse 27, 83727 Schliersee
Tel. 080 26/929 89 98
GPS 47.727899, 11.851583
▪ pincamp.de/sb6800

Vanlife an der Beachbar: Wenn Weltenbummler sesshaft werden, brauchen sie einen Ort, an dem die Freiheit auch weiterhin gelebt wird, die sie auf ihren Reisen erfahren haben. So ist es Mark Linke und Christian Bremm ergangen; seit April 2020 sind sie die Chefs vom Campingplatz am Schliersee. Sie waren selbst Camper oder lange mit dem Rucksack unterwegs und wissen, worauf es bei einem Platz ankommt. Als für das Areal per Annonce Nachfolger gesucht wurden, griffen sie zu. »Wir haben uns mit dem Platz einen Traum erfüllt«, sagt Mark heute.

Und auch Gäste sollen hier einfach entspannen – und das haben sie schriftlich: Am Eingang hängt zur Begrüßung der Spruch: »You are now entering a stress-free zone«. Die Hauptzutat dafür war schon da: die perfekte Lage vor eindrucksvoller Kulisse. Wenn die Sonne über dem See untergeht und die Berge in ein rötliches Licht taucht, ist das Naturkino im Breitwandformat. Hier wird geschwommen, das SUP-Board oder Kanu ins Wasser gelassen oder nur gechillt. Der Tegernsee ist nicht weit – und auch München ist in einer Stunde erreichbar. Für Mark und Christian die

Urlaub auf die ruhige Art: Am Campingplatz Schliersee sollen die Gäste entspannen.

idealen Voraussetzungen, die eigenen Ideen für einen modernen Platz umzusetzen. Das fängt bei der Umgestaltung des Areals an. Statt Dauercamper gibt es jetzt zum Beispiel einen Bereich, auf dem Bulli-Fahrer ihr Vanlife zelebrieren. Auf einer separaten Wiese ist genug Platz für Zelte. Und der Rest der parzellierten Fläche steht Wohnmobilen und Wohnwagen zur Verfügung. So weit, so normal. Die Würze bringt das Drumherum. Direkt am See lädt eine Beachbar mit Liegestühlen zum Sundowner. Nicht irgendeine Bar, sondern ein umgebauter VW T2. Auch beim Restaurant geht man für einen Campingplatz eher untypische Wege. Die hier auf einer schicken Terrasse servierten Leckereien erwartet man eher im Ausgehviertel. Ob Fisch, Fleisch oder Kaffee: Alle verarbeiteten Produkte kommen aus der Nachbarschaft und werden auch im Shop verkauft. Alles zusammen gehört zum nachhaltigen Konzept der Betreiber, die Gemeinschaft zu stärken.

WO AUSSICHTEN LOCKEN

Bei der leichten und familienfreundlichen Wanderung rund um den Schliersee sind knapp 400 Höhenmeter zu überwinden. Der Rundweg ist ausgeschildert und überwiegend asphaltiert. Vom Campingplatz geht es erst einmal am Ufer entlang in den Ort Schliersee und dann weiter bis zum Strandbad am Ostufer. Hier verlässt man den Rundweg in Richtung Hinterland, auf Serpentinen hinauf nach Oberleiten. Ein Trampelpfad führt an Kuhweiden vorbei und in einen Wald hinein. Es geht etwas weiter bergauf in Richtung Ruine Waldeck, die nach der Sanierung im Jahr 2023 dann wieder besichtigt werden kann. Von hier hat man beste Sicht über den Schliersee. Nach einer Rast wandert man an zahlreichen Informationstafeln hinab nach Fischhausen-Neuhaus. Hier kann man die Tour beenden und mit dem Zug zum Bahnhof Schliersee fahren. Aber das wäre schade, denn der schöne Weg zurückführt an zahlreichen Badeplätzen vorbei. Also Badesachen nicht vergessen. Die Tour endet am Campingplatz.

»Ruine Waldeck: Von hier hat man die beste Sicht über den Schliersee. Die Tour endet am Campingplatz.«

AUSFLÜGE IN DER NÄHE auf einen Blick

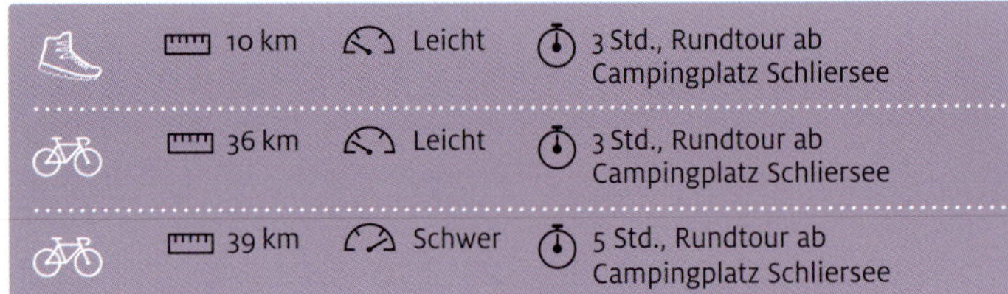

	Strecke	Schwierigkeit	Dauer
Wandern	10 km	Leicht	3 Std., Rundtour ab Campingplatz Schliersee
Rad	36 km	Leicht	3 Std., Rundtour ab Campingplatz Schliersee
Rad	39 km	Schwer	5 Std., Rundtour ab Campingplatz Schliersee

VIELFALT IST TRUMPF

Die leichte Tour führt an einigen der bekanntesten Sehenswürdigkeiten der Region vorbei, lediglich 100 Höhenmeter sind zu überwinden. Vom Campingplatz geht es zuerst immer am Ufer entlang in südliche Richtung, vorbei an der Rixneralm nach Fischhausen-Neuhaus. Hier bietet sich ein Abstecher ins Markus Wasmeier-Freilichtmuseum an. Der ehemalige Weltklasse-Skifahrer zeigt in seinem Museumsdorf, wie einst traditionelles Handwerk praktiziert wurde. Hier kann man gut einen ganzen Tag verbringen. Aber es geht weiter in Richtung Süden, wo man auf die Josefsthaler Wasserfälle stößt, und dann weiter in östlicher Richtung nach Aurach. Von hier verläuft der Radweg im Schatten der höchsten Berge des Mangfallgebirges, von denen die Rotwand mit 1884 Metern der höchste Gipfel des Landkreises ist. Ein Stück weiter wartet der Wendelstein mit der bekannten Seilbahn. Die 2953 Meter lange Großkabinen-Pendelbahn wurde 1970 in Betrieb genommen. Eine Fahrt von der Talstation in Bayrischzell dauert sieben Minuten. Zurück geht es auf demselben Weg. Ab Fischhausen kann man aber auch gut dem Uferweg im Uhrzeigersinn folgen und in Schliersee noch ein paar Einkäufe erledigen.

Beliebte Sehenswürdigkeit: Der Gipfel des Wendelstein wartet auf Erinnerungsfotos.

Wandern in den bayerischen Alpen ist ein Naturerlebnis und Wellness für die Seele.

HOCH HINAUS UND IMMER AUF DER ALM ENTLANG

Diese Radtour ist eher für Profis, die Fahrer sollten eine gute Kondition und Kraft in den Waden haben. Auf dem Weg gibt es zwar mehrere Möglichkeiten, sich zu stärken oder zu erfrischen – dennoch Snack und Wasser für die kräftezehrende Tour nicht vergessen! Vom Campingplatz geht es am Ufer des Schliersees in südliche Richtung zum Bahnhof Fischhausen-Neuhaus. Von hier an muss man Kräfte mobilisieren: Durch das Josefsthal fährt man hinauf bis zum Spitzingsattel, weiter am Spitzingsee vorbei durch das Tal der Valepp. Hier befindet man sich mitten im alpinen Gelände, mit Weitblick auf die hohen Berge im benachbarten Tirol. Vorm Forsthaus Valepp führt die Strecke rechts bergauf zur Moni-Alm, wo man eine kleine Pause einlegen kann. Auch die nächste Etappe wird mit den herausfordernden Anstiegen ziemlich anstrengend. Sie verläuft über Enterrottach bis hinauf zur Kühzaglalm. Am höchsten Punkt links und dann etwas hinunter über die untere Kreuzbergalm zum Ortsteil Hennerer. Von hier ist es dann nicht mehr weit bis zum Ausgangspunkt.

Der Platz Allweglehen in Berchtesgaden trägt den Beinamen Resort nicht ohne Grund.

CAMPING-RESORT ALLWEGLEHEN

★★★★☆

Geeignet für Wohnmobile, Caravans, Zelte, 196 Standplätze, ganzjährig
▶ Allweggasse 4, 83471 Berchtesgaden
Tel. 086 52/23 96
GPS 47.647355, 13.039606
■ pincamp.de/sb9800

Pfiat di, Stress: Die Panoramastraße schlängelt sich vorbei an Berchtesgaden. Das letzte Stückchen ist etwas steil, was für geübte Fahrer aber kein Problem ist. Dann erwartet einen ein herrliches Fleckchen Erde, eingebettet in Berge und Wälder Oberbayerns. In der Ferne sieht man den Watzmann, das Wahrzeichen des Berchtesgadener Landes. Pfiat di, Stress, jetzt beginnt die Verwöhnzeit.

Das Areal ist in Terrassen angelegt, von jedem der großen und sonnigen Stellplätze gibt es einen herrlichen Blick in die Umgebung. Glück liegt in der Luft, beim Aufbau des temporären Zuhauses hört man Kinderlachen vom Pool herüberwehen. Ein Rundgang durch das Campingdorf führt über hügelige Wege auch an Holz-Chalets und großen Schlaffässern vorbei, die man mieten kann. Der Platz trägt den Beinamen Resort nicht ohne Grund. Die Ausstattung ist luxuriös, wer mag, bucht sich im modernen Sanitärbereich ein Privatbad. Der große Pool erfrischt im Sommer oder wärmt im Winter. Im Wellnessbereich mit Saunalandschaft kann man sich mit Massagen verwöhnen lassen.

Natürlich kommt man wegen der wunderbaren Landschaft her, man möchte wandern,

AUSFLÜGE IN DER NÄHE auf einen Blick

Kraxeln	10 km	Mittel	3 Std., Rundtour ab Camping-Resort Allweglehen
Wandern	18 km	Leicht	6 Std., Rundtour ab Camping-Resort Allweglehen
Rad	54 km	Schwer	6 Std., Rundtour ab Parkplatz Dokumentationsstelle

mit dem Fahrrad fahren oder einfach nur den Hund im Wald ausführen – um ihm danach in der Hundedusche auch etwas Wellness zu spendieren. Im Winter lockt ein großes Skigebiet, ganz in der Nähe befinden sich Lifte und Loipen. Oder man bleibt einfach hier, genießt, schaut auf die Berge und fühlt sich für ein paar Tage wie König oder Königin – obwohl dieses majestätische Vergnügen kein Schnäppchen ist.

Aber dafür ist die Versorgung vorzüglich: Campingplatzbetreiber Thomas Fendt ist gelernter Koch. Klar, dass er als Gastgeber besonderen Wert auf gutes Essen legt. Im Gasthaus bietet sein Küchenteam typische Gerichte aus der Region an. Und die sind so gut, dass es dafür einen Sieg in der TV-Sendung »Mein Lokal, Dein Lokal« gab. Selbstversorger bekommen gleich nebenan im urigen Krämerladen alle Zutaten für die eigene Küche. Ist das noch Camping? Aber ja, nur eben in der Luxus-Variante.

KRAXELN MIT ANLEITUNG

Lust auf eine kleine Klettertour für die ganze Familie? Direkt auf dem Campingplatz kann man eine geführte Tour zum Kleinen Jenner buchen. An der Rezeption startet die Tour, mit Shuttle und der Jennerbahn geht es dann hoch zum Klettersteig. Solange man trittsicher unterwegs ist und genügend Kondition mitbringt, ist die Tour für fast jedes Alter geeignet. Für die nötige Sicherheit sorgt der Bergführer, er zeigt zum Beispiel, wie die Ausrüstung angelegt und genutzt wird. Außerdem hat er alle Teilnehmer im Blick, gibt während der Tour Tipps und Tricks und hilft, bei den leicht ansteigenden Querungen des Klettersteigs Felsen und andere Hindernisse zu überwinden. Mutige rauschen zwischendurch per »Flying Fox« gesichert an einem Stahlseil über die Landschaft, aber auch die Wanderung über eine Holzhängebrücke treibt den Puls nach oben. Zum Glück gibt es immer wieder Pausen, damit man die perfekte Aussicht auf den Watzmann, nach Berchtesgaden und auf den Königssee in vollen Zügen genießen kann. Ziel der Tour ist schließlich der Gipfel des Jenner.

Früh übt sich: Unter Anleitung lernen schon die Jüngsten, sich in den Bergen zu bewegen.

RÜCKBLICK UND AUSBLICK

Der geschichtsträchtige Obersalzberg ist nur wenige Kilometer vom Campingplatz entfernt. Die erste Etappe der Tagestour führt zur Talstation der Obersalzbergbahn. Mit der Seilbahn geht es hoch. Sie ist seit 1949 im Betrieb und in ihrer Bauart einzigartig. Wer Zeit und Lust hat, kann der Geschichte näher kommen und sich zuvor die Dokumentationsstelle mit der Ausstellung und den Bunkeranlagen aus Hitlers Führersperrgebiet anschauen. Danach geht es direkt zum Carl-von-Linde-Weg. Eine abwechslungsreiche Strecke, die unterhalb der Scharitzkehlstraße verläuft und über den Hochlenzer bis in die Graflhöhe führt. Ziel ist hier die Mittelstation der Jennerbahn, die in etwa eineinhalb Stunden erreicht wird. Mit der Bahn geht es zurück ins Tal an den malerischen Königssee. Hier gibt es zahlreiche Möglichkeiten, einzukehren und sich für den Rückweg zu stärken. Bei der letzten Etappe führt der Weg entlang der Königsseer Ache bis nach Berchtesgaden, wo man bei Bedarf noch etwas einkauft. Die letzte Teilstrecke folgt weiter dem Fluss bis zum Platz.

»Der geschichtsträchtige Obersalzberg ist nur wenige Kilometer vom Campingplatz entfernt.«

Die Pause genießen am Kehlsteinhaus auf dem Obersalzberg im Berchtesgadener Land

Das Berchtesgadener Land ist mit seinen ausgeschilderten Touren ein Paradies für Mountainbiker.

MOUNTAINBIKEN – GIPFEL DES GLÜCKS

Das Berchtesgadener Land ist mit 25 ausgeschilderten Touren, einer Streckenlänge von 700 Kilometern und mit über 22 700 Höhenmetern ein Paradies für Mountainbiker. Die ganz besondere Tour mit der Umrundung von Göll, Kehlstein und Hohem Brett ist nichts für Anfänger, hier ist viel Kondition gefragt. Vom Parkplatz der Dokumentationsstelle geht es erst einmal ganz gemütlich los: Die Strecke führt über die Scharitzkehlalm, den Hinterbrand-Parkplatz bis zur Königsbachalm. Jetzt sind Muskeln und Ausdauer gefragt: Es geht hoch zum Stahlhaus am Torrener Joch, der Anstieg ist anstrengend. Bei einer Rast kann man wieder Kräfte mobilisieren – die auch benötigt werden. Es geht zwar erst steil bergab, doch das Rad muss an einigen Stellen geschoben oder getragen werden. Ab Oberjochalm ist die Strecke wieder fahrbereit. Auf dem Tauernradweg am Bluntausee geht es zuerst in Richtung Hallein und dann weiter bis zur Passhöhe Gmerk. Auf der nächsten Etappe hat man das Berchtesgadener Land in voller Pracht im Blick. Aber Vorsicht, bei der Abfahrt ist Konzentration gefragt. Das letzte Teilstück führt von Oberau über die Obersalzbergstraße zurück zum Ausgangspunkt.

BAYERISCHER WALD

Maigrün. Berggrün. Waldgrün.
Grün wie die Hoffnung. Und die Harmonie.
Wer im Bayerischen Wald campt, schläft
unter dem »Grünen Dach Europas«.
Endlose Wälder, mächtige Bergrücken.
Grüner wird's nicht. Versprochen. Durchatmen
und genießen. Aktiv sein und zugleich
entspannen. Immer der Ruhe nach.
Ab durch die Mitte. Und dabei Deutschlands
ältesten und ersten Nationalpark erleben.
So schön kann Urlaub sein.

HERBST IM SCHÖNEN BAYERISCHEN WALD

Der Fluss Schwarzer Regen mäandert durch Niederbayern und lädt zu Ausflügen ein.

39 ADVENTURECAMP SCHNITZMÜHLE

Geeignet für Wohnmobile, Caravans und Zelte, 100 Standplätze, ganzjährig
▶ Schnitzmühle 1, 94234 Viechtach

Tel. 09 94 / 29 48 10
GPS 49.069166, 12.913466

■ pincamp.de/nb9370

Glampen oder Campen? Schon ein Blick auf die moderne Ausstattung verrät, dass man es hier mit einem Betrieb zu tun hat, der sich für die Zukunft präpariert: Emoji Spa. Sky Lodges. Sahara Meeting Raum. Man zeigt, was man hat, was man kann; am AdventureCamp Schnitzmühle im Bayerischen Wald wird geklotzt und nicht gekleckert. Das hippe Aushängeschild täuscht dabei darüber hinweg, dass es bei all dem noch immer um das Thema Campen geht. Campen in der Natur, direkt am Flüsschen Schwarzer Regen und mit Blick auf die Konturen der Bäume auf der anderen Seite des Ufers. Wer mag, zeltet oder parkt direkt am Wasser oder mietet sich ein in eine der Lodges. Fragt man die Besucher, was sie an der Anlage besonders schätzen, sind sich die meisten einig: Gelobt wird vor allem die Atmosphäre, das

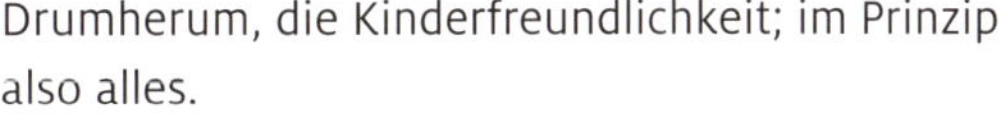
Drumherum, die Kinderfreundlichkeit; im Prinzip also alles.

Gegründet wurde der Platz von den Nielsen-Brüdern Sebastian und Kristian, die in der Öffentlichkeit als Nielsen-Brothers firmieren. Ihre Vision: Mit der Schnitzmühle einen Ort zu schaffen, bei dem sich »die Vergangenheit über die Gegenwart mit der Zukunft verbindet«. Als sie vor beinahe nun 20 Jahren antraten, ihren Traum zu

AUSFLÜGE IN DER NÄHE auf einen Blick

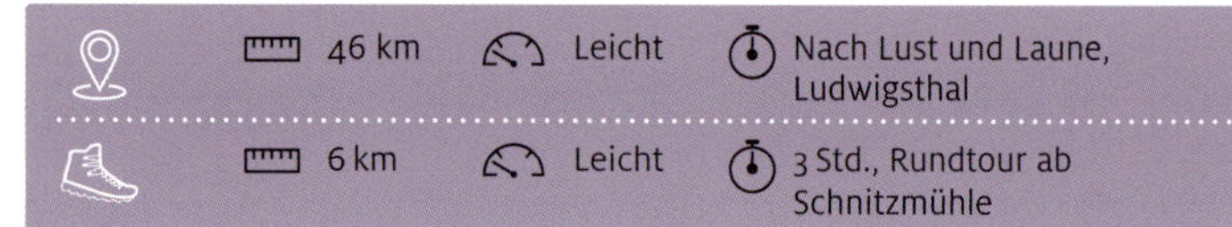

verwirklichen, war die Schnitzmühle noch ein einfacher Gasthof mit ein paar Zimmern und einem Restaurant. Der zugehörige Campingplatz hatte seine beste Zeit hinter sich, die Sorgen überwogen. Sebastian und sein drei Jahre jüngerer Bruder Kristian machten sich an die Arbeit und schufen peu à peu ihr »Naturerlebnis am Ende der Welt«. Und wenn die Schnitzmühle heute als Synonym für cooles Camping gilt, ist es in erster Linie der Beharrlichkeit der beiden Brüder zu verdanken.

Inspiriert von eigenen Reisen modernisierten die beiden das Hotel und den Campingplatz, ein künstlicher Badesee entstand, im angeschlossenen Restaurant erwartet die Gäste heute eine Speisekarte, die man eher in einer Großstadt vermutet. Einmal in einem Interview nach ihrem Konzept befragt, verglich Sebastian Nielsen die Vorgehensweise beim Umsetzen ihrer Ideen mit einem Baumschnitt: »Aber nicht, wo du mal hier und mal dort etwas wegschnipselt. Wir änderten von der Wurzel her gleich komplett alles.« Der Erfolg gab ihnen recht.

Die Waldbahn bringt einen zu den schönsten Plätzen. Eine Haltestelle liegt am Campingplatz.

BAHN-WANDERN

Eine Seefahrt, die ist lustig, aber noch lustiger ist es, mit der Bahn zu fahren, also mit der Waldbahn, die einen außerdem zudem noch an die schönsten Plätze des bayerischen Urwalds führt. Der Haltepunkt Schnitzmühle liegt nur wenige Gehminuten vom Campingplatz entfernt. Und so lässt man sich etwa durch wunderbare Landschaft ins anderthalb Stunden entfernte Haus zur Wildnis nach Ludwigsthal fahren. Dort kann man eintauchen in die Geschichte der Region, man erfährt, wie es in einem Wald nachts klingt, bekommt Wissenswertes zu Flora und Fauna auf den Weg, kann an einer fiktiven 3D-Wildnisreise teilnehmen. Im sogenannten Wurzelgang entdeckt man die verborgene Welt der Wildnis – und das Schöne daran; der Eintritt zu allem ist kostenlos. Das Haus ist dabei so gestaltet, dass vom Inneren immer wieder der Hohe Falkenstein mit seinen 1315 Metern zu sehen ist. Der Fokus der Ausstellung liegt auf dem Kreislauf des Lebens, es geht ums Werden, Wachsen und Vergehen. Und so tritt man nach diesem Ausflug in diese sensible Welt der Natur ganz demütig seine Reise zum Campingplatz zurück an.

IMMER MIT DER RUHE

Wer hier nicht wandert, ist selbst schuld. Eine der schönsten Flusstal- und Hanglandschaften führt entlang am Ufer des Schwarzen Regen. Da die Tour meist entlang des Flusses läuft, bleibt sie weitgehend eben und ist so auch gut für die ganze Familie geeignet. Ausgangspunkt ist Schnitzmühle Viechtach, also genauer: der Bahnhaltepunkt hinter dem Camp. Nachdem man die Schienen gequert hat, geht es auf der kaum befahrenen Straße bis nach Seigersdorf. Dort wird links auf den Weg 2 abgebogen, über den Katzensteig führt der Weg nach Oberleiten bis zur Burgruine Altnußberg. Nach einer Rast geht es weiter via der roten 3 bis zum Fluss Schwarzer Regen. Dort legt man bei Bedarf nochmals ein Päuschen ein, genießt für einige Minuten die Ruhe und die Landschaft, bis man flussaufwärts schließlich nochmals der ausgeschilderten roten 3 folgt; am Ende wird dann Gumpenried-Asbach erreicht. Hier nimmt man die Bahn und lässt sich bis zu Schnitzmühle zurückfahren. Ein schöner Tag geht zu Ende.

Abenteuer mitten in der Natur: Am AdventureCamp Schnitzmühle steht die Natur im Vordergrund.

Zauberhaftes Panorama: Blick auf die Kreisstadt Regen, man nennt sie auch die »Perle am Fluss«.

REGENTAL AKTIV CAMPING

★★★☆☆

Geeignet für Wohnmobile, Caravan, Zelte, 53 Standplätze, April–Sept.
▶ Badstr. 18, 94209 Regen

Tel. 099 21/709 96 00
GPS 48.966662, 13.113838

■ pincamp.de/nb9380

Regen bringt Segen: Das Wasser des Flusses fließt hier noch gemächlich, aber stark genug, um das Boot bei der Fahrt zu unterstützen. Zeit für eine Rast. Es sind nur noch wenige Züge mit dem Paddel, dann ist das Ufer erreicht. Jetzt schnell das Kanu an Land ziehen und auf der großen Wiese einen Platz für das Zelt finden. Michael Maier, Betreiber vom Regental Aktiv Camping, hat sich auf Besucher eingestellt, die von der Wasserseite aus anreisen.

Der Platz liegt im Herzen des Bayerischen Waldes, gegenüber der Stadt Regen am gleichnamigen Fluss, der später bei Regensburg in die Donau fließt. Er ist besonders bei Kanuten beliebt, da sie darauf durch ursprüngliche Natur fahren können – oder wie man hier sagt: Durch »Bayerisch Kanada«. Doch nicht nur für Durchreisende ist der Campingplatz bereits seit vielen Jahren eine optimale Anlaufstelle. Andere schätzen ihn dafür, dass er ein toller Startpunkt für ihre ganz persönlichen Abenteuer ist. Ob angeln, Bootstouren oder Wanderungen: Die Möglichkeiten für Ausflüge sind vielfältig. Die Umgebung ist hier ganz klar der Star.

AUSFLÜGE IN DER NÄHE auf einen Blick

Dafür, dass es hier nicht den luxuriösen Komfort moderner Campingplätze gibt, sind die Übernachtungen nicht sonderlich günstig. Die Einrichtungen sind einfach, aber zweckmäßig. Auf jeden Fall ist alles da, was man so beim Camping benötigt. Und falls nicht, findet man es in direkter Nachbarschaft. Das Schwimmbad zum Beispiel ist nur 50 Meter entfernt, der Eintritt ist für Campinggäste kostenlos. Auch die Fahrten mit Bus und Bahn sind mit der Gästekarte enthalten.

Aber auch für die Dableiber ist gesorgt, vor allem, was sportliche Aktivitäten betrifft. Am Basketballkorb übt man Würfe, an der Tischtennisplatte werden Wettkämpfe ausgetragen. Und wer nach so viel Action etwas Stärkung braucht, findet kleine und große Köstlichkeiten in der gemütlichen Gaststätte. Kinder freuen sich ganz sicher über die Ponys, die der Tochter des Betreibers gehören. Aber auch Michael Maier selbst hat ein tierisches Hobby: Er ist Imker – und das köstliche Ergebnis gibt es in Gläser gefüllt an der Rezeption.

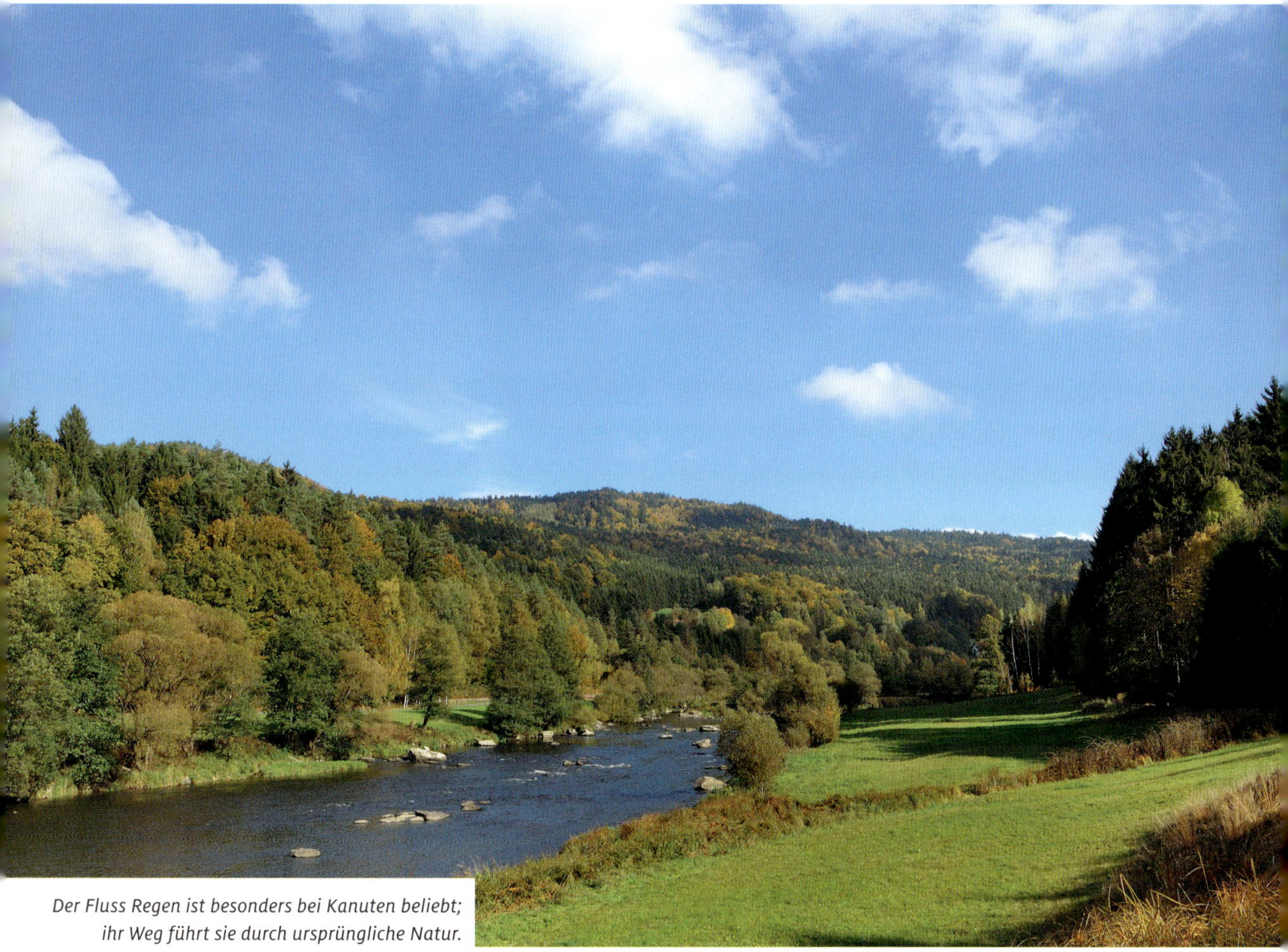

Der Fluss Regen ist besonders bei Kanuten beliebt; ihr Weg führt sie durch ursprüngliche Natur.

DURCHATMEN UND GENIESSEN

Diese Rundtour für die ganze Familie führt zu den größten Freizeiteinrichtungen von St. Englmar. Vom Campingplatz erreicht man den Startpunkt am besten mit einem Fahrzeug. Vom Parkplatz wandert man erst ein Stück bergab in Richtung der Kapelle St. Leonhard, dem ältesten Bauwerk des Ortes. Von hier geht es zwischen Galgenberg und Kapellenberg weiter und dann entlang des Hofer Kreuzweges bis nach Grünmühl und Münchzell. Es folgt ein Waldstück und ein zackiger Anstieg zum Birkenberg, schließlich kommt man am Waldwipfelweg an. Ein toller Zwischenstopp, denn hier bekommen Besucher ganz neue Perspektiven auf die Welt: Häuser stehen Kopf, es gibt optische Illusionen und Wege verlaufen direkt in den Baumkronen. Anschließend geht es bis nach Maibrunn, wo man zum Beispiel im Kinderhotel Simmerl eine Rast einlegen kann. Denn für die letzte Station braucht man noch einmal Power, schließlich wartet beim Örtchen Grün die Sommerrodelbahn. Nach ein oder mehreren rasanten Abfahrten wird die Rundtour in Richtung Kapellenberg fortgesetzt, bis man wieder beim Ausgangspunkt ankommt.

Verdiente Rast: Die Käsplatte ist ein Berg im Bayerischen Wald mit Gipfelkreuz bei St. Englmar.

Dem HImmel und den Vögeln ganz nah bei einer Tour über den Baumwipfelpfad im Bayerischen Wald

MEHR ALS HOCH

Der Bayerische Wald ist sehr vielseitig, natürlich kann er über unzählige Wanderwege vom Boden aus erkundet werden. Aber einen besseren Blick bekommt man, wenn man ihm aufs Dach steigt. Beim Baumwipfelpfad im Nationalpark kommt man den Baumkronen ganz nahe. Der Weg durch die Kronen ist insgesamt 1300 Meter lang und verläuft auf einer Höhe von acht bis 25 Metern. Weltweit ist er damit einer der längsten Wege dieser Art. Der Blick über die oft unberührte Natur- und Kulturlandschaft des Bayerischen Waldes und die traumhaften Täler und Berge ist einfach atemberaubend. Buchstäblich ein Höhepunkt ist das Baum-Ei, ein aus Holz gebauter Aussichtsturm mit einer Höhe von 44 Metern. Nicht weniger spektakulär ist die 270 Quadratmeter große Holzplattform auf 20 Metern Höhe mit einem Ruhebereich. Nach der luftigen Tour kann man sich im Hans-Eisenmann-Haus mit Infos rund um den Nationalpark Bayerischer Wald versorgen.

»Buchstäblich ein Höhepunkt ist das Baum-Ei, ein aus Holz gebauter Aussichtsturm.«

MYSTISCHER ORT: BEIM WALDVIERTEL CAMPING IN ÖSTERREICH KOMMT DER BESUCHER ZUR RUHE. HIER HEISST ES: ABSCHALTEN UND GENIESSEN.

SCHWEIZ UND ÖSTERREICH

CAMPINGPLÄTZE IN DER SCHWEIZ UND ÖSTERREICH

WEITERE TOLLE PLÄTZE AUF PINCAMP.DE!

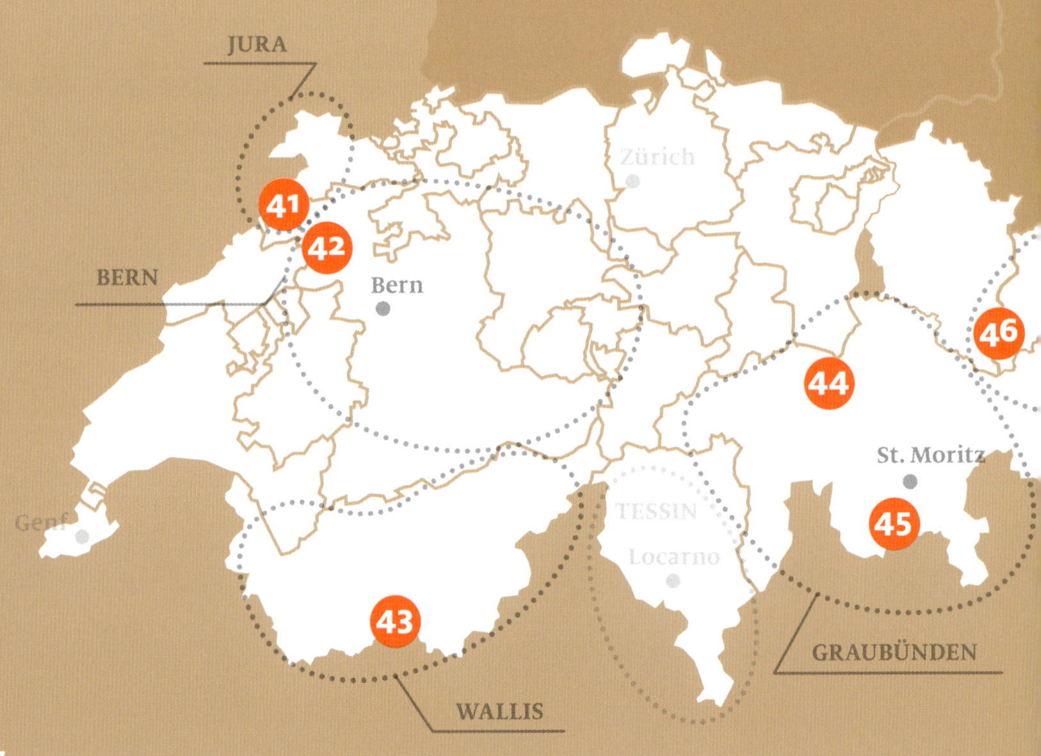

SCHWEIZ

Außergewöhnliche Wanderwege

(41) Camping Saignelégier → S. 183

(42) Camping Lindenhof → S. 187

(43) Camping Arolla → S. 191

(44) Camping Trin → S. 194

(45) Camping Maloja → S. 197

ÖSTERREICH
Atemberaubende Pfade und anspruchsvolle Ausflüge

46 Camping Zeinisee → S. 203

47 Ötztaler Naturcamping Kuprian → S. 206

48 Achensee Camping Schwarzenau → S. 209

49 Alpenferienpark Reisach → S. 212

50 Camping Seebauer → S. 216

51 Camping Au an der Donau → S. 220

52 Waldviertel Camping → S. 224

53 Aktiv Camping Purgstall → S. 228

SCHWEIZ

Wandern. Radfahren. Die Zeit genießen. Die Schweiz ist Urlaubsland, Höhenrausch der schönsten Art. Dazu eine Auswahl der bezauberndsten Plätze. Hoch in den Bergen. In der ersten Reihe am See. Mal mit Lagerfeuerromantik. Mal mit Familienanschluss. Und immer aber besonders. Mit einem Abenteuer immer gleich nebenan, bei dem sich Hochgefühle garantiert einstellen. Mit einem Hang zu mehr. Mehr Urlaub wäre schön.

BLÜTENZAUBER MIT AUSSICHT AUF DIE BERNER BERGKETTE

Sommerfeeling: Ein Schwimmer sitzt in der Sonne am See Étang de la Gruère bei Saignelégier.

41 CAMPING SAIGNELÉGIER

Geeignet für Wohnmobile, Caravans, Zelte, 30 Standplätze, 60 Zeltplätze, Mai–Okt.
▶ Sous la Neuvevie 5a, 2350 Saignelégier
Tel. +41 (0) 79 565 18 03
GPS 47.253681, 7.019636
■ pincamp.de/pin_231912

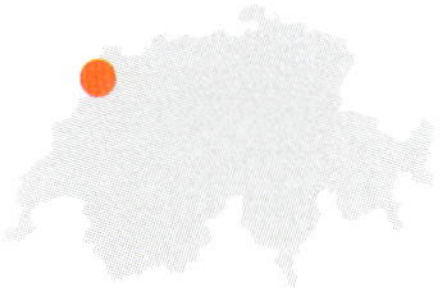

Lagerfeuerromantik und Freiheitsgefühle: Schon der Weg zum Campingplatz Saignelégier ist Urlaub für alle Sinne. Von Basel dauert die Fahrt durch die eindrucksvollen Wälder knapp eineinhalb Stunden. Und mit jedem Meter, den man sich dem Ziel nähert, fühlt man sich immer mehr in eine Märchenwelt hineingezogen. Der kleine Platz liegt etwa 1000 Meter über dem Meeresspiegel im Faltenjura, eine Gegend, die von Bergen und unzähligen Bäumen geprägt ist. An der Rue de la Gruère liegt zwischen hohen Tannen die Einfahrt zum Platz, hinter den massiven Baumstämmen blitzen einige Tipi-Zelte hindurch.

Bei der Ankunft wird man gleich von Vogelgezwitscher begrüßt, das den ganzen Tag den perfekten Soundtrack für den Aufenthalt liefert. Der ansonsten ruhige Campingplatz liegt direkt am Waldrand auf einer Wiese mit altem Baumbestand. Mit rund fünf Hektar ist das Gelände sehr groß, andere Campingplätze würden auf der Fläche viel mehr Camper unterbringen. Nach der Anmeldung wählt man sich selbst einen Stellplatz für Fahrzeug oder Zelt, Parzellen gibt es keine. Die Gäste können sich so fühlen, als würden sie direkt und wild in der Natur stehen – mit allem Drum und Dran: Camping Saignelégier ist einer der letzten Campingplätze in der Schweiz, auf denen das eigene Feuer noch erlaubt ist. Die Natur ist das Animationsprogramm, Kinder erleben sie hier hautnah, essen Stockbrot und lernen, wie man ein Feuer macht. Darüber hinaus gibt es auf dem Platz und in der näheren Umgebung viele spannende Aktivitäten, um die Kleinen bei Laune zu halten. Der Platz selbst ist spartanisch ausgestattet, Strom gibt es nicht überall. Die Sanitäranlagen sind dafür modern. Nur das Klopapier sollte man selbst mitbringen. Auch die Chemietoilette kann hier geleert werden. Wer frisches Wasser braucht oder Abwasser loswerden will, fährt kurz zum nur einen Kilometer entfernten Point Europa. Und wer einen virtuellen Gruß an Freunde verschicken will, nutzt das kostenlose WLAN. Aber dazu hat hier kaum jemand Lust, die verwunschene Umgebung ist hier spannender als der Blick auf ein Display.

Lagerfeuerromantik und Freiheitsgefühle: Camping in Saignelégier ist Urlaub für alle Sinne.

NATUR GENIESSEN ENTLANG DES HEXENPFADS

La Neuveville ist eine mittelalterliche Stadt mit mediterranem Flair. Sie liegt am Bielersee, etwa eine Fahrstunde vom Campingplatz entfernt. Die Tour startet am Bahnhofsparkplatz von Neuveville. Bei der Wanderung auf dem Hexenpfad lernt man nicht nur die reizende Stadt, sondern auch die vielseitige Natur in der Umgebung kennen. Man wandert auf wunderschönen Wegen, mal sieht man Weinberge bis zum Horizont, mal geht es durch Wälder. Und es ist die Schweiz, auch ein paar Hügel mit Alpenpanorama dürfen nicht fehlen. Es ist im wahrsten Sinne des Wortes ein märchenhafter Spaziergang – und der Name Hexenpfad ist Programm: An der Strecke befindet sich ein Wasserfall, Hexen sollen der Sage nach hier einst gebadet haben. Am Bach entlang geht es wieder ans Ufer des Bielersees. Auf der Suche nach einer Gaststätte schlendert man noch einmal durch die zauberhafte Stadt mit Geschichte und Geschichten. Oder man bestaunt zum Tagesausklang Neuenstadt, wie der Ort auf deutsch heißt, bei einer Bootstour von der Wasserseite aus – bevor es dann wieder zum Parkplatz geht.

IDEALER AUSFLUG FÜR DIE GANZE FAMILIE

Diese Rundtour ist ideal für Familien. Selbst wer längere Zeit auf keinem Rad gesessen hat, kann diese Tour gut bewältigen. Vom Camping

AUSFLÜGE IN DER NÄHE auf einen Blick

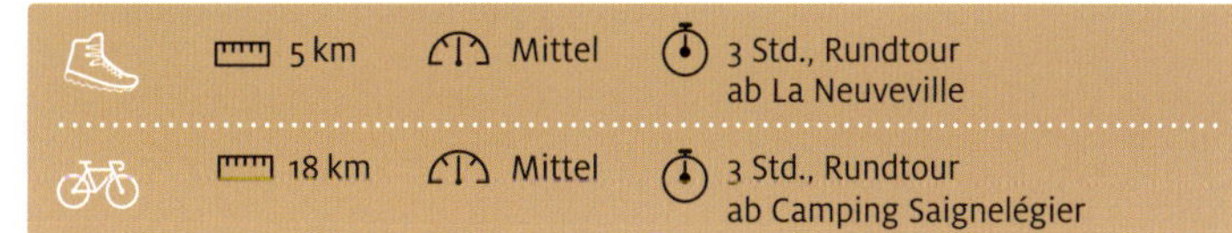

Wandern	5 km	Mittel	3 Std., Rundtour ab La Neuveville
Fahrrad	18 km	Mittel	3 Std., Rundtour ab Camping Saignelégier

Saignelégier geht es auf die Rue de la Gruère und weiter über die erste Abfahrt links nach Saignelégier. Im Städtchen kann man kurz Pause machen und sich erfrischen. Dann weiter in Richtung Le Bémont, kurz dahinter teilt sich die Straße, für diesen Rundkurs wählt man die linke Straße Au Village. Dieser Strecke folgen bis Les Enfers und weiter bis zum Dorf Montfaucon, wo man sich mit Snacks versorgen kann. Ein Stück weiter befindet sich in Le Pré-Petitjean die Auberge de la Gare, ein schöner Platz für eine Rast. Nun folgt ein längeres Stück bis Les Rouges-Terres, dort kann man für ein paar Fotos stoppen. Auch das Naturschutzgebiet Étang des Royes sollte man nicht verpassen. Hier befindet sich ein idyllischer Weiher, in dem man sich nach der Tour bei Bedarf erfrischt. Jetzt sind es nur noch wenige Minuten bis zum Ausgangspunkt Camping Saignelégier.

Mit dem Fahrrad unterwegs auf einem Ausflug durch die Gegend um Les Rouges-Terres

» Auf dem Camping Lindenhof ist die Welt noch in Ordnung, man lebt im Einklang mit der Natur. «

Wandern entlang des herbstlich gefärbten Weinbergs – und immer dabei den See im Blick

Auszeit mit allen Sinnen: Natur genießen am Camping Lindenhof

42 CAMPING LINDENHOF

Geeignet für Wohnmobile, Caravans und Zelte, 50 Standplätze, Mai–Sept.
▶ Mörigenweg 2, 2572 Sutz

Tel. +41 (0) 323 97 10 77
GPS 47.093733, 7.210416

■ pincamp.de/be1150

Heile Welt: Wer an einen Urlaub in der Schweiz denkt, hat entweder ein Bergpanorama vorm inneren Auge oder einen der unzähligen Seen. Und von beidem gibt es im Kanton Bern mehr als genug. Hier liegt auch das Schweizer Seeland, früher Sumpfgebiet, heute eines der wichtigsten Obst- und Gemüseanbaugebiete des Landes. Auf dem Weg zum Campingplatz fährt man an Weinfeldern vorbei und durch pittoreske Ortschaften mit historischen Bauwerken in freundlichen Farben. Fast schon mediterran ist das Flair – und doch typisch Schweiz. Auch die Familie van der Veer ist in der Landwirtschaft tätig. Aber vor allem liebt sie es, Gäste zu bewirten. Vor 25 Jahren haben Liselotte und Hindrik die Kirschbaumwiese neben ihrem stattlichen Bauernhof für Camper geöffnet – und seitdem immer weiter ausgebaut. Inzwischen sind auch die drei Söhne Gabriel, Johannes und Simon im Familienbetrieb tätig. Gut 50 Touristenplätze stehen Gästen zur Verfügung. Parzellen gibt es nicht, man stellt sich dorthin, wo es gefällt. Die meisten Plätze befinden sich direkt unter prächtigen Obstbäumen, neben wilden Gärten mit bunten Blumen und Kräutern. Das sieht nicht nur schön aus und riecht wunderbar, man hört es auch, wenn Insekten summen und Vögel zwitschern. Und man schmeckt es: Im Hofladen gibt es vor allem Spezialitäten aus der Region in Bio-Qualität, zum Beispiel Kirschen, Honig, selbstproduzierte Öle oder – als Mitbringsel oder für den Selbstverzehr – köstliche Brände.

Außer einem kleinen Spielplatz gibt es wenig spezielle Angebote für Kinder. Macht nichts, denn ein Bauernhof hat immer genug Abwechslung zu bieten. Und außerdem ist der Bielersee nur fünf Minuten entfernt. Gerade im Sommer braucht man nun wirklich nicht mehr. Ganz klar: Hier ist die Welt noch in Ordnung, man lebt im Einklang mit der Natur. Und damit die auch für die nächsten Generationen intakt bleibt, haben die Betreiber bereits im Jahr 2005 das Ecocamping-Managementsystem eingeführt, damit der ökologische Fußabdruck von Betrieb und Gästen möglichst klein gehalten wird.

Die meisten Plätze befinden sich unter Obstbäumen und neben Gärten und wilden Blumen.

Schluchtenwanderung: Die Tour über den Twannberg zählt zu den Klassikern in dieser Region.

KLASSIKER IN DER REGION

Die Wanderung über den Twannberg zählt sicher zu den Klassikern in dieser Region. Kein Wunder, immerhin erklimmt man auf der Tour Höhen mit Aussicht, durchquert die beeindruckende Twannbachschlucht und erreicht schließlich die malerischen Gassen von Twann. Start der Wanderung ist der Parkplatz an der alten Sporthalle. Von hier der Hohmattstrasse folgen, bis man links in die Prés de Macolin Derriére abbiegt. Durch das hügelige Waldgebiet geht es vorbei am Lerchenhof Twannberg. Der Weg biegt nach rechts ab und wird zu Derrière la Chaux. An der erste Gabelung links abbiegen in Les Moulins und bis zum Twannbach gehen. Hier wieder links abbiegen, bei der Gablung rechts halten und auf der Schernelzstrasse durch die Schlucht neben dem Flusslauf weiterwandern. Am Ufer des Bielersees geht es dann nach links in Richtung Twann. Direkt auf der gegenüberliegenden Seite befindet sich der Campingplatz Lindenhof. Zu Fuß würde die Strecke immer am Ufer entlang noch einmal etwa 2,5 Stunden dauern. Einfacher geht es mit dem Regionalzug, mit dem man die Strecke ganz bequem in 40 Minuten schafft.

AUSFLÜGE IN DER NÄHE auf einen Blick

	Strecke	Schwierigkeit	Dauer
Wandern	10 km	Leicht	2 Std. 30 Min., Start: Magglingen, Ende: Camping Lindenhof
Rad	45 km	Mittel	6 Std., Rundtour ab Camping Lindenhof

WUNDERSCHÖNE WINZERDÖRFER

Der Bielersee liegt an der Grenze der deutsch- und der französischsprachigen Schweiz. Nicht nur sprachlich eine besondere Mischung, auch landschaftlich. Der Blick auf üppige Weinberge macht durstig, die weiten Ackerflächen versorgen Küchen mit regionalen Zutaten. Bei der Tour um den See fährt man durch Winzerdörfer und pure Natur. Vom Campingplatz geht es erst auf die Seestrasse, dann links in die Unterdorf, immer am See entlang, bis man wieder auf der Seestrasse fährt. Dieser bis zum Stauwerk folgen, den Kanal überqueren und dann am Ufer entlang durch die Ortschaften Lüscherz, Vinelz, Erlach fahren. Bei Le Landeron geht es weiter im Kanton Neuenburg in Richtung Neuenstadt, vorbei an Weingütern nach Ligerz, Twann bis nach Tüscherz. Achtung: Die etwa fünf Kilometer lange Strecke zwischen Tüscherz und Biel verläuft direkt an einer Hauptstraße mit viel Verkehr. Auf dem Beundenring geht es über den Fluss. Über Ipsach vorbei am Kieswerk und dem Örtchen Sutz-Lattringen kommt man am Ende der Tour wieder am Campingplatz an. Natürlich darf man auch Pausen machen: An vielen Stellen des Sees gibt es Bademöglichkeiten.

Malerische Gemeinde – und immer eine Reise wert: Twann-Tüscherz am Bielersee

Alles ist ruhig hier oben: Camping Arolla ist der höchstgelegene Platz Europas.

CAMPING AROLLA

★★☆☆☆

Geeignet für Wohnmobile, Caravans, Zelte, 100 Standplätze, Juni–Sept.
▶ Route de Tsaillon 13, 1986 Arolla

Tel. +41 (0) 272 83 22 95
GPS 46.027143, 7.486590

■ pincamp.de/vs4620

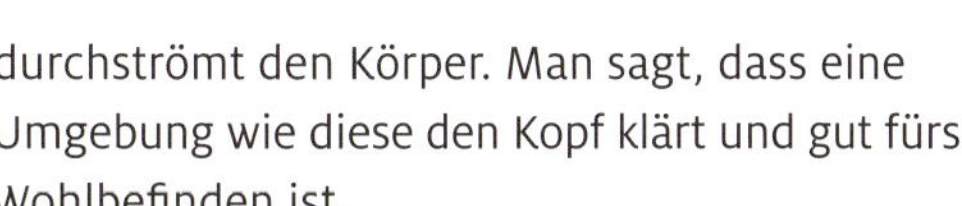

Höher campt keiner: Die Sterne sehen fantastisch aus, fast, als löcherten sie den dunklen Nachthimmel mit winzigen Nadelstichen. In 2000 Metern Höhe stört keine Wolke den Blick. Camping Arolla ist der höchstgelegene Platz Europas. Der Weg den Berg hinauf ist entzückend. Es geht am Bergdorf Arolla mit den für diese Region typischen Häusern vorbei. Zwei kleine Lebensmittelgeschäfte gibt es, auch die vier Restaurants sehen einladend aus. Einen Kilometer nach dem Ortsausgang kommt man beim idyllischen Platz an, der jedoch nur im Sommer geöffnet hat. Alles ist ruhig hier oben, der Blick auf Berge, Gletscher und Wälder überwältigend. Und dann ist da eben diese ganz besondere Luft, die unglaublich erfrischt und belebt. Ein tiefer Atemzug füllt die Lungen, Zufriedenheit durchströmt den Körper. Man sagt, dass eine Umgebung wie diese den Kopf klärt und gut fürs Wohlbefinden ist.

Seit mehr als 50 Jahren lockt der Platz Naturliebhaber in die luftigen Höhen. Die jetzigen Betreiber Cyril und Ambre haben ihn 2017 übernommen, weil sie sich auf Anhieb in den Ort verliebten. Aus diesem Grund auch führen sie den Platz in genau diesem Stil weiter. Wie früher eben, reduziert auf das Wesentliche, ohne

Bei einem Ausflug zum traumhaften Lac Bleu entspannen und die Berge auf sich wirken lassen

Schickimicki. Tradition verpflichtet. Die Ausstattung ist also weitgehend aufs Nötigste begrenzt, aber es gibt Strom, frisches Gletscherwasser aus der Leitung und – ganz modern dann doch – WLAN für einen kabellosen Internetzugang. An der Rezeption findet man zudem eine kleine Auswahl an regionalen Produkten, was den Gang zum nächsten Supermarkt weitgehend erspart. Einen Spielplatz oder ein Unterhaltungsprogramm bietet der Platz allerdings nicht. Warum auch, wenn die Umgebung so beeindruckend ist. Vor allem ist Camp Arolla eine optimale Ausgangsposition für Exkursionen und Wanderungen. Nach den Touren kann man noch einen Abstecher ins kleine Berggasthaus machen und sich den Abend mit Speisen und Getränken versüßen, bis es zu Fuß zum Camp zurückgeht und man müde, satt und glücklich ins Bett fällt. Aber Zelter aufgepasst: Nachts kann es auch im Sommer ordentlich frisch werden.

»Nach den Touren kann man noch einen Abstecher ins kleine Berggasthaus machen und sich den Abend mit Speisen und Getränken versüßen.«

AUFSTIEG ZUM MALERISCHEN BERGSEE

Diese Tour führt durch herrlich duftende Zirbelkiefern- und Lärchenwälder, am Ende wird man für die Strapazen mit einer spektakulären Aussicht belohnt. Vom Örtchen Arolla geht es zuerst im Zickzack den Berg hinauf. Die Route führt an der Waldgrenze vorbei zur Hütte Cabane des Aiguilles Rouges, die auf 2821 Metern am Fuß der Bergkette der Aiguilles Rouges d'Arolla liegt. Nach einer kleinen Erfrischung in der Hütte folgt ein weiterer, aber diesmal kürzerer Aufstieg. Gleich darauf führt die Strecke steil bergab, bis man unten den Lac Bleu erreicht. Der Name passt: Der Bergsee beeindruckt mit einer stechend blauen Farbe. Auch einen Wasserfall kann man hier bestaunen.

Ein Stückchen oberhalb des Sees befindet sich eine Quelle, die von Gletscherwasser gespeist wird. Von hier in südlicher Richtung weitergehen, immer entlang der Waldgrenze, bis man wieder in Arolla landet. Die letzte Etappe ist geologisch interessant: Auf dem Themenweg erfährt man viel über die Zusammensetzung von Boden und Felsen.

AUSFLÜGE IN DER NÄHE auf einen Blick

Distanz	Schwierigkeit	Dauer
14 km	Mittel	5 Std. 30 Min., Rundtour ab Camping Arolla
3 km	Leicht	2 bis 3 Std., Rundtour ab Camping Arolla

EINE BRÜCKE FÜR MUTIGE WANDERER

Es muss nicht immer die große Tour sein. Gleich bei Arolla fließt der große Fluss Borgne durch das Val d'Hérens. Im Frühjahr und bei starken Regenfällen sind die Wassermassen gewaltig, früher wurde die alte Holzbrücke regelmäßig überschwemmt. Seit 2017 gibt es zwischen Arolla und La Monta eine 75 Meter lange Hängebrücke. Und es gehört quasi zum Pflichtprogramm, einmal über das spektakuläre Bauwerk zu spazieren. Beim Gang über die Brücke mag einem vielleicht etwas mulmig werden, aber von dort hat man die beste Sicht über das Tal und die Schlucht. Für Ängstliche gilt: allen Mut zusammennehmen, es lohnt sich. Wer jetzt Lust auf ein paar Meter mehr hat, kann die Überquerung des Flusses sehr gut mit einer Wanderung zur Cabane de la Tsa verbinden. Von Arolla dauert die Route bis zur Hütte etwa zwei Stunden. Die Kate ist zwar einfach, und auch die Verpflegung muss man selbst mitbringen. Dennoch lohnt der Aufstieg. Für den Abstieg sollte man schließlich eine weitere Stunde einplanen.

Über den Wolken: Verdiente Pause an der Cabane de la Tsa nach einer langen Tour

Nur einen Katzensprung vom Campingplatz entfernt: der Crestasee, Ort der Entspannung

CAMPING TRIN 44

Geeignet für Wohnmobile, Caravans, Zelte, 120 Standplätze, April–Okt.
▸ Via Geraglia 2, 7016 Trin Mulin

Tel. +41 (0) 813 30 43 35
GPS 46.827764, 9.347367

■ pincamp.de/pin_236805

Wie im Märchen: Auf dem Weg von Deutschland zum Comer See kommt man in der Regel auch an Chur vorbei. Wer dann aus dem Wagenfenster die modernen Häuser und Hotels des Bergstädtchens sieht, ahnt kaum, dass nur wenige Kilometer entfernt in Trin eine kleine Märchenwelt wartet. Der Weg zum Campingplatz geht an steilen Felswänden vorbei und bis auf etwa 800 Meter hoch. Und man sieht gleich auf den ersten Blick: Das ist kein typischer Campingplatz.

Stefan Stefanovic ist seit der Eröffnung im Jahr 2006 »Chef de Camping«, seine unkonventionelle Handschrift ist überall zu sehen. Besonders zeigt sich das beim spektakulären Hauptgebäude in der Form eines Erdhauses. In dem Haus ohne Ecken und Kanten befinden sich neben Bad und Toilette auch eine Gemeinschaftsküche, ein kleines Restaurant und Appartements. Fast erwartet man, dort Frodo Beutlin aus »Der Herr der Ringe« zu begegnen.

Der Betreiber mag es eher unkonventionell, das ist offensichtlich. Daher gibt es – natürlich – keine Parzellen, Gäste stellen sich bei Camping Trin dorthin, wo sie wollen, und das ist meistens mit Blickrichtung zum hohen Felsen, der wie ein Zeigefinger in den Himmel ragt. Dort steht auch eine Burgruine, stummes Zeugnis einer längst

AUSFLÜGE IN DER NÄHE auf einen Blick

vergangenen Zeit, als hier noch Grafen und Prinzessinnen lebten. Heute fühlen sich die Gäste so, als wären sie mitten in einem Märchen gelandet.

Campingplatz Trin bietet alles, was man braucht. Gerade Familien nutzen die Möglichkeit für eine Zwischenübernachtung auf dem Weg zum Zielort – wie man auch am Kinderlachen hört, der vom kleinen Spielplatz und dem Badesee über den Platz weht. Auch bei längeren Aufenthalten kommt keine Langeweile auf. Graubünden ist bei Aktivurlaubern sehr beliebt, und für Ausflüge in die Naturschönheiten der Umgebung ist gerade Trin ein guter Startpunkt. Unzählige Wanderstrecken befinden sich in der Nähe, sogar der Schweizer Jakobsweg ist gut erreichbar. Aber wahrscheinlich ist es vor allem dieser kleine und besondere Platz, von dem Rückkehrer aus dem Urlaub berichten.

RAFTING – WILDE TOUR AUF DEM VORDERRHEIN

Was für eine Kulisse: Zwischen Ilanz und Reichenau hat der Rhein tiefe Spuren im Fels hinterlassen. Dieses Zeugnis der Kraft des Flusses kann man sich bei einer ganz normalen Bootstour vom Wasser aus anschauen, oder man wählt einfach die etwas wildere Variante. Verschiedene Anbieter organisieren hier Raftingtouren. Rafting ist ein bisschen so, als säße man in der Waschmaschine: Es rüttelt, man dreht sich auch mal, vor allem wird man ganz schön nass. Und das Ganze sorgt nicht nur für ordentlich Adrenalin, sondern macht riesigen Spaß. Aber man sollte sich fit für die Tour fühlen, für kleine Kinder ist dieser ganz besondere Bootsausflug nichts. Beim Rafting sitzen mehrere Personen in einem stabilen Schlauchboot und manövrieren es auf Kommando des Guides durch die Strömung. Zur Sicherheit gibt es eine Einweisung und Schutzausrüstung.

Auf der Rafting Tour passiert man Felsformen, Felsnadel-Gruppen und Steilwände. Vom Boot aus kann man sich wunderbar von dieser einzigartigen Landschaft verzaubern lassen.

Volle Fahrt voraus: Kajakfahrer passieren auf dem Rhein Stromschnellen in der Ruinaulta-Schlucht.

DURCH DIE RHEINSCHLUCHT

Rund 10 000 Jahre ist es her, als die Rheinschlucht durch den Flimser Bergsturz entstand. Gigantische Gesteinsmassen brachen vom Berg, erschufen Seen und gaben der Landschaft ein neues Gesicht. Die abwechslungsreiche Tour startet am Campingplatz und führt über schöne Waldwege in die Rheinschlucht und wieder zurück zum Platz. Die erste Etappe verläuft auf einer Hauptstraße, man fährt an der Burg Canaschal vorbei, wo einst Grafen und Freiherren residierten. In Reichenach biegt man rechts ab und fährt bis nach Bonaduz. Im Wald erleichtern ausgebaute Wege die Fahrt. Auf der Straße nach Sigl Ault kommen nur wenig Fahrzeuge vorbei – man kann sich voll auf die Strecke konzentrieren. Oberhalb der Rheinschlucht fährt man auf einer herrlichen Panoramastrecke. Empfehlung: An der Aussichtsplattform Zault sollte man eine Pause einlegen und ein paar Fotos machen. Auf Forstwegen durch dichte Wäl-der fahren, bis man schließlich wieder in Bonaduz ankommt. Von hier sind es dann noch knapp sechs Kilometer bis zum Campingplatz Trin.

»Oberhalb der Rheinschlucht fährt man auf einer herrlichen Panoramastrecke.«

Aussicht mit Aha-Effekt: Die Rheinschlucht bei Reichenau im Kanton Graubünden in der Schweiz

Der Himmel brennt: dramatischer Sonnenuntergang an der Kirche San Lurench in Sils

45 CAMPING MALOJA

★★☆☆☆

Geeignet für Wohnmobile, Caravans, Zelte, 130 Standplätze, Juni–Sept.
▶ Curtinac Isola 8, 7516 Maloja

Tel. +41 (0) 818 24 31 81
GPS 46.406133, 9.710616

■ pincamp.de/gr4500

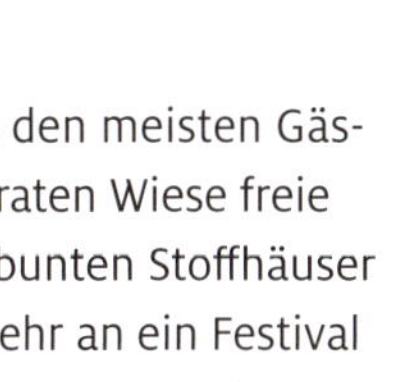

Die Kulisse ist eindrucksvoll, die Luft frisch und klar. Geräusche werden kilometerweit getragen, wenn es denn welche gibt. Es geht ruhig zu hier – als wolle man ein Klischee über die Schweiz bestätigen. Kommt man beim Campingplatz Maloja am Fuß des Piz da la Margna an und sieht dann die Segelboote auf dem Silsersee, dann vergisst man fast, dass sich der Platz auf 1800 Metern über dem Meeresspiegel befindet.

Familie Pittin hat einen Ort geschaffen, an dem Gäste in den Sommermonaten im Einklang mit der Natur campen. Reservieren kann man nicht, wer zuerst kommt, steht zuerst; das ist Fluch und Segen zugleich. Das Gelände ist groß, die parzellierten Stellplätze liegen recht dicht und ohne Sichtschutz beieinander. Das muss man mögen, aber offenbar gefällt es den meisten Gästen. Zelter haben auf einer separaten Wiese freie Platzwahl. So stehen die kunterbunten Stoffhäuser verteilt auf dem Gelände, was mehr an ein Festival erinnert. Auch ein Tipi findet sich dort, es dient als Aufenthaltsraum für alle Gäste.

Über dem Silsersee weht der Malojawind, ein Wetterphänomen, das morgens durch die schnelle Erwärmung der Berghänge entsteht; das Naturereignis gab dem Platz auch seinen Namen.

AUSFLÜGE IN DER NÄHE auf einen Blick

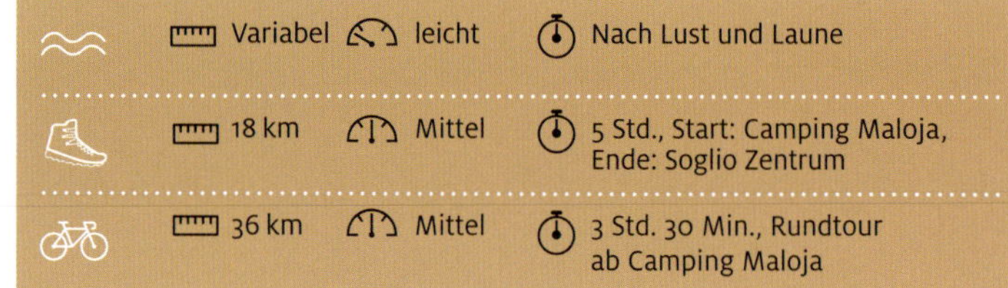

	Strecke	Schwierigkeit	Dauer
Segeln	Variabel	leicht	Nach Lust und Laune
Wandern	18 km	Mittel	5 Std., Start: Camping Maloja, Ende: Soglio Zentrum
Radfahren	36 km	Mittel	3 Std. 30 Min., Rundtour ab Camping Maloja

Das Areal ist ein Paradies für Segler und Surfer; von hier aus können sie direkt aufs Wasser starten. Wer lieber auf dem Land unterwegs ist, nutzt die ausgewiesenen Routen in der Umgebung oder macht einen Ausflug ins nur 18 Kilometer entfernte St. Moritz. Oder man bleibt auf dem Platz und schaut zu, wie über dem Westufer des Sees die Sonne untergeht.

Städteausflug: Vom Campingplatz ist es nicht weit bis ins nur 18 Kilometer entfernte St. Moritz.

Die frisch im Holzofen des Restaurants zubereitete Pizza erinnert daran, dass Italien von hier nur wenige Kilometer entfernt liegt. Und wer lieber selbst kocht, findet im Kiosk an der Rezeption ein paar lokale Zutaten. Und sollte ein Gast mal eine Kabeltrommel vergessen haben, hilft Familie Pittin mit einem Ersatz aus. Viel Ausstattung bietet der Platz nicht, er ist einfach und kommt ohne großen Firlefanz aus. Hier schaltet man einen Gang runter und genießt. Eben typisch Schweiz.

SEGELN – TÖRNS AUF DEM SILSERSEE

Der Silsersee ist der größte der Oberengadiner Bergseen und dank konstant guter Windverhältnisse auch Schauplatz internationaler Segelregatten. Immer um die Mittagszeit fängt der Malojawind an zu wehen – und sorgt für ideale Bedingungen. In den Morgenstunden ist es dagegen fast windstill – perfekt für Stand-up-Paddler. Claudio Pittin vom Familienbetrieb Camping Maloja ist seit vielen Jahren begeisterter Segler und kann aus erster Hand Informationen zum Revier geben. Wer kein eigenes Boot mitbringt, leiht sich vielleicht eines. Und wer schon immer Segeln lernen wollte, hat hier die beste Gelegenheit dazu: Direkt auf dem Campingplatz befindet sich die Segelschule Tom Sailor. Eine gute Möglichkeit, die Gegend vom Wasser zu bewundern, ist eine Tour mit einem Motorboot: Vier Mal am Tag fährt Kapitän Franco Giani mit der MS Segl Maria die rund 40-minütige Strecke von Sils Maria zur Halbinsel Chastè über Plaun da Lej und Isola nach Maloja und zurück.

Der Silsersee ist dank seiner konstanten Windverhältnisse beliebt bei Seglern.

WO SCHON DIE ALTEN RÖMER UNTERWEGS WAREN

Der spektakuläre Höhenweg durchs Val Bregaglia verläuft auf alten Pfaden; es ist eine Wanderung durch die bewegte Geschichte dieser an Highlights reichen Region. Vor 2000 Jahren führte eine römische Handelsroute über den Malojapass, noch immer entdeckt man an einigen Stellen deren Spuren. Auch die Goten waren hier, wie man an einer Kirchenruine am Streckenrand erkennt. Auf der Tour geht es durch dichte Wälder hindurch, man läuft auf gewaltige Platten aus Granit und hat immer das eindrucksvolle Bergpanorama im Blick. Auf einer Passstraße gelangt man zur Talsperre des Albigna-Stausees. Ab hier wird es etwas anstrengend, da der Pfad an der Südflanke des Tales wieder hochführt und dort zu einem Höhenweg wird. Oben angekommen, ist auf der Alp Durbegia eine gute Gelegenheit für eine Rast. Von hier hat man einen tollen Blick auf die Gipfel der Sciora-Gruppe und des Piz Badile. Auf einem breiten Weg geht es schließlich über Wasserläufe und angelegte Treppen talwärts – bis man von Weitem die Silhouetten von Soglio entdeckt, dem Ziel der Wanderung.

Den Silsersee mit dem Fahrrad umrunden – und dabei die Gesellschaft von Freunden genießen

Unvergesslich schön: Die Aussicht auf den Silsersee prägt sich für immer ins Gedächtnis ein.

SEEUMRUNDUNG MIT BADEVERGNÜGEN

Der Campingplatz liegt nicht nur wunderschön am Silsersee; ganz in der Nähe befindet sich zudem der Silvaplanersee. Bei dieser reizvollen Fahrradtour werden beide Seen umrundet, der Streckenverlauf hat die Form einer Acht. Vom Camping Maloja führt das erste Teilstück ans Nordufer des Silsersees ins Städtchen Sils Maria. Hier steht auch die Talstation der Furtschellas-Bahn. Weiter geht es durch ein Waldstück und in 1400 Metern Höhe zu den Ruinen der Hütte Alp la Motta. In der Nähe verläuft die offizielle Mountainbikeroute Nr. 1 bis in den Ferienort Surlej. Von hier fährt man dann bis Palüd Lungia, von der der Trail zu den kleinen Seen Lej Zuppò, Lej Nair und Lej Marsch beginnt. Wer will, kann sich hier auch mit einem Bad erfrischen. Am Ufer des Inns und oberhalb des Champfèrersees geht es zurück bis Surlej und am Schloss Crap da Sass vorbei weiter bis zum Örtchen Silvaplana. Am Nordufer des Sees führt der Weg wieder nach Sils Maria. Das letzte Stück verläuft schließlich am Südufer des Silsersees – mit Blick auf die Wassersportler.

ÖSTERREICH

Der einsame Platz in den Bergen.
Der beste Blick auf die Sterne. Cooler Sound.
Und Natur pur. Es gibt Plätze, die
vergisst man sein Leben lang nicht.
Sie lassen einen nicht mehr los. Sie sind Orte
für immer, für immer im Herzen.
Lieblingsorte. Sehnsuchtsorte. Österreich hat
viele davon. Und abends sitzt man dann dort
zusammen am Feuer. Schwärmt. Erzählt.
Träumt dabei schon jetzt vom
nächsten Urlaub.

TRAUMURLAUB AM HALLSTÄTTER SEE IN ÖSTERREICH

Schöner geht es kaum: Campen direkt am Zeinissee, im Hintergrund rufen die Berge

46 CAMPING ZEINISSEE

Urlaub im Postkartenmotiv: Immer weiter schraubt sich die Silvrettastraße die Berge hoch. Im Winter fährt man hier bis nach Ischgl, um in dem weltberühmten Skigebiet die Pisten hinabzufahren. Die Route gilt als eine der beliebtesten Panorama-Straßen Tirols, auch »Traumstraße der Alpen für Genießer« genannt. Nur ein paar Kilometer hinter Galtür erreicht man den kleinen Campingplatz Zeinissee. Das kristallklare Wasser des Sees erstreckt sich bis zum Gebirgsmassiv im Hintergrund, der reservierte Stellplatz direkt am See wartet nur darauf, dass der Camper abgestellt oder das Zelt aufgebaut wird.

Nach der freundlichen Begrüßung richtet man sich erst einmal auf dem ausgesprochen sauberen Platz ein. Die klare Luft füllt die Lungen, weckt die Entdeckerlust. Der See sieht verlockend aus, ein Bad darin ist allerdings auch im Sommer erfrischender, als man es vermuten würde. Vielleicht dann doch lieber an der Rezeption eine Tageskarte für die Fischerei besorgen und mit der Angel Forellen oder Saiblinge aus dem See ziehen?

Gleich nebenan lädt ein Alpengasthof zu Speisen aus der Region ein. Müde von der frischen Luft und dem Essen geht es dann früh ins Bett, schließlich will man am nächsten Tag zum Stausee Kops. Oder man wandert nach Ischgl, wo man auch im Sommer eine gute Zeit hat. Aber erst

Geeignet für Wohnmobile, Caravans, Zelte, 35 Standplätze, Juni–Sept.
▶ Zeinisjoch, 6563 Galtür
Tel. +43 (0) 54 43 / 85 62
GPS 46.977820, 10.127050
■ pincamp.de/pin_236803

AUSFLÜGE IN DER NÄHE auf einen Blick

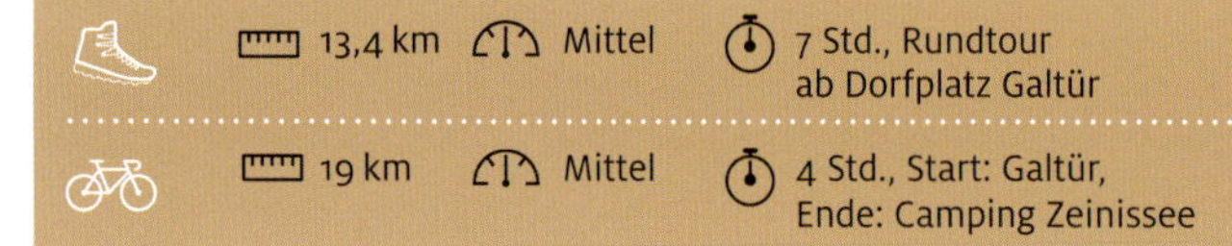

einmal mit einem Frühstück stärken, die bestellten Brötchen werden direkt zum Platz gebracht. Das Team rund um Familie Lorenz ist auch zur Stelle, falls man Tipps für Wandertouren benötigt: Der Hausherr ist staatlich geprüfter Berg- und Skiführer, die Hausherrin wiederum eine geprüfte Wanderführerin und leidenschaftliche Nordic-Walkerin. Sie haben Routenvorschläge für jeden Schwierigkeitsgrad in petto und geben auch gerne Tipps zur passenden Ausrüstung.

Aber nicht nur Wanderer fühlen sich hier wohl: Camping Zeinissee ist auf der Reise in den Süden ein guter Zwischenstopp zum Durchatmen. Und ehe man sich versieht, wird aus einer Übernachtung ein ganzer Urlaub, denn Ruhesucher können hier Kraft tanken und einfach nur genießen.

Auf Schusters Rappen: guter Dinge unterwegs im Paznaun im äußersten Westen von Nordtirol

EINE TOUR FÜR GIPFELSTÜRMER

Die Silvrettagruppe ist eine der bekanntesten Gebirgsregionen im zentralen Alpenhauptkamm. Und auf 1600 Metern befindet sich Galtür, der damit höchstgelegene Ort im Paznaun. Das Wandergebiet in der Gegend umfasst Wege mit einer Länge von insgesamt 250 Kilometern. Camping Zeinissee liegt mittendrin und ist ein perfekter Startpunkt für Touren. Ziel dieses Rundwanderwegs ist der Gipfel des Predigbergs mit einer Höhe von 2645 Metern. Vom Campingplatz geht es zum Dorfplatz in Galtür, zu Fuß dauert die Strecke etwa eine Stunde, mit dem Fahrrad ist man in 15 Minuten da. Von hier geht es über den Jambach und dann auf einem Pfad bis zum Predigberg. Vorsicht, denn oberhalb der Baumgrenze und spätestens beim Schlussanstieg wird es steil. Oben angekommen, hat man sich eine Rast mit einem perfekten Ausblick über das Tal redlich verdient. Zurück nimmt man denselben Weg – oder geht in Richtung Vergiel: Der Weg führt zum Stafaliweiher und zum Paznauner Höhenweg. Von hier steigt man schließlich langsam in Richtung Galtür ab.

KNACKIGE MOUNTAINBIKE-TOUR

Mit weit mehr als 1200 Tourenkilometern ist die Region eine der größten und abwechslungsreichsten Gegenden für Radfahrer in den Alpen. Das Angebot ist riesig, das Gebiet ein Traum für

»Das Angebot ist riesig, das Gebiet ist ein echter Traum für jeden Fahrradfan.«

jeden Fahrradfan. Leichte Einsteigertouren ins Tal sind perfekt für Familien, aber auch Tagestouren oder gar MTB-Marathons zu den hohen Gipfeln sind möglich. Wer mag, unternimmt eine Freeride-Tour mit Seilbahn-Unterstützung. Für geübte Fahrer mit guter Kondition ist die Tour zum Jamtal eine spannende Strecke. Auch wenn nur etwa 19 Kilometer zurückgelegt werden, ist die Strecke sehr abwechslungsreich – und herausfordernd: 600 Höhenmeter müssen überwunden werden. Los geht es in Galtür – kurz nach dem Start muss man beim hat der Anstieg eine Steigung von 17 Prozent meistern. Erholen kann man sich auf der Jamtalhütte in einer Höhe von 2165 Metern – ein fantastisches Bergpanorama gibt es obendrauf. Keine Sorge, auch ungeübte Radfahrer meistern diese Strecke, zur Not fährt man mit dem E-Bike zur Hütte und stärkt sich dort. Anschließend geht es satt und glücklich zurück nach Galtür und weiter bis zum Campingplatz.

Sonniger Tag, gerade richtig für einen Ausflug mit dem Rad durch das grüne Jamtal

Der Name Naturcamping verspricht nicht zu viel, wer hierher kommt, wird eins mit der Natur.

ÖTZTALER NATUR-CAMPING KUPRIAN 47

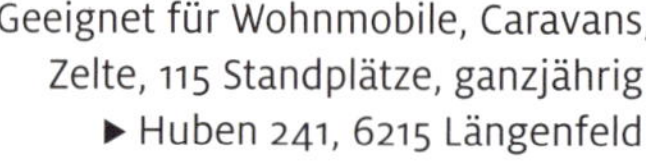

Geeignet für Wohnmobile, Caravans, Zelte, 115 Standplätze, ganzjährig
▶ Huben 241, 6215 Längenfeld

Tel. +43 (0) 52 53 / 58 55
GPS 47.037333, 10.976416

■ pincamp.de/nt2310

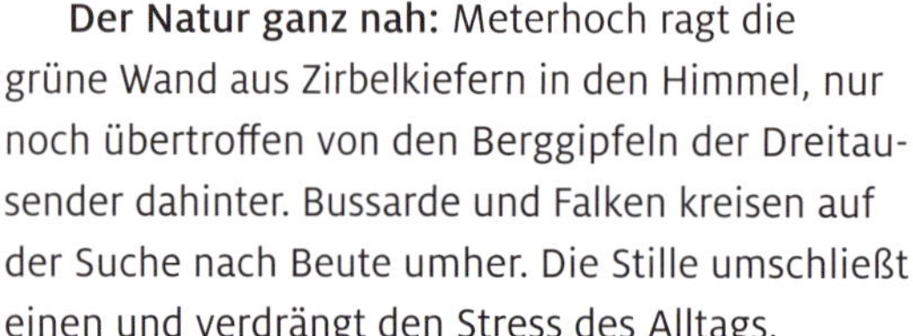

Der Natur ganz nah: Meterhoch ragt die grüne Wand aus Zirbelkiefern in den Himmel, nur noch übertroffen von den Berggipfeln der Dreitausender dahinter. Bussarde und Falken kreisen auf der Suche nach Beute umher. Die Stille umschließt einen und verdrängt den Stress des Alltags.

Der Name Ötztaler Naturcamping verspricht nicht zu viel, wer hierher kommt, wird sofort eins mit der Umgebung, übernimmt das gemächliche Tempo, wie es hier schon seit Hunderten Jahren zelebriert wird.

Das Städtchen, an dessen Ortsrand sich der Campingplatz befindet, heißt Huben. Bekannter ist das nahe Sölden. Wer bei dem Namen lediglich an Skiurlaube denkt, wird der eindrucksvollen und vielseitigen Region nicht gerecht. In den Sommermonaten zeigt sich das Ötztal in seiner vollen Pracht. Bereits seit 1959 betreibt Familie Kuprian den Campingplatz, davor befand sich an der Stelle eine Weidefläche. Und noch heute ist die gesamte Region von Landwirtschaft geprägt – und das schmeckt man: Das damalige Hauptgebäude beherbergt heute das Café Beim Ernst, in dem vor allem regionale Gerichte zube-

AUSFLÜGE IN DER NÄHE auf einen Blick

Fahrrad	40 km	Schwer	5 Std., Rundtour ab Ötztaler Naturcamping
Wandern	3 km	Leicht	1 Std., Rundtour ab Sportplatz Huben

reitet werden. Das Brot wird frisch gebacken, das Mehl dafür stammt aus der eigenen Mühle. Einmal in der Woche darf man beim Brotbacken mithelfen. Tradition verpflichtet – auch auf dem Teller.

Das Gelände des Campingplatzes ist terrassenförmig angelegt, die 98 Stellplätze mit jeweils allen wichtigen Anschlüssen befinden sich auf unterschiedlichen Ebenen. Fast wirkt es hier wie in einem kleinen Bergdorf. Mitten durch den Platz fließt ein kleiner Bach, an dem sich vor allem die Kinder erfreuen. Die Eltern entspannen derweil am Ufer auf den Sonnenliegen.

Im Winter legen die Betreiber noch einmal eine Schippe drauf. Der Platz ist auch in der kalten Jahreszeit ein Idyll. Wenn sich die Schneedecke über Berge, Wipfel und Dächer legt, die Rodler auf einer der Pisten direkt zum Platz fahren, die Skifahrer ihre Ausrüstung in den beheizten Skiraum unterstellen, trifft man sich am Abend in der Bar – und plant gemeinsam den nächsten Tag.

MOUNTAINBIKEN – BEEINDRUCKENDE BLICKWINKEL

Bei dieser Tour, die von Huben bis nach Haiming führt, lernt man fast das gesamte Ötztal kennen. Allerdings empfiehlt sich die Route nur für geübte Radler oder Fahrer eines E-Bikes. Wichtig ist, dass man dem Routenverlauf des Ötztal-Radwegs folgt, denn schließlich möchte man nicht auf der Bundesstraße fahren müssen. Weiße Bodenmarkierungen weisen den Weg. Vom Campingplatz geht es in Richtung Huben-Ortszentrum. Danach kommt man an der berühmten Therme Aqua Dome vorbei, auch der Kletterpark Au liegt an der Strecke. Beeindruckende Blickwinkel bieten die Fahrten über die Maurach-Fahrradbrücke und die 65 Meter lange Ferdinands-Bogenbrücke. Beim Tumpener Gstoag wird es etwas anstrengend. Kein Problem, eine kleine Erfrischung gibt es im Habicher See. An Apfelbäumen und Bergketten vorbei geht es dann bis nach Haining. Wer noch genug Puste hat, fährt den Weg wieder zurück. Empfehlenswert ist allerdings, sich von einem Shuttle zurück zum Platz bringen zu lassen.

An Apfelbäumen und Bergketten vorbei: zusammen auf dem Radweg durch das eindrucksvolle Ötztal

UNTERWEGS IM SAGENLAND

Durch das Ötztal verlaufen unzählige Wanderwege mit einer Länge von insgesamt mehr als 1600 Kilometern. Und keine Strecke ist wie die andere: Ob durch Täler oder Wälder, ob auf Gletschern oder zum Gipfel, für jeden Geschmack gibt es die passende Tour. Unser Vorschlag ist eine Wanderung für die ganze Familie. Der Ötztaler Sagenweg ist eine neue Attraktion im Ötztal, der Startpunkt ist nur wenige Gehminuten vom Campingplatz entfernt. Auf einer Länge von drei Kilometern begibt man sich auf eine faszinierende Entdeckungsreise durch die Welt der Sagen. Die Tour ist wegen der geringen Höhenunterschiede und des breiten Gehwegs zwar nicht sehr anspruchsvoll, so aber kann man sich beim Gehen ganz entspannt auf die Attraktionen konzentrieren: An der Strecke stehen riesige Skulpturen, die verschiedene Sagen aus dem Ötztal darstellen. Besonders in der Dämmerung lohnt sich diese Wanderung, denn die Szenen werden aufwändig beleuchtet. Am Ende der Tour kann man sich in einem Alpengasthof am Feuerstein stärken.

Tourismusmagnet: Durch das Ötztal verlaufen unzählige Wanderwege, hier ein Blick auf den Ort Sölden.

Beim Achensee Camping Schwarzenau schläft man zwischen den Bergen, dem Wasser ganz nah.

ACHENSEE CAMPING SCHWARZENAU

★★★☆☆

Geeignet für Wohnmobile, Caravans und Zelte, 68 Standplätze, ganzjährig

▶ Achenkirch 1, 6215 Achenkirch

Tel. +43 (0) 664 / 415 50 36
GPS 47.468723, 11.713645

■ pincamp.de/nt4720

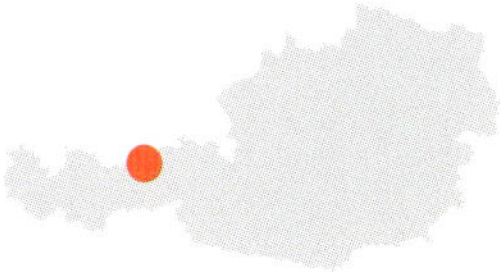

Berge zum Greifen nah: Aufwachen, aufstehen und dem ersten Vogelkonzert des Tages lauschen. Dann den feuchten Waldboden unter den nackten Füßen spüren, nur ein paar Meter zum Ufer laufen, tief einatmen und den Ausblick genießen – Tag für Tag. Mächtig ragen hier die Bergwelten empor, man muss den Kopf schon ein wenig in den Nacken legen, um die Gipfel auf der anderen Seite des Achensees zu erkennen.

Beim Achensee Camping Schwarzenau schläft man zwischen den Bergen, dem Wasser ganz nah. Der Platz befindet sich auf einer kleinen Landzunge, die mittig vom Ostufer beinahe halbkreisförmig in den See hineinragt. Terrassenförmig angelegt und dem natürlichen Geländeverlauf folgend, blitzt an fast jedem Stellplatz das Wasser durch die Bäume, die Berge strecken sich weit darüber hinaus. So kommt es, dass man jeden Morgen mit Blick auf das Alpenpanorama und Bergsee aufwachen kann. Rechts und links der leicht abschüssigen Zufahrt liegen die knapp 70 Stellplätze auf vier Ebenen verteilt. Der Mischwald drumherum spendet Schatten, der Achensee die dazugehörige angenehme Kühle. Hier campt man eingebettet zwischen Karwendel im Westen

AUSFLÜGE IN DER NÄHE auf einen Blick

	Strecke	Schwierigkeit	Dauer
Wanderung	7,8 km	Mittel	2 Std. 30 Min., Start: Achenkirch, Ende: Pertisau
Wanderung	7,3 km	Mittel	3 Std. 30 Min., Rundtour ab Rofanseilbahn

und Rofan im Osten und ist dabei umgeben von einer Handvoll Zweitausendern. Kristallklares und türkisblau leuchtendes Wasser sorgen zusammen mit dem weißen Schotterstrand für ein fast schon mediterranes Flair. Hier findet man, was man beim Camping im Grünen sucht, back to basic unter Gleichgesinnten. Und dennoch muss man auf keine Annehmlichkeiten verzichten, nicht einmal auf die frischen Brötchen am Morgen – die gibt es direkt vor Ort.

Wie wäre es, den Tag auf dem zugehörigen hölzernen Steg ausklingen zu lassen, während die untergehende Sonne die Bergspitzen in leuchtendes Orange taucht – das sogenannte Alpenglühen? Dabei lässt sich die Bilderbuchaussicht auch abends genießen. Außerdem kann man so hervorragend über die Berge philosophieren und darüber, wo der Kaiserschmarrn am besten schmeckt.

Abseits der Touristenpfade: am Achenseeufer entlang, dabei die Gaisalmhütte im Blick

FÜR KÖRPER UND GEIST

Diese Wanderung ist eine perfekte Kombination für Körper und Geist und hat alles, was es für einen gelungenen Tag in den Alpen braucht. Der Pfad folgt dabei ab dem Start am Wanderparkplatz Achenkirch dem Verlauf der Bergflanke, was bedeutet, dass sich hinter jeder Biegung ein neuer Blickwinkel erschließt. Latsche und Lärche bilden dabei grüne Tupfer auf dem weißgrauen Hintergrund des Karwendels, während Stufen manchmal recht ausgesetzt, aber immer gesichert steil hinauf und hinab führen. Ungefähr in der Mitte liegt dann die Gaisalm, die einzige Alm in Tirol, die nur zu Fuß oder mit dem Schiff erreichbar ist. Wer mag, der kürzt ab und fährt hier schon mit dem Schiff zurück. Von jetzt an geht es auf dem Mariensteig weniger aufregend weiter, wenn auch landschaftlich genauso schön. Geröllfelder werden gekreuzt, kleine Bäche gequert, bis der Weg breit und befestigt in Pertisau endet. Dort fährt ein Schiff über den See, von dem sich der Steig noch einmal aus einer anderen Perspektive bewundern lässt.

NATURPFAD MIT ATEMBERAUBENDEN BILDERN

Die schönsten Geschichten schreibt die Natur selbst. Und sie malt auch die atemberaubendsten Bilder. Ohne viel Schnick und Schnack, ohne großes Tamtam, denn das hat sie nicht nötig. Eine dieser Berggeschichten lässt sich auf der Rofanspitze schreiben, auf 2259 Metern über dem Meer. Hier schweift der Blick vom dritthöchsten Gipfel des Rofangebirges in 360 Grad über eine blau schimmernde Bergwelt. Damit diese Tour für jeden machbar ist, wird bereits zu Beginn abgekürzt. Von Maurach geht es mit der Rofanseilbahn die ersten 850 Höhenmeter gemütlich, aber mit jeder Menge Vorfreude nach oben.

Dort angekommen, immer der Ausschilderung folgend sind es weitere 450 Höhenmeter, die von jetzt an zu Fuß zurückgelegt werden. Bergseen werden passiert, Steilwände bewundert und wechselnde Landschaften durchquert. Nachdem der Gipfel erklommen wurde, erfolgt der Abstieg auf derselben Route und die Belohnung am Ende mit der Einkehr in die Erfurter Hütte.

»Die schönsten Geschichten schreibt die Natur immer selbst. Und sie malt auch die atemberaubendsten Bilder.«

Um zum Gipfelkreuz der Rofanspitze zu kommen, werden Bergseen und Steilwände passiert.

Liegt in einer der schönsten und vielseitigsten Regionen Österreichs: der Alpenferienpark Reisach

ALPENFERIENPARK REISACH

49

★★★★☆

Geeignet für Wohnmobile, Caravans, Zelte, 60 Standplätze, Mai–Sept.
▸ Schönboden 1, 9633 Reisach

Tel. +43 (0) 42 84 / 301
GPS 46.654685, 13.149055

▪ pincamp.de/kt1750

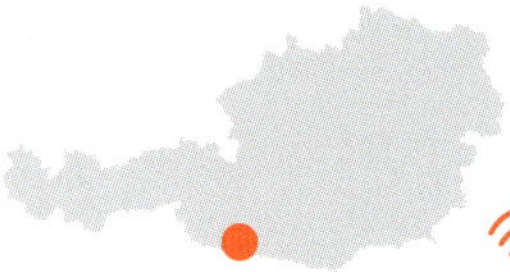

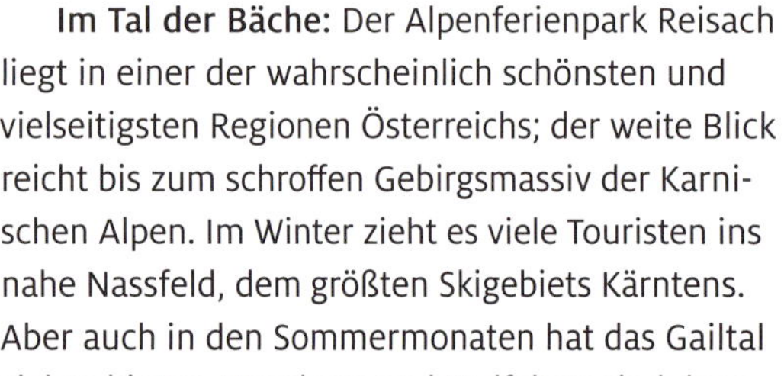

Im Tal der Bäche: Der Alpenferienpark Reisach liegt in einer der wahrscheinlich schönsten und vielseitigsten Regionen Österreichs; der weite Blick reicht bis zum schroffen Gebirgsmassiv der Karnischen Alpen. Im Winter zieht es viele Touristen ins nahe Nassfeld, dem größten Skigebiets Kärntens. Aber auch in den Sommermonaten hat das Gailtal viel zu bieten, Wanderer und Radfahrer sind dann unterwegs – und viele von ihnen übernachten im Ferienpark. Kein Wunder: Man fühlt sich hier willkommen. Und genau das ist auch das Ziel von Andries und Jenny, dem jungen Betreiberpaar aus den Niederlanden. Die Gäste sollen sich hier wohlfühlen und entspannte Tage verbringen. Das geht eben besonders gut, wenn das Ambiente stimmt und alles vorhanden ist, was man so braucht. Und das ist gelungen.

Schon gleich nach der Einfahrt zum Campingplatz durch das große Holztor wirkt es so, als würde man endlich mal wieder liebe Verwandte besuchen. Der Eingang zur Rezeption ist liebevoll gestaltet, auch der Rest des Platzes wirkt freundlich und einladend. Ein Weg führt den Hang hinauf, links und rechts davon befinden sich die Parzellen auf verschiedenen Ebenen. Einige Wohnmobile oder

AUSFLÜGE IN DER NÄHE auf einen Blick

Wandern	5,7 km	Mittel	2 Std. 30 Min., Start: Jadersdorf, Ende: Sonnenhof Jury
Rad	24,5 km	Schwer	6 Std., Rundtour ab Bruggen
Ort	30 km	Leicht	Nach Lust und Laune, Nassfeld

Caravans stehen in gemütlichen und von Hecken bewachsenen Nischen, andere Camper bevorzugen eher einen der Sonnenplätze mit freier Sicht auf das unfassbare Bergpanorama. Auf dem familiären Platz findet man Ruhe, wenn man sie braucht, oder Anschluss, wenn man ihn sucht. Zum Beispiel auf der großen Restaurantterrasse, wo sich am Ende des Tages das halbe Camp beim zünftigen Grillabend trifft.

Wer aber Unterhaltungsprogramm oder eine Kinderdisco braucht, der ist hier falsch. Stattdessen gibt es überall Natur pur: Ein kleiner Wasserfall befindet sich direkt neben dem Platz. Und eine Quelle speist den Natur-Pool, der – ganz nachhaltig – durch einen Sand- und Pflanzenfilter sauber gehalten wird. Klar, dass es auch Kindern hier gefällt, denn langweilig wird es nie. Man möchte gar nicht, dass der Urlaub zu Ende geht. Aber man kann ja wiederkommen. Immer wieder.

DIE LEITER ZUM GLÜCK

Die Weißenbachklamm ist eine der schönsten Schluchten Kärntens. Um diese zu durchwandern, sollte man schwindelfrei und trittsicher sein: Auf der Strecke gibt es einige Holzleitern, die man überwinden muss. Für Kinder unter zehn Jahren ist diese Tour nicht geeignet. Aber auch ältere Teilnehmer sollten sich gut vorbereiten. So empfiehlt es sich zum Beispiel, einen Steinschlaghelm aufzusetzen und festes Schuhwerk zu tragen. Auch Wanderstöcke schaden nicht. Der Start der Tour ist in Jadersdorf, mit dem Auto etwa eine halbe Stunde vom Platz entfernt. Von hier geht es über die Brücke in Richtung Hermagor. Bereits nach 300 Metern muss man schon wieder links abbiegen, die Straße führt bis zum Einstieg Weißenbachklamm. Die Route ist gekennzeichnet. Aber Achtung: Obwohl gesicherte Leitern und Stege die Wanderung erleichtern, sollte man diesen Teil der Tour nicht auf die leichte Schulter nehmen. Sobald man dann ans Ende der Schlucht angekommen ist, geht es links auf den Forstweg, der über die Geppe zurück nach Jadersdorf führt.

Berauschend schön: Ein Wasserfall sucht sich am Beginn der Weißenbachklamm seinen Weg.

HOCH HINAUS

Diese Tour ist zwar anstrengend, aber für ambitionierte Radfahrer lohnt sich der Weg zur Comptonhütte, die sich auf einer Höhe von 1585 Metern befindet. Nach der kräftezehrenden Auffahrt kann man sich dort mit hausgemachten Spezialitäten aus der Nationalpark-Region stärken. Aber zuerst einmal muss man hinauf. Dafür fährt man vom Campingplatz mit dem Auto zum Startpunkt ins 50 Kilometer entfernte Bruggen. Mit dem Rad geht es von hier erst einmal über eine steile Asphaltstraße bergauf. Eine Schotterpiste führt über die Ebene Pfarreben, von hier geht es schließlich weitere 400 Höhenmeter hinauf bis zur Comptonhütte. Nach einer Pause fährt man dann wieder entspannt zurück. Um etwas Abwechslung in die Tour zu bringen, wird ab Pfarreben allerdings eine andere Strecke genommen als auf dem Hinweg. Von der Weggabelung führt die Strecke bis zum Rand der Waisacher Alm. Nach einem etwas anstrengenden Stück, das für versierte Fahrer aber kein Problem sein sollte, fährt man über Forstraßen erst nach Waisach, bis man schließlich wieder in Bruggen ankommt.

Die Tour zur Comptonhütte ist anstrengend, aber für ambitionierte Radfahrer lohnt sich der Weg.

Im Outdoorpark Nassfeld kommen die Kleinen ganz groß raus – und Klettern wird zur Leidenschaft.

FAMILIENSPASS IM ACTIONPARK

Dieser Ausflug ist für Urlauber, die immer auf der Suche nach der nächsten Action sind. Etwa 30 Kilometer vom Campingplatz kann man im Outdoorpark Nassfeld auf der Tressdorfer Alm eine spannende Kletterpartie im Hochseilgarten absolvieren. Das Gelände ist riesig: Auf über 40 000 Quadratmetern gibt es einen Waldseilpark mit Klettersteigen, Höhlen und Schluchten. Klingt aufregend, aber keine Sorge: Es geht zwar teilweise einige Meter hoch, aber man ist immer gut gesichert. So können auch Kinder gefahrlos ihren Mut beweisen, bereits ab einer Körpergröße von einem Meter darf man mitklettern. Die Kletterstrecke mit Hochseilelementen ist insgesamt drei Kilometer lang, zwölf Parcours müssen überwunden werden. Manchmal ist das nur auch im Team möglich, was gerade für Familien ein großer Spaß sein kann. Ein Zeitlimit gibt es nicht, man muss sich also nicht beeilen. Wer Klettern dennoch zu anstrengend findet oder nicht schwindelfrei ist, macht vielleicht stattdessen beim 3D-Bogenschießen mit und versucht dort, 14 Ziele zu treffen.

Das Panorama des Nationalparks Kalkalpen bietet Postkartenmotive in Hülle und Fülle.

CAMPING SEEBAUER 

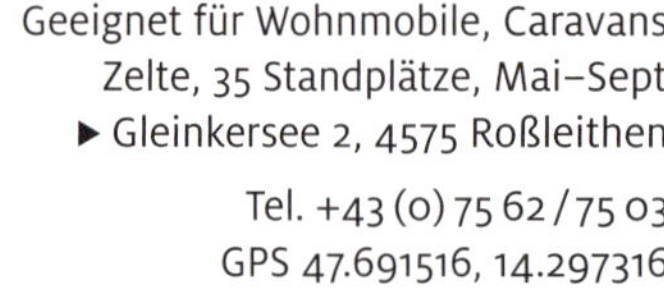

Geeignet für Wohnmobile, Caravans, Zelte, 35 Standplätze, Mai–Sept.
▸ Gleinkersee 2, 4575 Roßleithen
Tel. +43 (0) 75 62 / 75 03
GPS 47.691516, 14.297316
▪ pincamp.de/oö_44159

Urlaub mit echtem Outdoor-Feeling: Über einem dichten Wald aus Fichten, Tannen und Buchen ragt eine weiße Wand empor. Es liegt kein Schnee auf den in den Himmel ragenden Felswänden, es ist der Stein selbst, der im Sonnenlicht hell erstrahlt und die Gegend in ein wunderbares Licht taucht. Das Panorama des Nationalparks Kalkalpen bietet Postkartenmotive in Hülle und Fülle. Die klare Bergluft hat hier eine besondere Waldnote, man atmet die Natur förmlich ein. Mittendrin befindet sich auf einer Höhe von 800 Metern und nur ein paar Schritte vom Campingplatz entfernt der Gleinkersee mit seinem smaragdgrünen Wasser. Im Sommer ist er einer der wärmsten Badeseen Österreichs, aber auch per Boot oder SUP-Board lässt sich das Gewässer erkunden. Oder man probiert sich am Fliegenfischen – und das ungestört, da täglich nur wenige Angellizenzen ausgegeben werden.

Seit 1902 befindet sich das Grundstück im Familienbesitz, 2009 wurde das Gasthaus vom heutigen Betreiberpaar Klaus und Gunda Dutzler komplett neu aufgebaut. Der kleine Campingplatz soll ein Ort sein, an dem Gäste ganz ohne Stress ihren Urlaub verbringen können. Und dazu gehört auch Ruhe. Auf dem autofreien Platz darf man mit dem Camper nur zum eigenen Stellplatz fahren.

Nur ein paar Schritte vom Campingplatz entfernt befindet sich der wunderbare Gleinkersee.

Wer mit Zelt anreist, muss den Wagen auf dem Parkplatz stehen lassen und das Gepäck mit dem Bollerwagen zur Zeltwiese bringen. Aber der Platz ist ja klein, zum Glück sind die Wege nicht weit.

Es ist ein bisschen so wie früher, als man einfach mit dem Zelt in die Natur gefahren ist, um am Lagerfeuer Stockbrot zu backen. Vor allem für Zelter interessant: Es stehen auf dem Gelände überdachte Sitzgelegenheiten zur Verfügung, die man auch zum Kochen und Essen nutzen kann. Und wer keine Lust hat, sich selbst etwas Leckeres zuzubereiten, freut sich vielleicht über die Köstlichkeiten im Restaurant. Es mag ungewohnt sein, dass man sich hier selbst bedient. Das hat aber keinen Einfluss auf die Qualität. Es werden nur Biozutaten aus der Region verwendet – oder vom eigenen Hof: Auf den angrenzenden Wiesen grasen Rinder und grunzen Schweine. Günstig ist das alles insgesamt nicht, aber es ist doch Urlaub, oder?

HÜBSCHE, KLEINE WANDERTOUR

Von einer Wanderung, die einen an die körperlichen Grenzen führt, kann man hier nicht sprechen, es ist eher ein Spaziergang. Aber dennoch lohnt sich die kleine Tour um den hübschen Gleinkersee. Zum Beispiel gleich am Morgen, vielleicht sogar vor dem Frühstück, wenn alle Camper noch schlafen. Praktischerweise beginnt die Strecke direkt am Platz. Also auf geht es, und es ist dabei egal, ob man dem Weg rechts- oder linksherum folgt. Man kommt bei seiner Runde auch am weißen Gedenkstein zu Ehren von Georg Stark vorbei, der zu Lebzeiten den Seebauer-Betrieb führte. Und auf der anderen Seite befindet sich ein Hochseilgarten für schwindelfreie Abenteuer. Der Seerundgang bietet immer wunderbare Ausblicke auf die hoch aufragenden Bergfelsen und auf das Sengsengebirge, das sich im klaren Wasser spiegelt. Am Ende kann man sich im Gasthaus von Camping Seebauer stärken und im Garten bei einer Tasse Kaffee auch weiterhin den See genießen – diesmal komplett ohne Anstrengung.

»Der Seerundgang bietet immer wieder wunderbare Ausblicke auf die hoch aufragenden Bergfelsen und auf das Sengsengebirge.«

AUSFLÜGE IN DER NÄHE auf einen Blick

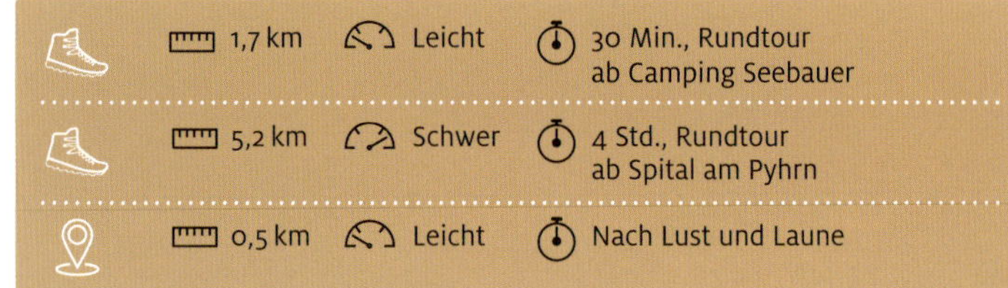

	Strecke	Schwierigkeit	Dauer
Wandern	1,7 km	Leicht	30 Min., Rundtour ab Camping Seebauer
Wandern	5,2 km	Schwer	4 Std., Rundtour ab Spital am Pyhrn
Ort	0,5 km	Leicht	Nach Lust und Laune

GRATWANDERUNG ZU DEN DREI KREUZEN

Man kann den Bosruck getrost Grenzberg nennen, denn an seinen Flanken verläuft die Landesgrenze zwischen Oberösterreich und der Steiermark. Die Strecke der Tour ist von wie mit dem Stift in den Himmel gezeichneten Bergkämmen gesäumt. Drei Gipfelkreuze stehen auf dem Programm der Tour. Das ist anspruchsvoll, mehr als 1000 Höhenmeter müssen überwunden werden. Vom Spital in Pyhm geht es durch den Pass und anschließend hoch zur Fuchsalm. Von dort wandert man ein Stück des Weges durch den Wald. Serpentinen schlängeln sich hinauf zum Lahnerkogel. Das Gipfelkreuz befindet sich in 1854 Metern Höhe. Weiter geht es als Gratwanderung über den Kitzstein mit seinem Gipfelkreuz in 1925 Metern, und weiter zum Gipfel des Bosruck auf 1947 Metern. Nach einer Verschnaufpause verläuft die Strecke nun wieder zurück zum Ausgangspunkt. Für die Anstrengung wird man mit einem wunderbaren Panorama belohnt. Es empfiehlt sich, diese Tour nur bei gutem Wetter zu machen und gleich morgens zu starten.

Gut gelaunt immer dem Gipfel entgegen: auf dem Weg zum Bosruck über Stock und Stein

Das Abenteuer wartet: Direkt am See befindet sich der Hochseilgarten Gleinkersee.

KLETTERN – EIN TAG IM HOCHSEILGARTEN

Dieser Ausflug ist nur für alle jene interessant, die schwindelfrei sind. Am besten startet man gleich nach dem Frühstück. Der Weg zu einem Tag voller Adrenalin ist nicht weit. Direkt am See und nur 400 Meter von Camping Seebauer entfernt befindet sich der Hochseilgarten Gleinkersee. Das große und abwechslungsreiche Areal bietet mitten in der Natur sieben verschiedene Parcours in unterschiedlichen Schwierigkeitsstufen. Man läuft über Hängebrücken, die zwischen den Bäumen gespannt sind. Einzelne Stationen haben Namen wie Waldsnowboard, Flying Fox, Affenschaukel, Spinnennetz und Fichten-Taxi. Das klingt lustig, sorgt aber mehrere Meter über dem Boden für Herzklopfen. Die Schutzausrüstung wird gestellt, den Spaß muss jeder selbst mitbringen. Bleiben darf man, so lange es die Öffnungszeiten hergeben – und es immer wieder probieren, möglichst schnell und geschickt, die Übungen zu absolvieren. Und nachdem man dann eine oder mehrere Touren gemeistert hat, beendet man den Tag mit einem Sprung in den See oder einer lustigen Bootsfahrt, bevor es dann zurück zum Campingplatz geht.

Die Stellplätze befinden sich unter prächtigen Bäumen, umgeben von sattem Grün.

CAMPING AU AN DER DONAU 51

★★★★

Geeignet für Wohnmobile, Caravans, Zelte, 65 Standplätze, April–Sept.
▶ Hafenstraße 1, 4332 Au an der Donau
Tel. +43 (0) 72 62 / 530 90
GPS 48.228116, 14.580050
■ pincamp.de/oö3700

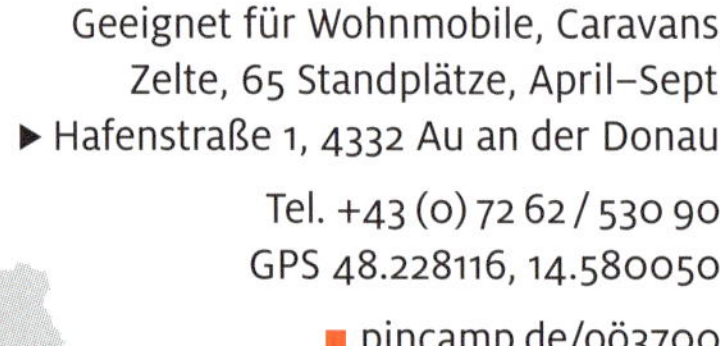

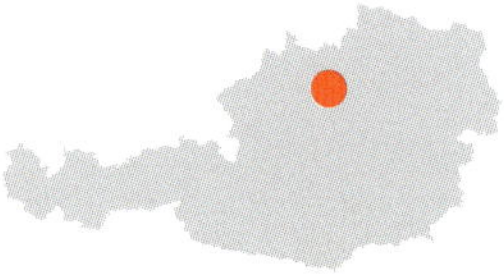

Beste Unterhaltung am Fluss: Ein cooler Sound weht bis zur Zeltwiese herüber. Die Musik kommt von der Kulturbühne, die zwischen Donau und dem Naturteich im Gastgarten steht. Der perfekte Soundtrack für den Sommerabend. Gefühlt der ganze Ort ist zum Campingplatz gekommen, um im Garten des Restaurants mit einem leckeren Drink in der Hand den Künstlern zu lauschen. Nach dem Konzert gehen die Einheimischen zu Fuß zurück in ihre Häuser oder sie fahren mit dem Bus, der direkt am Eingang von Camping Au an der Donau hält. Die Gäste des Campingplatzes haben es nicht so weit, ihr kurzer Heimweg geht direkt an der Donau entlang. In den Abendstunden ist der Weg besonders schön, wenn der Blick bis zum beleuchteten Ufer auf der anderen Seite reicht, während ab und zu ein Ausflugsschiff vorbeifährt. Tagsüber entspannt man hier am Strand oder schwimmt in der Donau.

Ja, der Platz liegt in Österreich, mittendrin sozusagen, gerade einmal 30 Autominuten östlich von Linz entfernt. Und doch ist es eine ganz eigene Welt, in die man eintauchen darf. Die Stellplätze befinden sich auf Wiesen unter prächtigen Bäumen, überall ist man von sattem

AUSFLÜGE IN DER NÄHE auf einen Blick

Tour	Strecke	Schwierigkeit	Dauer
Rad	85 km	Leicht	5 Std. 30 Min., Rundtour ab Camping Au an der Donau
Wandern	4,6 km	Leicht	1 Std. 30 Min., Rundtour ab Parkplatz Rubenerteich in Liebenau
Wasser	Variabel	Leicht	Nach Lust und Laune, Dauer je nach Tour

Grün umgeben. Bergpanorama und Alpenhütten sucht man allerdings vergebens, dafür gibt es moderne Holzhäuser und Schlaffässer. Wer an einigen Stellen ans Auenland aus »Der Herr der Ringe« denkt, liegt gar nicht so verkehrt. Aber die Natur dient nicht nur als Kulisse, hier wird ökologisch und nachhaltig gedacht: Für den gelebten Umweltschutz gab es bereits diverse Auszeichnungen. Und den Gästen fehlt es an nichts. Zwar bieten auch andere Plätze sanitäre Einrichtungen, die Möglichkeit zum Grillen oder ein Sportprogramm. Aber hier bietet sich die Chance, sich kostenlos ein traditionelles Holzzillen-Ruderboot auszuleihen und damit über den See oder auf der Donau zu rudern. Andere Gäste kommen mit dem eigenen Boot und vertäuen es im kleinen Yachthafen. »Sei schlau, komm nach Au!«, sagen die beiden Betreiber Arnold Hörmann und Gerhard Ebner. Recht so.

GRÜNES BAND

Diese wunderbare Tour beginnt direkt am Campingplatz. Mit dem Rad geht es erst einmal ins zwölf Kilometer entfernte St. Georgen an der Gusen. Die nächste Etappe wird einfach, denn von hier fährt die Summerauerbahn die 50 Kilometer bis nach Rybnik in Tschechien, das Rad nimmt man einfach im Zug mit. Von hier beginnt die eigentliche Radtour. Zuerst einmal fährt man zurück über die nahe Landesgrenze ins österreichische Deutsch Hörschlag. Die abwechslungsreiche Strecke wirkt auch ein bisschen wie eine Zeitreise, zahlreiche Bauwerke der ehemaligen Pferdeeisenbahn Linz-Budweis säumen den Weg. Hier lohnt es sich, auch mal abzusteigen. Weiter geht es dann vorbei an der altgotischen Kirche St. Peter bis zur mittelalterlichen Braustadt Freistadt, ein Höhepunkt des an hübschen Kleinoden reichen Mühlviertels. Hier kann man in einem Braugasthof mit regionaler Küche eine Pause einlegen. In Gutau befindet sich das Färbermuseum, von hier sind es noch einmal eineinhalb Stunden, bis man wieder den Campingplatz erreicht.

Die Natur dient nicht nur als Kulisse, hier wird nachhaltig gedacht.

FAMILIENAUSFLUG INS TANNERMOOR

Die Tour durch das Tannermoor ist perfekt für Familien geeignet. Hier taucht man beim Wandern tief in die Natur ein und erlebt sie mit allen Sinnen. Und natürlich kann es in einem Moor auch mal nass werden, wasserfeste Wanderschuhe sind also von Vorteil. Die Tour beginnt in Liebenau, etwa eine Autostunde nördlich vom Campingplatz. Auf einem Wanderweg geht man erst einmal in Richtung Norden und durchstreift dabei dichte Wälder, bis man schließlich beim Hochmoor angekommen ist. Die Kinder werden sich sofort den Hochstand erobern, aber auch allen anderen offenbart sich von oben ein feiner Blick aufs Moor. Etwas Wellness gefällig? Bei einem Moorfußbad kann man das Moor auch zwischen den Zehen spüren. Oder wie Kinder es nennen würden: Rein in den Matsch. Also das Handtuch nicht vergessen! Denn schließlich will man danach trockenen Fußes hoch zu den gewaltigen Granitfelsen kommen und von dort den Ausblick genießen. Zurück geht es schließlich dann auf demselben Weg – oder man wandert durch den Wald direkt zurück zum Rubenerteich.

Zum Auftanken: Ein dramatischer Himmel spiegelt sich im See am Tannermoor.

Bequemer geht es kaum: direkt am Campingplatz das Boot zu Wasser lassen und ins Abenteuer starten

AUF DER DONAU IN RICHTUNG OSTEN

Eine Tour auf der Donau bedeutet eine unvergessliche Begegnung mit der Natur. Direkt am Campingplatz lässt man sein Boot zu Wasser, die Tour geht in östliche Richtung. Es empfiehlt sich, in Ufernähe zu fahren, da auch Binnenschiffe unterwegs sind. Man passiert Orte wie Wallsee mit seinem Schloss oder dem Römermuseum. Wer es bis in die Marktgemeinde Ardagger schafft, kann die Pfarrkirche besichtigen, die erstmals Anfang des 9. Jahrhunderts erwähnt wurde. Man könnte sogar das 32 Kilometer entfernte Greinburg erreichen. Aber immer daran denken: Man muss auch wieder zurück. Wer kein eigenes Boot hat, kann an einer vom Campingplatz organisierten Paddeltour teilnehmen, zum Beispiel in die Donauauen. Und das lohnt sich: Mit etwas Glück sieht man Vögel wie Pirol oder Fischreiher. Sogar der Eisvogel lässt sich beim Fischfang beobachten, wenn man sich möglichst ruhig fortbewegt. Oder man sieht eine Biberfamilie, die an ihrem Bau arbeitet. Die Touren finden ab sechs Teilnehmern statt. Und wer möchte, bucht eine mehrtägige Tour mit Outdoor-Übernachtungen.

Familienbetrieb: Das Waldviertel Camping wird in der fünften Generation geführt.

WALDVIERTEL CAMPING 52

★★★★

Geeignet für Wohnmobile, Caravans und Zelte, 30 Standplätze, April–Okt.
▶ Kinzenschlag 11, 3920 Groß Gerungs
Tel. +43 (0) 28 12 / 83 20
GPS 48.542228, 14.935527
■ pincamp.de/nö1050

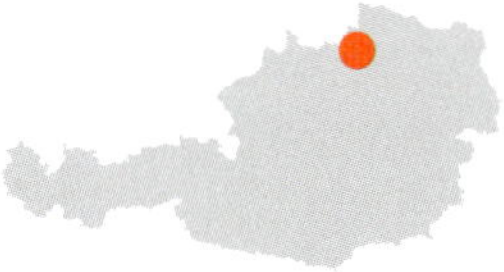

Ein Kraftplatz für gute Energie: Es ist ein mystischer Ort, das spürt man sofort. An jeder Ecke liegen gigantische Steinblöcke herum, als wären sie von einem Riesen achtlos fallengelassen worden. Ganz in der Nähe steht eine kreisrunde Pyramide, die aus kleineren Steinen errichtet wurde. Wann und zu welchem Zweck diese Konstruktion entstand, ist ein Mysterium. Aber die Energie stimmt. Kein Wunder also, dass sich Maria und Martin Pichler in die Gegend hier verliebten, das Haus am Kinzenschlag 11 kauften und darin eine kleine Raststätte eröffneten. Gut 150 Jahre ist das jetzt her. Inzwischen wird der Familienbetrieb in der fünften Generation geführt, aus dem kleinen Gebäude ist ein großer Gasthof geworden. Gleich hinter dem Haupthaus befindet sich der Campingplatz Waldviertel Camping. Gerade einmal 20 Stellplätze für Wohnwagen und Caravans gibt es hier, außerdem eine große Wiese für Zelte. Schon der Weg hierher führt durch kleine Dörfer und Naturschönheiten. Ist man schließlich in einer Höhe von 800 Metern angekommen und hat den Motor abgestellt, hört man – nichts! Und wie von einem Magneten wird der Blick von den großen Granitsteinen angezogen, die mitten auf dem Platz aus dem satten Grün des Wiesenbodens ragen. Einige

Wagen stehen hier, als würden sie hier Schutz vorm Wetter suchen. Und in der Tat bieten sie im Sommer etwas Schatten oder blockieren den Wind. Wenn sich die Gegend mit dem ersten oder letzten Schneefall in Weiß kleidet, kann man direkt vom Platz mit seinen Langlaufski in die Loipe starten, um nach der Tour im Wellness-Bereich des Gasthofs zu entspannen. Natürlich kann man sich seine eigene Verpflegung mitbringen, aber warum? Im Restaurant des Gasthofs werden Leckereien mit Zutaten aus der Region gekocht. Wem das Ganze dann doch zu ruhig ist, der fährt einfach für einen Tagesausflug in Richtung Norden ins tschechische Budweis. Nicht nur Biertrinker werden sich in der an Baudenkmälern reichen alten Königsstadt wohlfühlen.

Oder man bleibt doch hier, wandert auf einer der vielen Routen um den Platz – und fühlt sich wie zu Hause.

»An jeder Ecke liegen Steinblöcke herum, als wären sie von einem Riesen fallengelassen worden.«

Energie zum Auftanken: die Wackelsteine in Groß Gerungs in der Region Waldviertel

BEEINDRUCKENDE ZEITZEUGEN

Wer an Energieströme der Erde glaubt oder sie spüren möchte, sollte unbedingt die Kraftarena Groß Gerungs besuchen. Zur Arena gehören der Kierlingstein, der Opferstein, die Klause, die Weltkugel und die Steinpyramide. Diesen speziellen Formationen werden besondere Kräfte und starke Energielinien nachgesagt. Manche der Steine wirken demnach offenbar belebend und anregend, andere wiederum beruhigend und entspannend. Viele Besucher versuchen mithilfe einer Wünschelrute oder einem Pendel, die Welt der Schwingungen und Energien zu ergründen. Aber selbst wer nicht an die Kraft der Erde und deren Energieströme glaubt, wird von der Umgebung begeistert sein. Die natürlichen Gesteinsformationen und die von Menschenhand gebaute Pyramide sind beeindruckende Zeugen einer vergangenen Zeit. Ein Besuch der magischen Orte schärft die Sinne, macht achtsamer und schenkt selbst skeptischen Besuchern eine Menge Energie. Und die kann man gut gebrauchen, denn hier beginnen einige sehr schöne Wanderwege.

Weltkugel: Der Stein mit einem Durchmesser von sieben Metern erinnert an einen Globus.

AUSFLÜGE IN DER NÄHE auf einen Blick

	Strecke	Schwierigkeit	Dauer
Naturpfad	20 km	Leicht	Nach Lust und Laune, Rundtour ab Kraftarena Groß Gerungs
Wandern	19,4 km	Leicht	5 Std., Rundtour ab Groß Gerungs
Rad	41,8 km	Leicht	3 Std. 30 Min., Rundtour ab Bahnhof Groß Gerungs

NATURPFAD – EINMAL UM DIE GANZE WELT

Die erste Etappe der Tour führt von der Ortschaft Groß Gerungs zur Weltkugel, einem rundlichen Felsen mit sieben Metern Durchmesser, der – deshalb der Name – an einen Globus erinnert. Angeblich ist die Weltkugel eine energetisch positive Zone, was für die Wanderung sicher hilfreich ist. Auf dem Weg überquert man die Zwettl, dann erreicht man einen Hof, deren einstige Mühle bereits 1660 erwähnt wurde. Architektonisch interessant ist sicher auch das Pankrazihaus: Einst war es eine Kapelle, inzwischen befindet sich in dem alten Gemäuer ein modernes Wohnhaus. In Wurmbrand kann man sich wiederum ganz traditionelle Hofanlagen anschauen. Die nächste Etappe geht bis Böhmsdorf. Bei Bedarf vom Ortsanfang weiter zum Kierlingstein wandern, der positiv und ausgleichend wirken soll. Wer die 40 Minuten sparen möchte, geht zurück in Richtung Groß Gerungs. Kurz vor der Ortschaft kann man noch einen Abstecher zum Opferstein machen.

STADT, LAND, BLICK – UND WIEDER ZURÜCK

Am besten fährt man mit dem Auto zum Bahnhof Groß Gerungs, wo die Radtour startet. Ziel der ersten Etappe ist das 20 Kilometer entfernte Städtchen Weitra. Auf der B119 geht es durch Wurmbrand, Sitzmanns, Engelstein, Großschönau und Mistelbach, bis man schließlich Weitra erreicht. Die Tour verläuft auf gut ausgebauten Radwegen, selbst ungeübte Radler kommen ohne Probleme voran. In Weitra ist ein guter Zeitpunkt für eine Rast im Braukeller des Brauhotels Weitra. Das Bier dort wurde bereits mehrfach ausgezeichnet, es sind aber auch alkoholfreie Biere im Angebot, schließlich sollen ja noch einige Kilometer auf dem Fahrrad zurückgelegt werden. Nach der Pause geht es zur Ortschaft Abschlag. Hier wartet ein weiteres Highlight: Denn wer möchte, beendet nun die Tour und fährt mit der wunderbaren Waldviertelbahn nach Groß Gerungs zurück. Die Fahrt mit der Bahn ist gerade für ganz junge oder ältere Radler ein schöner Ausklang der Tour. Die mit mehr Elan fahren einfach mit dem Rad den Weg wieder zurück.

Geschichtsträchtiger Ort und einen Ausflug wert: das imposante Stadttor von Weitra

Lauschiger Fleck, Oase des Friedens: der kleine Campingplatz am Rand von Purgstall

AKTIV CAMP PURGSTALL 53

★★★★☆

Geeignet für Wohnmobile, Caravans, Zelte,
52 Standplätze, Mietunterkünfte, April–Okt.
▶ Augasse 8, 3251 Purgstall
Tel. +43 (0) 74 89 / 20 15
GPS 48.056286, 15.129659

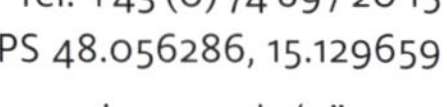

■ pincamp.de/nö3200

Immer in Bewegung bleiben: Natur pur, wohin man blickt, eine klare Luft, die den Körper mit Energie auflädt. Und die kann man gut gebrauchen, denn der Platz trägt den Namen Aktiv Camp Purgstall aus gutem Grund: Wer hier seinen Urlaub verbringt, sucht Action und will sich bewegen. Familie Kaiser betreibt den kleinen Campingplatz direkt am Ortsrand von Purgstall, eine optimale Ausgangslage für Exkursionen, Radtouren oder Wanderungen. In der Nähe rauscht die Erlauf, bis sie ein paar Kilometer weiter nördlich in die Donau mündet. Vom Campingplatz hat man auch beste Aussicht auf den Ötscher, den mit 1893 Metern höchsten Berg in der Nachbarschaft. Auch der Weg in die Konglomeratkluft ist nicht weit, wo seit tausenden Jahren gigantische Gesteinsblöcke liegen. Die stumme Zeitzeugen bilden eine einzigartige Landschaft mit Spalten und Klüften, durch die man wandert oder über die man klettert.

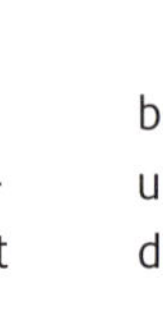

Trotz der Nähe zum Ort gibt es hier Camping-Idylle pur. Gerade einmal 50 Parzellen für Wohnmobile und Wohnwagen befinden sich auf dem kleinen Campingplatz, einige liegen im Schatten, andere im Sonnenlicht – ganz nach Wunsch. Die Plätze selbst sind groß und mit Strom ausgestat-

AUSFLÜGE IN DER NÄHE auf einen Blick

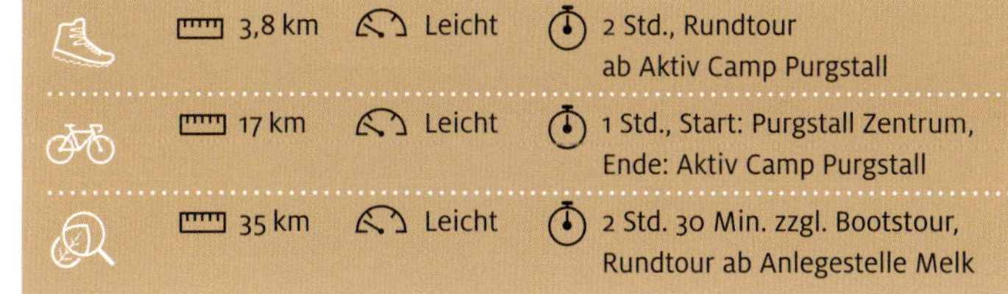

	Strecke	Schwierigkeit	Dauer
Wandern	3,8 km	Leicht	2 Std., Rundtour ab Aktiv Camp Purgstall
Rad	17 km	Leicht	1 Std., Start: Purgstall Zentrum, Ende: Aktiv Camp Purgstall
Entdecken	35 km	Leicht	2 Std. 30 Min. zzgl. Bootstour, Rundtour ab Anlegestelle Melk

tet. Auf der Zeltwiese können sich Familien kleine Camps errichten, die Kinder kuscheln derweil im Streichelzoo mit Meerschweinchen und Kaninchen. Ein bisschen wirkt es wie ein Ferienlager, wenn die gut gelaunten Gäste im naturbelassenen See schwimmen oder gemeinsam Volleyball spielen. Und am Abend, wenn die Sonne langsam am Horizont gute Nacht sagt und den Platz in Sepia färbt, setzt man sich einfach ans Lagerfeuer und genießt an den knisternden Flammen einen lauen Sommerabend auf dem Land.

Der sehr gut ausgestattete Sanitärbereich befindet sich im Gästehaus. Hier gibt es auch ein Restaurant, falls man mal nicht selbst kochen will. Der Clou ist dort sicher die hausgemachte Eiscreme. Und größere Genießer finden bestimmt Gefallen an den Wachauer Weinen und am Birnenmost, der in der Region produziert wird. Echt lecker: Eigentlich sollte sich der Platz in Aktiv & Genuss Camp umbenennen.

ZU FUSS DURCH DIE GESCHICHTE DER ERDE

Ganz in der Nähe vom Campingplatz liegt die eindrucksvolle Erlaufschlucht. Meterhoch ragen die Felswände in die Höhe. Überall liegen schwere Brocken herum, die seit Jahrtausenden nicht bewegt wurden. Die Schlucht entstand nach der letzten Eiszeit, als mächtige Gesteinsblöcke vom Gebirge hinabstürzten. Ein einzigartiger Ort. Kein Wunder, dass er seit 1972 offiziell als Naturdenkmal gilt. Bei einer Wanderung lässt sich das Gebiet am besten erkunden. Dafür wurde auf beiden Seiten der Schlucht ein fast ebener Rundweg angelegt, den auch ungeübte Wanderer meistern können – vorausgesetzt, sie tragen gute Schuhe und haben etwas Proviant und Wasser dabei. Am rechten Flussufer ragen zwei Aussichtsplattformen über die Schlucht. Von hier kann man die Urgewalt des Wassers fast hautnah erleben und vor allem hören. Der Sound ist einzigartig, das wilde Rauschen des Wassers zwischen Höhlen und moosbewachsenen Steinen erzeugt ein fast mystisches Klangbild.

Magnet für Kinder: der Streichelzoo mit Meerschweinchen und Kaninchen in Purgstall

Romantische Ortschaft: Purgstall an der Erlauf mit seinen gerade einmal knapp 5500 Einwohnern

WEITE NATUR UND KLEINE STÄDTE

Keine Zeit für einen Tagesausflug? Kein Problem, denn es muss nicht immer eine lange Tour sein. Auch wer nur eine Stunde für die Radtour zur Verfügung hat, kann in der wenigen Zeit viel entdecken. Diese abwechslungsreiche Rundtour bietet mehrere kürzere Anstiege, die ganz schön in die Beine gehen. Wie es der Name Ötscherblick-Strecke schon verrät: Der Ötscher mit seiner Höhe von 1.893 Metern bleibt dabei immer im Blickfeld. Die kurze Tour startet im Zentrum von Purgstall. An der Erlauf entlang fährt man hinauf auf die Anhöhe nach Gaisberg. Gleich darauf geht es am Haus Haubenberg vorbei und ein Stück auf der Feichsenstraße entlang. Die Gemeinde Feichsen mit der pittoresken Nikolauskirche wird durchfahren, über die Brücke geht es in die Sichau. Nun geht es noch eine Weile für jeweils kurze Wegstrecken auf und ab und dann auf der Landesstraße in Richtung Steinkirchen hinauf. Über die Ortschaft Schauboden geht es auf die Ötscherlandroute und schließlich entspannt zurück nach Purgstall.

MIT RAD UND SCHIFF DURCH DIE WACHAU

Zwischen Melk und Krems an der Donau liegt das Weltkulturerbe Wachau. Die einzigartige Landschaft zeichnet sich besonders durch Marillengärten und Weinanbaugebiete aus. Am besten erkundet man die Wachau per Schiff und mit dem Fahrrad. Ein guter Startpunkt dafür ist die Schiffsanlegestation in Melk, die etwa 25 Autominuten von Purgstall entfernt ist. Man kann die Strecke auch mit dem Fahrrad fahren, dafür braucht man dann etwa eineinhalb Stunden. Das Fahrrad darf mit an Bord, so kann man Bequemlichkeit und Bewegung gut miteinander verbinden. Auf der Schiffstour kommt man an romantischen Ortschaften vorbei. Wer viel Zeit hat, kann zwischendurch aussteigen, bummeln und dann mit dem nächsten Schiff weiterfahren. In Dürnstein beginnt die Radtour. Von hier geht es immer am Ufer entlang durch Weißenkirchen bis nach Spitz. Ein Abstecher führt nach Maria Laach am Jauerling, der Ort ist mit der spätgotischen Wallfahrtskirche einen Besuch wert. Zurück geht es dann nach Melk, für das letzte Stück braucht man noch einmal 40 Minuten.

Einzigartig: die Wachau zwischen Melk und Krems, hier mit Blick auf Weißenkirchen

REGISTER

REGISTER

HINWEIS ZUR RECHERCHE

Nicht alle Touren, Aktivitäten und Plätze konnten für die Recherche dieses Buches aufgrund der aktuellen Einschränkungen besucht werden. Neben vielen Telefonaten, E-Mails und Videocalls haben unsere Autor*innen darum unter anderem auch auf die hier aufgelisteten Internet-Angebote zurückgegriffen.

amrum.de – duemmer.de – eifelsteig.de – emsland-routenplaner.de – fuerstenberg-havel.de – galtuer.com – hogn.de – j3l.ch – lueneburger-heide.de – mecklenburgische-seenplatte.de – mecklenburg-schwerin.de – obersalzbergbahn.de – oetztal.com – pfaffen-winkel.de – region-westmecklenburg.de – reiseland-niedersachsen.de – schweizmobil.ch – servus-schliersee.de – suderburgerland.de – tg-odenwald.de – tirol.at – tourenportal-thueringer-wald.de – tourismus.muensing.de – traumziel-mv.de – uchte-online.de – urlaub.saarland – ventschau.de – waldviertel.at – wanfried.de – zwischenschussenundseen.de

BILDNACHWEIS

Umschlag vorne: Camping Resort Allweglehen: Marika Hildebrandt (Seite 166)
Umschlag hinten: Camping Lindenhof (Seite 187)

Karten: Shutterstock

Achensee Camping Schwarzenau: 209 – **AdventureCamp Schnitzmühle:** 173 – **Aktiv Camp Purgstall:** 228, 229 – **Alamy Stock Photo:** Gary Cook 208; volkerpreusser 230 – **Alpenferienpark Reisach:** 212 – **Amazonas Camp:** 32 – **Asio Otus/CC BY-SA 3.0:** 85 – **AWL Images Ltd:** Cornelia Doerr Photodesign 112; Francesco Iacobelli 202 – **Camping Altenburschla:** 89, 91 – **Camping Arolla:** 191 – **Camping Au an der Donau:** 7_1, 220, 221, 223 – **Camping Lindenhof:** 187, 188 – **Camping Schwabenmühle:** 134 – **Ferienhof Brinkort:** 6_1 – **Campingplatz Unter dem Jenzig:** 102 – **Camping Resort Allweglehen:** 166 – **Ennemoser, Lukas:** 206 – **Ehrlingshof:** 47 – **Ferienhof Brinkort:** 43 – **Ferienhof Folger:** 20 – **gemeinfrei:** 214 – **Getty Images:** 4; Christoph Wagner 160; DieterMeyrl 169; imageBROKER RF 57, 66; iStockphoto 147; Moment RF/Andy Morgenstern 109; Morris MacMatzen 55; Westend61 170 – **Heidecamping Gerdehaus:** 56 – **Heinz K. S./CC BY-SA 4.0:** 90 – **Hofgut Hopfenburg:** 142 – **HUBER IMAGES:** Andreas Vitting 108; Cornelia Dürr 7_2, 33; Francesco Carovillano 95; Frank Lukasseck 78, 92, 192, 211; Hans-Georg Eiben 82; Reinhard Schmid 26, 93, 133, 174, 197 – **imageBROKER:** Norbert Eisele-Hein 124, 125 – **imago images:** Becker&Bredel 131; Joko 37; Schöning 99 – **iStockphoto:** 184 – **Kühlhaus Görlitz:** 120, 121 – **laif:** Bernd Jonkmanns 23; Dietmar Denger 163; Gerald Haenel 59; Hans-Bernhard Huber 146; Keystone Schweiz 183; Malte Jaeger 103; Martin Kirchner 13, 14; Pierre Adenis 199; Tobias Gerber 154 – **Landgut Girtenmühle:** 129, 130 – **lookphotos:** Ernst Wrba 172; Heinz Wohner 71, 88; Thomas Roetting 30 – **mauritius-images:** Adolf Martens 50; Andreas Vitting/imageBROKER 29, 101; Bildagentur-online/Exss/Alamy 118; Blickwinkel/Alamy 17; Bruno Kickner 151; Carolin Thiersch/imageBROKER 8, 9; Cavan Images/Alamy 194; Ernst Wrba 135; EyeEm 80; Hans-Joachim Aubert/Alamy 65; Hans-Peter Merten 132; Klaus Nilkens 46; Martin Freinschlag/Alamy 218; Martin Siepmann 177; Martin Siepmann/imageBROKER 171; Novarc Images 34; Peter Lehner 205; Pitopia 64, 175; Timm Humpfer Image Art 204; Volker Preusser 123 – **Nandalee Camping:** 27 – **Naturcampingplatz Am Olbasee:** 117 – **Outtour Camping an der Unstrut:** 98 – **Oxfordian Kissuth/CC BY 3.0:** 62 – **Pension Am Brunnen:** 68 – **picture alliance/dpa:** dpa-Zentralbild 58; Felix Kästle 149; Harald Tittel 81; Robert Kalb/picturedesk.com 203; KEYSTONE 185 – **pixabay:** 45 – **privat:** 240_1, 240_2, 240_3 – **Rainer Kaelcke/CC BY-SA 3.0:** 153 – **Roberto Verzo/CC BY 2.0:** 226 – **seasons.agency:** Jalag/Natalie Kriwy 28; Jalag/Walter Schmitz 21 – **Serengeti-Park Hodenhagen:** 53 – **Shutterstock:** 138; Animaflora PicsStock 106; Binson Calfort 148; Edgar G Biehle 100; makasana photo 195; Sahara Prince 161; Taras Kushnir 193; Thomas Reicher 227; Uwe Mueller 140; Basotxerri 207; beckart 25; Bennekom 84; BIGANDT.COM 86; Bildagentur Zoonar GmbH 69; BilgeP 87; Bonnet 219; CroMary 215; David Hajnal 48; dugdax 94; Edgar G Biehle 36; engel.ac 24; Fresh-air-addicted 196; gorillaimages 110; Hquality 156; imageBROKER.com 42; Klaus Brauner 152; lcrms 96; Marcin Balcerzak 97; MH STOCK 225; nounours 113; OlgaLucky 83; Oliver Hoffmann 19; Patrick Lemmer 61; PicsStock 136; RobArt Photo 137; Sina Ettmer Photography 41; Stefan Rotter 231; SusaZoom 210; Thais29 6_2; Ulf Nammert 54 – **stock.adobe.com:** Adrian72 79; andreas borchert/EyeEm 22; Andreas P 167; andrifoto 198; Animaflora PicsStock 12; antonivano 52; ARochau 200; ArtHdesign 105; aubi1309 15; bennytrapp 49; Bernhard 128; bill_17 189; blende11.photo 16; Carl-Jürgen Bautsch 67; Carola Vahl-diek 63; Christian Pedant 144; Christian Schwier 44; creativenature.nl 31; Daniel 72; Datoart 122; dudlajzov 190; Edler von Rabenstein 111; EKH-Pictures 39; Eva Bocek 201; Hans-Martin Goede 157; Harald Schindler 176; Henry Czauderna 18; Holger W. Spieker 74–75, 119; Ina Meer Sommer 116; Klaus Brauner 145; Markus 104; Markus Keller 150; Michael 213; nemo1963 164; Oliver Hlavaty 107; pb press 141; peisker 168; Peter 222; Ralph 216, 217; pwmotion 159; Rastislav Sedlak SK 182; RuZi 51; SEB – www.sebfoto.de 70; sievert 155, 158; Stephanie Jud 186; sunset man 2_2; Tony 143; venemama 38; vicenfoto 139; VOJTa Herout 162; Wolfgang Zwanzger 165 – **Strandbad & Camping Oderbruch am Baggersee Gusow:** 73 – **Wald- und Naturcampingplatz am Tonsee Süd:** 114, 115 – **Waldviertel Camping:** 178, 179, 224 – **Wallys Minicamping:** 40 – **Weltwinkel Fotografie Arek Marud:** 60 – **Wilde Heimat:** 35

ERKLÄRUNGEN

WISSENSWERTES ZUR STERNE-KLASSIFIKATION IN DIESEM BUCH

Um Camper bei der Urlaubsplanung bestmöglich zu unterstützen, bildet die europaweit einheitliche ADAC Klassifikation die perfekte Grundlage zum Vergleich von Campingplätzen.

Die ADAC Klassifikation basiert auf der objektiven Bewertung durch die ADAC Inspekteure. Diese geschulten und erfahrenen Camping-Experten durchleuchten regelmäßig 6000 Campingplätze europaweit einheitlich auf Basis eines standardisierten Fragebogens mit über 200 Messkriterien. Das Ergebnis ist eine objektive Analyse der Qualität von Ausstattung und Angebot. Die besten Campingplätze mit einer 5 Sterne-Klassifikation erhalten die Auszeichnung ADAC Superplatz. Ein Platz mit zwei Sternen muss aber nicht automatisch weniger attraktiv sein als ein Platz mit vier oder fünf Sternen. Camper müssen sich lediglich darauf einstellen, dass Infrastruktur und Ausstattung bei wenigen Sternen einfacher gehalten sind. Aber manchmal sind gerade einfachere Plätze die charmanten Geheimtipps. Alle in diesem Buch vorgestellten Campingplätze wurden mit größtmöglicher Sorgfalt ausgewählt und bilden ganz bewusst das volle Spektrum der Sterne-Klassifikation ab. Campingplätze ohne Sterne sind ganz neu in der Datenbank und wurden noch nicht von ADAC Inspekteuren besucht.

Für genauere Informationen steht am Ende der Platzbeschreibung ein Link zu Pincamp.de, dem Campingportal des ADAC. Dort gibt es alle Details, die für die Auswahl eines Angebots hilfreich sind. Viel Spaß beim Sichten und Auswählen!

Zeichenerklärung Campingplätze

 Strandnähe

 Shopping

 Brötchenservice

 Kinderfreundlich

 Schwimmbad

 Hund erlaubt

 Restaurant

 Internet

Zeichenerklärung Ausflüge

WANDERUNG
Ob Strandspaziergang oder Bergtour: Wer zu Fuß unterwegs ist, der hat Zeit zum Genießen.

RUND UMS WASSER
Mit Paddelboot, Kanu oder Floß: Von Flüssen und Seen aus sieht man die Welt aus einem ganz neuen Blickwinkel!

FAHRRADTOUR
Adrenalin auf dem Mountainbike und Entspannung pur beim Familienausflug mit dem Drahtesel.

NATURERLEBNIS / LEHRPFAD
Moore, Wälder, Stein-Fossilien – diese Pfade durch die Natur sind Achtsamkeit pur.

TIERBEOBACHTUNG
Wölfe, Braunbären, Affen: Mitten in der Natur ist man nie allein unterwegs.

ERLEBNISORT
Von der Salzgrotte über den Dinosaurier-Park bis zum Hochseilgarten: Hier gibt es was zu erleben!

Zeichenerklärung Ausflüge – Fakten auf einen Blick

 Distanz / Strecke

Leicht / Mittel / Schwer Schwierigkeitsgrad

Dauer, Start- und Endpunkt

Postfach 86 03 66, 81630 München

Markenlizenz der ADAC Camping GmbH, München

ISBN 978-3-95689-959-1
1. Auflage 02/2022
3. Auflage 06/2022

Autoren:
Gerd Blank (Plätze 18–27, 29-33, 37, 38, 40–47, 49–53),
Marion Hahnfeldt (Plätze 1–17, 35, 36 und 39),
Elisa Model (Plätze 28, 34, 48)

Verlagsredaktion: Benjamin Happel

Projektmanagement: Marion Hahnfeldt, www.marionhahnfeldt.de; Benjamin Happel

Lektorat: Marion Hahnfeldt

Schlusskorrektur: Chris Tomas

Bildredaktion: Dr. Nafsika Mylona

Umschlaggestaltung: Independent Medien Design, Horst Moser, München; Birgit Kohlhaas

Layout, Satz und Kartengestaltung: Zebraluchs – Büro für Ausstellungs- und Grafikdesign, www.zebraluchs.de

Herstellung: Mendy Willerich

Druck und Bindung: Printer Trento S.r.l.

Ein Unternehmen der
GANSKE VERLAGSGRUPPE

Wichtiger Hinweis

Die Daten und Fakten für dieses Werk wurden mit äußerster Sorgfalt recherchiert und geprüft. Wir weisen jedoch darauf hin, dass diese Angaben häufig Veränderungen unterworfen sind und inhaltliche Fehler oder Auslassungen nicht völlig auszuschließen sind, zumal zum Zeitpunkt der Drucklegung die Auswirkungen von Covid-19 auf das Hotel- und Gastgewerbe vor Ort noch nicht vollständig abzusehen waren. Für eventuelle Fehler oder Auslassungen können Gräfe und Unzer, die ADAC Camping GmbH sowie deren Mitarbeiter und die Autoren keinerlei Verpflichtung und Haftung übernehmen.

Ansprechpartner für den Anzeigenverkauf:

KV Kommunalverlag GmbH & Co. KG,
MediaCenter München, Tel. 089/928 09 60

Bei Interesse an maßgeschneiderten B2B-Produkten:

roswitha.riedel@graefe-und-unzer.de

Leserservice

GRÄFE UND UNZER Verlag
Grillparzerstraße 12, 81675 München
www.graefe-und-unzer.de

Umwelthinweis

Nachhaltigkeit ist uns sehr wichtig. Der Rohstoff Papier ist in der Buchproduktion hierfür von entscheidender Bedeutung. Daher ist dieses Buch auf PEFC-zertifiziertem Papier gedruckt. PEFC garantiert, dass ökologische, soziale und ökonomische Aspekte in der Verarbeitungskette unabhängig überwacht werden und lückenlos nachvollziehbar sind.

AUTOREN

Gerd Blank ist Journalist – und seit er vor mehr als 40 Jahren die erste Nacht im Zelt verbrachte, ist Camping nicht nur seine Leidenschaft, sondern Lebenskonzept. Der gebürtige Hamburger lebt und arbeitet in seinem Wohnmobil und reist darin durch Europa. Er ist Autor des Ratgebers »Die Campingbibel«, seine Camping-Kolumnen wurden im »SPIEGEL«, in der »BILD« oder auf »stern.de« veröffentlicht. Er ist zudem Co-Host des »Campermen«-Podcasts, wo er Campingplätze und Produkte vorstellt und mit Promi-Campern spricht.

www.gerdblank.de

Marion Hahnfeldt arbeitet als Journalistin und Reisebuchautorin –und sie ist Camperin mit ganzem Herzen. Für das Projekt »New Life Old Caravan« gab sie ihr bürgerliches Leben auf und zog in einen Wohnwagen, daraus entstand ihr Buch »Sieben Quadratmeter Glück«. Ihre langfristigen Recherchen bringen sie immer wieder ins Ausland: Sie hat in Australien, Amsterdam und Amerika gearbeitet, bloggt unter www.threemonths.de., sie liebt das Leben draußen – und dann am liebsten im Zelt.

wwww.marionhahnfeldt.de

Elisa Model liebt Camping und Nachhaltigkeit. In dieser Kombination schreibt sie über grünes Vanlife, Naturliebelei und achtsames Draußensein. Auf staubigen Pisten und in tiefen Wäldern fühlt sie sich zu Hause, sie reist und lebt dabei meist in ihrem selbst ausgebauten VW T5 und restauriert gerade einen alten T3 Bulli für kommende Abenteuer. Immer unterwegs, um Utopien zu sammeln, von der Erde zu lernen und einen Ort für einen eigenen kleinen Campingplatz zu finden.

www.takeanadVANture.com